STEFAN FRÄDRICH

WARUM ZIELE QUATSCH SIND

UND WIE WIR SIE TROTZDEM ERREICHEN

Die Kraft der inneren Ausrichtung

Eigentlich bräuchte das Leben
einen Warnhinweis »zu Risiken und
Nebenwirkungen«. Denn sosehr
wir uns auch bemühen, die Dinge
richtig zu machen, sooft gehen sie
in die Hose. Und zwar dann,
wenn wir das Falsche richtig machen.

INHALT

Teil 3

Teil 4

LESEANLEITUNG UND EIN »WARNHINWEIS«

Eigentlich bräuchte das Leben einen Warnhinweis »zu Risiken und Nebenwirkungen«. Denn sosehr wir uns auch bemühen, die Dinge richtig zu machen, sooft gehen sie in die Hose. Und zwar dann, wenn wir das Falsche richtig machen. Oder wir machen etwas eigentlich falsch, genießen es aber und erreichen gute Ziele. Dann tun wir das Richtige. Ersteres tut weh, Letzteres macht glücklich. Ersteres ist brav, Letzteres gesund. Ersteres vermeidet Risiken und Nebenwirkungen, hat aber langfristig genau diese. Und zwar die schlimmeren.

Also beginnen wir zumindest dieses Buch mit einem Warnhinweis: »Achtung! Die nun folgenden Gedanken fügen dir und deinem Leben erhebliche Klarheit und Kraft zu. Bitte informiere dein Umfeld über anstehende Irritationen, Konflikte und Veränderungen. Alles ist gut, selbst wenn manches zunächst nicht so scheint.«

Na? Ein wenig Angst bekommen? Hoffentlich. So ganz ohne Herzklopfen wäre es nur der halbe Spaß. Wobei ich dich um eines bitten muss: Geh die Gedanken dieses Buches unbedingt in der richtigen Reihenfolge durch! Von vorne nach hinten. Kapitel für Kapitel. Satz für Satz. Jedes. Einzelne. Wort. Warum? Nun, es ist wie beim Kochen. Mit genau den gleichen Zutaten können wir das leckerste Gericht zaubern oder sie ergeben einen Klumpatsch Biomüll. Auf das Rezept kommt es an. Und wenn du magst, mach dir beim Lesen gerne Notizen, um die Rezepte nicht zu vergessen.

Hilfreiche Gedanken als Medikamente betrachten? Gefällt mir.

An dieser Stelle provoziere ich womöglich Gegenreaktionen. Ungeduldige wollen schnelle Lösungen, Leidende Linderung und andere sich sowieso nichts vorschreiben lassen. Für all das habe ich Verständnis, doch es hilft leider nichts, sondern nährt nur die jeweiligen Ausgangszustände: Ungeduld, Festhalten, Trotz. Nur führen nicht Bestätigungen des Bisherigen auf die nächste Ebene, sondern Erweiterungen, Vertiefungen und passende Rahmen.

Klar ist es einfacher, sich mit gefälligen Sprüchen zu füttern: Wir sollen Entscheidungen treffen, positiv sein, stets freundlich und uns gut organisieren. Hört man doch überall. Aber auch den Dingen Zeit geben, Gefühle zulassen (sogar die weniger positiven), klare Ansagen machen und das Chaos des Lebens annehmen. Was stimmt denn nun? Wie sooft beides. Jeweils im richtigen Moment. Und in der richtigen Dosis.

Dieses widersprüchlich erscheinende Spannungsfeld begleitet mich seit Jahrzehnten. Beruflich wie privat. Ich habe Ziele erreicht, die für viele Menschen nach mehreren Leben klingen. Andere Ziele noch nicht, obwohl sie mir wichtig sind. Und trotzdem weiß ich, dass es überhaupt nicht um Ziele geht, sondern diese nur Konstrukte sind, welche uns von Zeit zu Zeit äußerlich ausrichten. Es sind die Strukturen hinter den Zielen, die tieferen und echten, die uns Kraft geben und wirklich gut leben lassen.

Um die Kraft der inneren Ausrichtung geht es hier im Buch. Und eben nicht um ein paar Werkzeuge für ein bisschen mehr Glück und Erfolg. Viel zu flach.

Message angekommen? Dann vertrau mir bitte. Es gibt einen Grund, weshalb du gerade diese Zeilen liest. Irgendetwas willst du wissen, dich neu ausrichten, erfahren oder sortieren. Persönlich oder beruflich. Vielleicht weil du in einem Loch steckst, in eine Sackgasse geraten bist oder eine Durststrecke durchlebst. Oder einfach um Inspiration zu tanken. Alles gute Gründe weiterzulesen. Also noch mal: Ich weiß, was ich hier tue.

Mit dir und für dich. Deshalb nicht husch, husch. Erst kommen die Wurzeln, dann kriegst du Flügel. Versprochen.

Dieses Buch ist zehn Jahre in mir gewachsen. Und ich bin währenddessen mit ihm gewachsen. Mitten in einem prall gefüllten bunten Leben. Meistens mit guten, aber auch mit dunklen Tagen. Immer wieder wollte ich mich an den Schreibtisch setzen und damit beginnen. Und immer wieder kamen neue Erkenntnisse und Puzzleteile, die ich zunächst verstehen, wirken lassen, zusammensetzen und ausprobieren musste. Nicht nur in meinen Coachings, Seminaren und Vorträgen, sondern vor allem bei mir selbst, im eigenen Leben und mit den Menschen, die mir wichtig sind. Theorien sind gut, Erfahrungen besser. Das war eine intensive Reise, mitunter auch eine, die wehtat. Und jetzt ist dieses Buch reif. Für mich. Und gerne auch für dich, wenn du magst.

Auch dir werde ich manche Spannung, Dehnung und emotionalen Pikser nicht ganz ersparen können. Das bringt Klarheit so mit sich, denn sie beseitigt Illusionen. Alles kein Drama, sondern Teil jeder persönlichen Geschichte, die stimmig gelebt werden will. Denn Klarheit lässt uns auch erkennen, wohin es wirklich geht. Und tut zwar mitunter etwas weh, gibt aber mehr Kraft als die schönsten Luftschlösser.

Also, legen wir los!

Dein Stefan Frädrich

TEIL 1
ZIELE IM WEG

Statt Glück und Zufriedenheit erreichen wir oft das Gegenteil: Wir landen im Hamsterrad eingebildeter Pflichten, ohne wirklich anzukommen, wo wir hinwollen. Wir spüren den Wunsch nach Substanz und Ruhe, haben aber keine Zeit dafür. Der Kalender ist zu voll. Also Augen zu und durch. Was muss, das muss.

WARUM ZIELE QUATSCH SIND

Dieses System ist schief. Irgendwie geht es nie ganz auf, denn wir landen zu leicht irgendwo da draußen statt bei uns drinnen.

Hast du schon mal Ziele erreicht? Und welche verfehlt? Willkommen im Club. Kaum etwas ist in unserem Kulturkreis so normal wie die Ausrichtung an Zielvorgaben. Schulnoten, Einkommen, Body-Mass-Index. Dahinter stehen Wünsche: Erfolg, Freiheit, Attraktivität. Und hinter denen Bedürfnisse: Anerkennung, Autonomie, Geliebt-werden-Wollen. Also definieren wir, wo wir konkret hinwollen. Schaffen wir, was wir uns vornehmen, ist alles okay. Wenn nicht, fehlt uns etwas, und wir reagieren darauf mit neuen Zielen: bessere Noten, mehr Einkommen, ein strafferer Bauch. Mehr Wollen geht immer. Im Job sowieso: Umsatz, Qualitätskriterien, Arbeitsstunden. Überall Kennzahlen, die erreicht werden müssen, weil sie das Unternehmen koordinieren und ausrichten. Wie auch sonst? Und wenn von Zeit zu Zeit die Seele zwickt, brauchen wir seelische Ziele: mehr Achtsamkeit, mehr Nähe, mehr Abenteuer. Also buchen wir Yogakurse, vereinbaren Termine mit dem Partner und fliegen in den Urlaub. Passt schon noch rein ins volle Leben.

Doch statt Glück und Zufriedenheit erreichen wir oft das Gegenteil: Wir landen im Hamsterrad eingebildeter Pflichten, ohne wirklich anzukommen, wo wir hinwollen. Wir spüren den Wunsch nach Substanz und Ruhe, haben aber keine Zeit dafür. Der Kalender ist zu voll. Also Augen zu und durch. Was muss, das muss.

Die einen schaffen es, so jahrzehntelang zu funktionieren. Die anderen schlittern in Krisen, aus denen sie sich Auswege suchen: Antidepressiva, Astrologie, dramatische Lebensumbrüche. Irgendwann soll alles einen Sinn ergeben. Wieder andere flüchten nach vorne: Sie besuchen Motivationskurse, spüren ihre Atmung, werden spirituell. Das Ziel: die Persönlichkeit weiterentwickeln. Irgendwie müssen wir noch besser werden, uns unseren Zielen anpassen. So wie wir sind, sind wir nicht genug. Also müssen wir an uns arbeiten. Haben wir schließlich einen neuen Sinn gefunden, gießen wir ihn rasch wieder in konkrete Formen und visualisieren unsere Wünsche: Traumhaus, Traumpartner, Traumkörper, Millionen auf dem Konto. Der Teufelskreis schließt sich und alles fängt von vorne an.

Dieses System ist offensichtlich schief. Irgendwie geht es nie ganz auf, denn wir landen zu leicht irgendwo da draußen statt bei uns drinnen. Je jünger wir sind, desto leichter fällt es uns mitzuspielen. Kein Wunder bei der langen To-do-Liste: Partnerschaft, Kinder, Karriere, Selbstverwirklichung. Doch je älter wir werden, desto mehr differenzieren wir uns aus. Wir spüren, wer wir sind und wer nicht oder nicht mehr. Aus jahrelanger Erfahrung. Also warum noch weiterhecheln? Der Partner sitzt auf dem Sofa oder ist bereits Geschichte, den Kindern geht es gut, der Job ist erledigt, wir haben es geschafft. Und jetzt? Ist da noch mehr? Oder vielleicht weniger und dafür Tieferes? Statt Zielen rückt der Sinn in den Mittelpunkt. Obwohl er da von Anfang an hätte sein sollen.

WENN ZIELE VORBEIZIELEN

Also beginnen wir dieses Buch mit Konstruktionsfehlern von Zielen. Denn wie wir sie erreichen, wissen wir sowieso: Setz dir ein Ziel, plane deinen Weg, verpflichte dich dem Ziel, handle fokussiert, arbeite hart und halte durch! Fünf Kilo abnehmen? Kein Problem: Ernährungsumstellung. Weniger Zucker, weniger Alkohol, mehr Grünzeug. Sport natürlich auch. Und schon startet das Projekt: minus ein Kilo, minus zwei, minus drei. Freilich nicht ganz so einfach. Die Pizza ruft: »Iss mich!« Auch ein Glas Wein wäre fein. Und manchmal würden wir Kindern ihr Eis klauen. Egal, wir halten durch. Minus vier Kilo, minus fünf, geschafft. Und was kommt dann? Die Pizza ruft immer noch: »Iss mich!« Und wir folgen dem Ruf. Immerhin sind wir am Ziel. Leider dauert es nicht lange, bis aus minus fünf Kilo plus sechs geworden sind.

Hallo, Jo-Jo-Effekt! Ziel erreicht und doch wieder gescheitert.

Was zum Teufel passiert da? Nur wer sein Ziel kennt, findet den Weg, heißt es doch. Stimmt das etwa nicht? Die Wahrheit ist komplexer. Denn wichtiger als das Ziel ist das Verhalten, welches dorthin führt. In dem Fall also die Ernährung. Und wer dreißig Jahre lang gerne Pizza und Eis gegessen hat, kann das zwar eine Weile unterdrücken, aber nicht dauerhaft. Die Gewohnheit ist stärker. Demnach muss die Veränderung auf einer anderen Ebene erfolgen. Sich ein paar Tage lang zusammenreißen reicht nicht, wenn wir unser neues Verhalten auch beibehalten wollen. Dann aber geht es nicht um das Ziel, fünf Kilo abzunehmen, sondern darum, wer wir sein wollen. Das Ziel lenkt von dieser Frage nur ab.

Also: Wer wollen wir sein? Oder sollten es zumindest sein? Jemand, der es nicht mag, wenn der Gürtel spannt. Jemand, der isst, wenn er Hunger spürt, und aufhört, wenn er satt ist – und nicht erst, wenn der Teller leer ist. Jemand, der gerne regelmäßig in der richtigen Dosis Sport macht, ohne Fitness-App, weil der Körper sowieso signalisiert, dass ihm Bewegung guttut und wie viel davon. Werden wir zu so einem Menschen, stimmt unser Gewicht von selbst. Es ist das logische Ergebnis des richtigen inneren Programms – unabhängig von Zahlen. Das Ziel ist dann irrelevant, der Weg wird zum Ziel.

Warum tun wir dann nicht einfach das offensichtlich Richtige? Weil Essen auch andere Funktionen erfüllt: Es tröstet oder lenkt ab. Was die Fragen aufwirft, wobei und wovon. Frust? Stress? Langeweile? Außerdem schmeckt es. Nur: Muss man sich wegen ein paar Sekunden Genuss wirklich eine Diät antun?

Oder später chronische Krankheiten? Welche anderen Glücksspender fehlen da? Wobei auch viele Schlanke ständig Diäten machen. Irgendetwas fehlt immer zur Traumfigur, wenngleich nur im eigenen Kopf. Vielleicht weil es gar nicht um die Figur geht, sondern um das Gefühl, nicht zu genügen. Oder um den Wunsch zu kontrollieren. Jetzt ist nicht mehr der Weg das Ziel, sondern das Ziel nur noch im Weg.

WORUM ES WIRKLICH GEHT

Dieses plakative und doch sehr verbreitete Beispiel zeigt, was dahintersteckt: irgendwelche Stacheln oder Motoren, die tiefer sitzen. Selbst wenn wir sie vor lauter Ablenkung gar nicht mehr wahrnehmen, treiben sie uns an. Der Unternehmer skaliert sein Geschäft, um es immer noch seinem Vater zu zeigen, obwohl der schon seit Jahren tot ist. Die zweifache Mutter flüchtet in geschlechtslose Biederkeit, um sexuelle und berufliche Konkurrenz zu vermeiden. Der liebeskranke Verlassene klammert sich an seine Ex, weil er zu schüchtern ist für neue Frauen. Doch statt die zugrunde liegenden Knoten zu lösen, wird der Vorgarten bepflanzt, werden Wachstumsziele definiert oder strikt nach Plan die Muskeln trainiert, um wenigstens äußerlich stark zu wirken. So werden Ziele zu Krücken kreativer Vermeidung. Wir laufen vor uns weg statt zu uns hin.

Ich ahne Widerstand. Kann man nicht einfach Spaß am Unternehmertum haben? Schöne Vorgärten lieben? Oder einen coolen Bizeps? Alles okay. Sofern es freie Handlungen sind, die ohne Reaktanz oder Zwänge erfolgen, weil es um die Handlung selbst geht. Man kann und soll lieben, was man tut. Lecker essen, ohne Kalorien zu zählen. Verzichten können, ohne sich zu kasteien. Von Projekt zu Projekt eilen. Mit Hingabe gärtnern. Oder gerne trainieren. Dann aber geht es um Liebe zur Sache, nicht ums Erreichen von Zielen.

SCHIEFE MEME

Innerer Antrieb führt zu Handlungen, die führen zu Ergebnissen und der Prozess mit der Zeit zu immer besseren Ergebnissen. Sowieso. Terminierte Ziele? Lächerlich.

Im Fitnessraum meines Lieblingshotels hängt ein großes Schild an der Decke. Darauf stehen Sprüche, die motivieren sollen und besonders während der Beinpresse gut zu lesen sind: *Never give up. No pain, no gain. Stop wishing, start doing. Work hard. Dream big.* Geläufige Meme, schon unzählige Male gehört und nachgeplappert – aber selten hinterfragt. Tun wir das mal.

Never give up? Winston Churchill lässt grüßen. (In seiner Rede vom 29. Oktober 1941 schwor der damalige britische Premierminister sein Volk ein, gegen die Deutschen durchzuhalten: »Never give in – never, never, never …«) Und ja, Hartnäckigkeit und Ausdauer sind Tugenden, die sich auszahlen können – bei der richtigen Sache. Was aber bei der falschen? Dann ist es besser, schnell und hart zu scheitern und sich das einzugestehen. Die nächste Möglichkeit wartet! Vielleicht eine bessere? Wäre blöd, die zu verpassen.

No pain, no gain? Das mit den Harten im Garten. Klar braucht es hin und wieder das Dehnen der eigenen Grenzen – und das kann mal wehtun. Aber: Schmerz ist ein Warnsignal, vor allem wiederkehrender oder dauerhafter. Und dass er sogar eine Bedingung für Wachstum sein soll, ist Unsinn: Das hieße ja, jedes Wachstum wäre zwingend mit Schmerz verbunden. Dabei wachsen wir gerne freiwillig dahin, wo wir Freude spüren – ohne Schmerzen. Also: Wer darauf steht, meinetwegen. Aber Masochismus als Leistungsprinzip? Nein.

Stop wishing, start doing? Bislang mein Favorit. Vorausgesetzt, die Handlung wird nicht zum reinen Selbstzweck. Denn oft ist es klüger, eben nicht zu handeln, obwohl man es gerade will: Impulskontrolle. Nicht zu unterschätzen.

Work hard? Zugegeben: Bei der Arbeit hin und wieder Gas zu geben, macht Spaß und gehört dazu. Mit der Betonung auf hin und wieder. Als Dauerzustand? Eher ungesund.

Dream big? Gefällt mir auch erst mal. Aber doch bitte gut ausgesucht. Immer überall nach den Sternen greifen zu wollen, klingt getrieben, nach Stress und Verzettelung! Nicht gut.

PLATTITÜDEN? NEIN, DANKE!

Vorschläge zur Umbenennung: Bleib dran, wo es sich lohnt. Geh über deine Grenzen, wo es sich richtig anfühlt. Probiere deine Ideen aus, vielleicht sind sie gut. Handle hingebungsvoll, als würdest du spielen. Wo dir das nicht guttut: Finde die richtige Dosis. Oder such dir etwas Besseres. Träume groß, wenn du etwas willst und gut kannst. Ansonsten: Bleib gechillt, bis du dein Ding findest. Na also, geht doch. Ohne Ziele. Es ist ein bisschen schräg. Ich liebe positive Affirmationen und nutze sie ständig – beruflich wie persönlich. Ich kann das und schaffe das. Und los geht es! Tatsächlich hat ein motivierendes inneres Selbstgespräch enormen Einfluss auf unser Leben. Es macht langfristig den Unterschied zwischen Lernen und Leiden, Können und Kneifen, Wachsen und Schrumpfen. Und es macht mir riesigen Spaß, das auch als Redner zu vermitteln.

Wer denn sonst? Wann, wenn nicht jetzt? Wo, wenn nicht hier?

Köln, Lanxess Arena. Ich spreche über Affirmationen gegen Angst. »Ihr steht vor einer Herausforderung und sagt euch: Ich mach das jetzt! Was sagt ihr?« 15 000 Stimmen antworten: »Ich mach das jetzt.« Stark, emotional, magisch. Am Ende Standing

Ovations. Hach, ich liebe meinen Beruf. Und ich setze gerne Impulse, die guttun. Dennoch bin ich mir der Verantwortung bewusst, Impulsen den richtigen Rahmen zu geben, weil sie sonst zu hohlen Sprüchen werden. Und die tun nicht gut, sondern sind Strohfeuer. Wenn es dumm läuft, gefährliche.

UNSINNIGE DEFINITIONEN

Vielleicht ist dir schon aufgefallen, dass ich den Begriff Ziele bislang eher vage benutze und mich noch vor Definitionen drücke. Sind es dann überhaupt richtige Ziele? So mancher Profi würde mir widersprechen. Man solle sie möglichst klar definieren und formulieren, damit sie greifbar, planbar und machbar werden. Zum Beispiel sollen sie SMART sein, also spezifisch, messbar, attraktiv, realistisch und terminiert. Andere hingegen zielen höher und formulieren blumiger: Ein Ziel sei ein Traum mit einem Datum. Ich verstehe Logik und Absicht dahinter, halte sie aber ebenfalls für schief. Doch der Reihe nach.

Warum sollten wir uns spezifische Ziele setzen?

Laut Theorie, um unsere Wünsche und Visionen zu konkretisieren. Das zöge diese dann in unser Leben. Sich ein schönes Haus zu wünschen, reicht nicht, es muss genauer sein. Wie sieht es aus? Wo steht es? Wie groß ist es? Mit Pool oder ohne? Man hört ja hin und wieder, dass manche so ihre Träume anziehen. Die machen es wohl richtig. Wirklich? Oder sind das nur die statistischen Ausreißer aus der riesigen Gruppe all jener, die es nicht schaffen, obwohl sie es probieren? Und mal angenommen, du findest auf diese Weise tatsächlich dein Traumhaus und unterschreibst glücklich sabbernd die Hypothek: Was kann schiefgehen? Vielleicht übernimmst du dich finanziell und strampelst dich noch mehr ab? Oder deine Nachbarn nerven? Oder deine

Ehe geht in die Brüche und einer zieht aus? Vielleicht du? Soll vorkommen. Oder deine Prioritäten ändern sich und du sehnst dich nach einer pflegeleichten Stadtwohnung? Vielleicht musst du dann deinen Palast weit unter Wert verkaufen? Deine Kinder jedenfalls leben längst in Berlin, die ziehen nicht mehr zurück nach Hintertüpfelbach. So ein Mist. Wäre bloß das spezifische Ziel nicht gewesen.

Warum sollten wir uns messbare Ziele setzen?

Auch das, um sie möglichst präzise zu definieren. Weil das angeblich nötig ist. Mehr Geld haben zu wollen, reicht nicht aus. Wie viel ist denn mehr Geld? Hunderttausend Euro? Zehn Millionen? Wichtige Frage, weil sie die Weichen ganz anders stellt. Für den ersten Fall reicht es oft aus, gut zu haushalten und eine Weile zu sparen. Für den zweiten sollte man eher sein eigenes Business starten und Gas geben. Nur stehen dahinter wieder die grundsätzlicheren Fragen, wie man leben möchte und warum genau so. Wegen einer Zielformulierung kündigen? Manche machen das. Kann aber danebengehen, vor allem wenn man seinen Job gerne macht und von Business keine Ahnung hat. Oder ist der Traum vom Reichtum nur eine Abwehrstrategie gegen Existenzängste? Das klingt nach einer Seifenblase, die sowieso platzt. Klüger wäre es dann, den Ängsten auf den Grund zu gehen. Woher kommen sie? Wie gehen sie weg? Und dann mehr Geld zu verdienen, als man ausgibt. Oder weniger auszugeben, als man verdient. Das eigentliche Ziel wäre sofort erreichbar, kein großes Drama. Und reich werden geht danach immer noch.

Warum sollten Ziele attraktiv sein?

Damit sie eine magnetische Wirkung entfalten. Wir sollen sie erreichen wollen. Ich zum Beispiel fand es mal total attraktiv, Arzt zu werden. Also habe ich zunächst in der Krankenpflege gearbeitet, dann sechs Jahre lang Medizin studiert, währenddessen promoviert und am Ende hielt ich sogar ein Einser-Examen in den Händen. Geschafft! Was ich leider nicht bedacht hatte: Zwar wollte ich immer Arzt werden. Die Reise dorthin war wirklich eine gute Erfahrung. Aber ich wollte kein Arzt sein. Zu starre Strukturen, zu wenig Kreativität, zu enge Spielräume. Und wenn ich ganz ehrlich zu mir bin, wusste ich das schon mit neunzehn während meines Zivildienstes im Krankenhaus. Nach kurzer Zeit als fertiger Halbgott in Weiß warf ich also das Handtuch – nach einem Investment von insgesamt zehn Jahren.

Hätte ich weniger aufs vordergründig attraktive Ziel starren und mehr auf mein komplexes Selbst hören sollen? Natürlich will ich keine einzige Erfahrung und Erinnerung missen. Aber andere wären auch wertvoll gewesen, da bin ich mir sicher.

Warum sollten Ziele realistisch sein?

Damit wir uns nicht übernehmen. Hierüber kann ich nur lachen. Was für ein Hang zum Mittelmaß! Welche Norm definiert denn bitte, was realistisch ist? Neulich habe ich Naveen Jain interviewt, einen Milliardär, der DNA-Therapien entwickelt. Er will Krankheiten rein optional machen. Oder ich habe mich mit Muhammad Yunus unterhalten, der für seinen Kampf gegen Armut den Friedensnobelpreis erhalten hat. Google will Dinge nicht nur ein bisschen verbessern, sondern stets mindestens um das Zehnfache. Auf unserer Bühne stand Barack Obama, der war mal Präsident der USA. Seine Schwester Auma haben wir in Kenia besucht. Dort baut sie eine Schule auf, in der Kinder und Jugendliche lernen, wie sie ökologische Landwirtschaft betreiben und so nachhaltig die eigene Familie ernähren, statt sich in Städten für billige Jobs zu verdingen und in Slums zu leben. Realistische SMART-Ziele? Ein trauriger Witz dagegen.

Warum sollten Ziele terminiert sein?

Damit wir uns an die Termine halten und unsere Fortschritte strukturieren. Im Ernst? Wie lernen Kinder laufen? Schritt für Schritt auf wackeligen Beinen. Dabei fallen sie immer wieder hin. Je nach motorischer Begabung dauert dieser natürliche Prozess mal länger, mal kürzer. Er ist evolutionär erprobt und funktioniert. Niemand käme auf die Idee, terminierte Ziele zu formulieren: Bis zum 31. Juli muss die kleine Lisa zehn Meter in unter 30 Sekunden schaffen. Absurd, denn laufen lernt sie sowieso aufgrund eines biologischen Programms. Gilt das gleiche Prinzip nicht überall? Innerer Antrieb führt zu Handlungen, die führen zu Ergebnissen und der Prozess mit der Zeit zu immer besseren Ergebnissen. Sowieso. Terminierte Ziele? Lächerlich.

BULLSHIT-BINGO

Merke: Du musst flexibel bleiben. Aber verbieg dich nicht. Du bist gut, wie du bist. Werde trotzdem besser. Du kannst sein, wer du willst. Also finde dich selbst. Nein, erschaffe dich selbst. Sei dabei achtsam. Und nicht zu empfindlich. Nimm das Leben leicht. Das Leben kann hart sein. Verlasse deine Komfortzone. Aber beachte deine Grenzen. Respektiere deine Gefühle. Und nimm dich selbst nicht zu ernst. Denke groß. Und bleib auf dem Teppich. Lebe wild und unersättlich. Und finde das richtige Maß. Kämpfe für deine Ziele, bis du sie erreicht hast. Manches soll aber einfach nicht sein. Gut ist gut genug. Doch es geht immer besser. Pass dein Leben deinen Wünschen an. Und nimm alles, wie es kommt.

Na, schon wirr im Kopf? Ich auch. Reinstes Bullshit-Bingo.

KORRELATIONEN, BRÜCHE UND ALIBIS

Kann man Ziele nicht auch ohne Kompass erreichen? Durchaus. Wahrscheinlich erreichen wir die meisten Ziele im Leben zufällig entlang des Weges.

Angenommen, du hältst dieses Buch mit ausgestreckten Armen vor dich und lässt es dann los. Was wird passieren? Sofern du dich nicht in einem Raumschiff oder auf einem Parabelflug befindest, wird es zu Boden fallen. Die Schwerkraft. Du kannst den Versuch zehnmal wiederholen oder zehntausendmal. Kein einziges Mal wird das Buch in der Luft stehen bleiben.

Andere Zusammenhänge sind weniger klar. Wusstest du zum Beispiel, dass Männer mit Glatze laut Statistik mehr Geld verdienen als solche mit Haaren? Sollten sich finanziell ambitionierte Kerle also auch oberhalb des Gesichts rasieren? Nein, denn der Zusammenhang besteht nur indirekt: über das Alter. Ältere Männer verdienen mehr Geld als jüngere. Und ältere Männer haben weniger Haare. So etwas nennt man eine Korrelation. Das eine hat ursächlich nichts mit dem anderen zu tun, obwohl beide Merkmale zeitgleich auftreten. Im Gegensatz zur Kausalität wie bei der Schwerkraft, die direkt für das Herunterfallen eines Buches verantwortlich ist.

Ähnlich ist es bei den Zielen. Fragt man einen erfolgreichen Freund der Zielfokussierung nach seinem Rezept, benennt er es gerne: Setz dir ein Ziel, plane deinen Weg, verpflichte dich dem Ziel, handle fokussiert, arbeite hart und halte durch! Hatten wir schon. Kann es sein, dass es sich auch bei solchen logisch klingenden Algorithmen um Korrelationen handelt statt um Kausalitäten? Immerhin wäre möglich, dass besagte Erfolgreiche gar nicht wegen ihrer Zielplanung ankommen, sondern weil sie ein so starkes inneres Programm haben, dass sie gar nicht anders können, als konsequent eine selbst gewählte Richtung einzuschlagen – und dann auch irgendwo zu landen, wo es ihnen gefällt. Ähnlich einem Kind, das laufen lernt. Dann könnte auch das Gegenteil gelten: Setz dir keine konkreten Ziele, handle spontan und instinktiv, lass immer wieder los, habe Mut zur Unschärfe, geh die Dinge spielerisch an und genieße deine Reise, denn du musst nirgendwo ankommen! Klingt auch gut, oder?

VOLLTREFFER, OHNE ZU ZIELEN

Gehen wir die Hypothesen der Reihe nach durch. Warum sollten wir uns überhaupt Ziele setzen? Dahinter steht das Modell, dass sie uns ausrichten, ähnlich einem Kompass. Wer zum Nordpol will, braucht nur der Kompassnadel zu folgen und kommt irgendwann an, selbst wenn er unterwegs zickzack läuft. Doch kann man Ziele nicht auch ohne Kompass erreichen? Durchaus. Wahrscheinlich erreichen wir die meisten Ziele im Leben zufällig entlang des Weges. Quasi nebenbei, ohne dass sie uns Mühe kosten. Du meinst, genau zu wissen, wie dein Traumpartner sein soll? Und dann triffst du zufällig dieses zauberhafte Geschöpf an der Bar, das so ganz anders ist. Ihr verliebt euch, kriegt Kinder, baut miteinander ein Leben auf.

Ziel erreicht, obwohl doch der Kompass woanders hinzeigte.

Im Meeting fällt dir keine passende Idee ein? Aber eine Woche später in der Badewanne. Dumm gelaufen, das Brainstorming ist schon vorbei – und aus einer viel schlechteren Idee längst ein durchgeplantes Projekt geworden, an dem schon ein ganzes Team arbeitet.

Eines der verrücktesten Ziele, das ich je erreicht habe, war eine Geschäftsführungsposition in einem mittelständischen Textilhandel. Dabei hatte ich zunächst weder von Textilien Ahnung noch von Betriebswirtschaft. Nachdem ich meinen Beruf als Arzt hingeworfen hatte, engagierte mich ein Freund meiner Eltern für sein Unternehmen, weil er einen Nachfolger suchte. Aus seiner Selfmade-Mentalität heraus interessierte er sich weniger für fachliche Qualifikationen als vielmehr für einen guten Typen, dem er alles beibringen konnte. Zuvor hatte er bereits mehrere Jahre um mich geworben. Ich dachte also, Probieren geht über Studieren. (Schon wieder so eine Phrase.) Deshalb: neue Stadt, neuer Job, neues Lebenssetting. Ich hatte ja nichts zu verlieren, bekam sogar ein prima Gehalt samt schickem Dienstwagen. Und es hätte auch tatsächlich etwas werden können, denn ich genoss meine neue Freiheit, mochte Textilien und das unternehmerische Denken. Außerdem wurde ich Betriebswirt, wofür ich Seminare besuchte und so meine eigentliche Leidenschaft kennenlernte: Trainings zu halten und Menschen zu coachen. Also kündigte ich wieder und machte mich als Trainer und Coach selbstständig. Ich wusste einfach: Ich liebe das und kann das. Und so war es dann auch. Heute hat mein eigenes Coaching-Unternehmen zig Mitarbeiter, ich habe etwa 25 Bücher geschrieben und bekomme für einstündige Vorträge unverschämt viel Geld. Ich habe nirgendwo hingezielt und dabei genau meinen Jackpot getroffen. Was wäre wohl aus mir geworden, wenn ich Arzt geblieben und den konventionellen Weg gegangen wäre? Vielleicht ein depressiver Psychiater in einer schwäbischen Kleinstadt.

Lebensläufe – anders als geplant

Seien wir ehrlich: Nur wenige erfolgreiche Biografien verlaufen geradlinig. Brüche und Sprünge sind eher die Regel als die Ausnahme. Mit strukturierter Zielerreichung hat das nichts zu tun.

Ein Weg entsteht beim Gehen. Und dem Gehenden schiebt sich der Weg unter die Füße. Der krumme Baum lebt sein Leben, der gerade wird ein Brett. Oh, gute Sprüche!

MOTIVATIONSKILLER GROSSE ZIELE?

Ist die eigentliche Funktion von Zielen dann, Menschen zu motivieren? Auch das kann nicht uneingeschränkt gelten, denn Ziele motivieren nur die Zielstrebigen. Viele Menschen sind aber gar nicht zielstrebig, sondern wollen einfach nur in Ruhe ihr Ding machen, ohne von größeren Ambitionen belästigt zu werden. Da können Chefs ihr Team noch so sehr auf neue Ziele einschwören, einer Hälfte wird das stets egal sein, weil sie eine andere Persönlichkeit haben. Und das ist auch gut so: Irgendwer muss schließlich die Arbeit machen. Und die besteht nun mal zu einem großen Teil aus eingespielten Prozessen und sozialem Miteinander – unabhängig von Zielen.

Mythos: Je größer das Ziel, desto besser

An dieser Stelle können wir auch gleich den Mythos von den großen Zielen platzen lassen. In der Theorie lautet er so: Such dir möglichst große Ziele, denn je größer dein Ziel ist, desto kleiner erscheint dir jedes Problem, das sich zwischen dich und dein Ziel schiebt. Also: Regelmäßig joggen zu wollen reicht nicht, du musst dich schon für einen Marathon anmelden. Erst dann hast du angeblich die Motivation, deinen Trainingsplan durchzuziehen. Selbst wenn es regnet. Das Problem dabei aber ist, dass vielen sogar relativ kleine Ziele groß erscheinen, was die wirklich großen geradezu unerreichbar erscheinen lässt, vor allem wenn man eigentlich keine Lust auf sie hat. Oder wenn man in ihre Richtung bislang kaum Kompetenzen erworben hat oder sich als inkompetent empfindet. Ich zum Beispiel schreibe gerade dieses

Buch. Und wie gesagt, habe ich schon einige geschrieben. Also ist es für mich zwar immer noch eine ambitionierte Menge Text, aber eine machbare. Was aber, wenn du noch nie ein Buch geschrieben hast? Ja, wenn dir schreiben sogar schwerfällt, weil du es nicht magst oder nicht gut formulieren kannst? Dann erscheint es dir fast unerreichbar, jemals damit fertig zu werden. Solltest du dir also einen dicken Schmöker als Ziel vornehmen? Nein, du solltest das Schreiben delegieren und persönlich etwas tun, was dir mehr liegt. Oder du solltest bereit sein, geduldig die erforderlichen Fertigkeiten zu erwerben und dabei Gedanke für Gedanke denken und Wort für Wort schreiben, Satz für Satz, Absatz für Absatz und Seite für Seite. Und nimm möglichst den Druck raus, dass aus all dem je ein ganzes Buch werden soll. Das wird es sowieso, wenn du einfach weiterschreibst. Übrigens habe ich selbst meine Marathon-Ambitionen längst aufgegeben, weil mich das Training im Alltag zu müde gemacht hat. Aber einfach so joggen um des Laufens willen mache ich gerne und regelmäßig.

ZIELE ALS ALIBIS

Also: Wem helfen große Ziele? Wahrscheinlich denjenigen, welche bei ihren Leidenschaften schon die kleineren erreicht haben und sich weiter stimulieren wollen. Menschen wachsen gerne dorthin, wo es ihnen gefällt und wo sie sich als kompetent erleben. Aber Vorsicht: In Bereichen ohne nennenswerte Kompetenz oder Leidenschaft wirken große Ziele meist wie Alibis. Wir tun so, als wollten wir etwas Tolles erreichen, wissen aber ohnehin, wie unrealistisch das in diesem Bereich für uns ist. Der psychische Konflikt erscheint gelöst, denn wir haben es uns immerhin vorgenommen. Und zu scheitern ist keine Schande, solange man sagen kann, man habe es versucht.

Zum ersten Mal ist mir diese Alibi-Funktion von Zielen aufgefallen, als ich noch regelmäßig Nichtraucherseminare hielt.

Manche hören nämlich zu rauchen auf und kompensieren den eingebildeten Verlust der Zigaretten mit Essen. Also nehmen sie Gewicht zu. Egal, schließlich ist allgemein bekannt, dass ein Rauchstopp oft zu mehr Kilos führt. Und werden die dann zu viel, gibt es einen guten Grund, wieder mit dem Rauchen anzufangen. Wie soll man sich denn sonst helfen? Ich kenne Menschen, die so über Jahre hinweg einen Rauchstopp nach dem anderen versucht und dabei zwanzig, dreißig Kilo zugenommen haben. Denn stets blieb es nur beim Versuch, das äußere Ziel des Nichtrauchens zu erreichen, statt innerlich Nichtraucher zu werden, wofür es überhaupt kein äußeres Ziel braucht.

»ICH WERDE ES SCHAFFEN! UPS, DOCH NICHT …«

Was hast du dir schon Großes vorgenommen und dabei bereits geahnt, dass du es ohnehin nicht durchziehen wirst? Ein Jahr lang keinen Alkohol trinken? Die besten Vertriebsergebnisse im Team erreichen? Auswandern und neu anfangen? Keine gute Idee, wenn du dein Feierabendbier liebst, die Kollegen viel extravertierter sind und du eigentlich ganz gerne zu Hause bist. Solche Ziele passen eher zu freiwilligen Asketen, kontaktfreudigen Plaudertaschen und Abenteurern, die es noch nie lange an einem Ort ausgehalten haben. Aber nach ein paar Sekt an Silvester darf man schließlich mal träumen.

PLANUNGSFEHLER, PERSÖNLICHKEITEN UND ZUFÄLLE

»Der Mensch plant, Gott lacht.«
JÜDISCHES SPRICHWORT

Machen wir weiter mit der Dekonstruktion von Zielen. Oder zumindest mit deren naiver Vordergründigkeit. Noch mal der geläufige Algorithmus: Setz dir ein Ziel, plane deinen Weg, verpflichte dich dem Ziel, handle fokussiert, arbeite hart und halte durch!

Schauen wir uns als Nächstes den Faktor Planung an.

WOZU PLANUNG?

Warum ist es durchaus sinnvoll, sich bei vielen Projekten vorher Gedanken zu machen, wie sie konkret ablaufen sollen? Nun, je präziser die Planung, desto besser die Orientierung unterwegs: Stimmt der Kurs noch? Oder stimmt er nicht mehr? Sinnvoll zum Beispiel im Unternehmen, wo Produkte, Prozesse, Finanzen und Personal aufeinander abgestimmt und gemanagt werden müssen. Umso mehr, je größer und komplexer das Unternehmen ist. Sinnvoll auch bei einem Trainingsplan mit konkretem Ziel: Wer den Marathon in einer guten Zeit schaffen will, sollte wissen, wie das geht. Auch bereitet uns gute Planung auf Eventualitäten vor, die eintreten können. Sie nimmt vieles vorweg, wodurch wir unterwegs besser reagieren können.

Psychologische Fallen

Nun zu zwei Problemen. Das erste ist psychologischer Natur. Genauso wie es zielstrebige und weniger zielstrebige Menschen gibt, gibt es strukturierte und weniger strukturierte. Erstere orientieren sich gerne an definierten Rahmenbedingungen, weil ihnen diese dabei helfen, besser voranzukommen, indem sie ihre Energie klug kanalisieren. Für Letztere hingegen ist das ein Graus. Sie funktionieren einfach anders. Ihre Energie endet genau da, wo die Struktur einer Zielvorgabe anfängt, weil sie gerne ihren eigenen Impulsen und der Dynamik einer Situation folgen. Sie wollen die Laufschuhe schnüren, wenn sie Lust darauf haben, nicht weil es ihnen ein Trainingsplan vorgibt. Also bringen sie ihre Leistung lieber außerhalb eines Rahmens statt innerhalb. Viele Kreative ticken zum Beispiel so. Sie erschaffen ihre Werke lieber in Freiheit aus eigenem Antrieb. Dabei kann Großes entstehen – und auch mal eine Weile gar nichts. Weil nicht das Erreichen von Zielen ihrem Wesen entspricht, sondern weil ihr Wesen sie Ziele erreichen lässt. Und Ziele dieses nur verbiegen. Ein anderes Beispiel sind sehr beziehungsorientierte Menschen. Sie wollen mit anderen nicht in Kontakt treten, um damit einen Zweck zu verfolgen, sondern um des Kontaktes willen. Das kann in einem Coaching, einer Therapie oder Beratung wahre Wunder wirken, weil dahinter echtes Interesse am Gegenüber steckt und nach bestmöglichen Lösungen gesucht wird. Diese persönliche Integrität verkrüppelt aber leicht, etwa in einem strukturierten Kundengespräch, dessen Ziel der Verkauf eines Produktes mithilfe eines Leitfadens ist. Die Planung wird zum Fehler, weil sie eine Stärke zur Schwäche macht.

Das komplexe Leben

Das zweite Problem genauer Planung ist schlicht das Leben selbst, denn das steckt voller Zufälle. Es ist zu komplex, um planbar zu sein. Komplex? Was genau bedeutet das? Nun, dass die schiere Menge lebendiger, einander beeinflussender Variablen überhaupt keine sicheren Prognosen möglich macht. Die Dinge geschehen, wie sie geschehen. Und was dabei herauskommt, versuchen wir zwar, in unserem Sinne zu beeinflussen, doch haben wir letztlich keine Kontrolle darüber. Im Gegensatz etwa zur Funktionsweise einer Maschine. Die ist nicht komplex, sondern nur kompliziert, weil alle ihre Bestandteile auf eine genau definierte Weise miteinander interagieren. Mit den entsprechenden Elementen und einer Gebrauchsanweisung kann jeder einen Kühlschrank bauen. Und der bleibt dann auch ein Kühlschrank und wird nicht plötzlich zum Ofen. In Wissenschaft und Technik bemüht man sich daher, Randbedingungen genau zu definieren und stets nur einzelne Variablen zu verändern, weil Ergebnisse sonst nicht vergleichbar sind.

Wer messen will, mit welchen Reifen ein Auto am besten beschleunigt, sollte unter gleichen Bedingungen wirklich nur verschiedene Reifen testen – und dabei nicht willkürlich mal bergauf oder bergab fahren.

Das Leben ist aber weder Wissenschaft noch Technik. Es ist nicht kompliziert, sondern komplex. Rahmenbedingungen verändern sich ständig und beeinflussen einander. Wer die besseren Spieler hat und den besseren Trainingsplan, kann trotzdem beim Fußball verlieren. Weil der Außenstürmer der Gegenmannschaft diesen einen scharfen Pass spielt, welchen der Verteidiger ins eigene Tor abfälscht. Denn in Gedanken war er kurz bei der Party letzte Woche, wo er sich verknallt hat. Shit happens.

Seien wir ehrlich: Die Realität ist fast immer anders als unsere Planung. Und wir tun gut daran, uns anzupassen, statt stur einem Matchplan zu folgen. Märkte verändern sich und Lebensumstände, Menschen kommen und gehen, Träume platzen und neue werden geboren, ständig geschieht Unvorhergesehenes. Gestern noch der Laden um die Ecke, heute schon Online-Handel. Gestern noch mit der Familie die Zukunft geplant, heute schon neu verliebt. Gestern noch Karriere, heute schon Burn-out. Wir dürfen unsere Planungen nicht zu ernst nehmen, denn sonst übersehen wir, dass Zufälle und die Dynamik des Lebens eine viel größere Rolle spielen, als wir ihnen zugestehen. Sosehr wir uns auch bemühen, sie zu beherrschen, so unmöglich ist es.

GIBT ES ZUFÄLLE?

Manchen Lesern kommt an dieser Stelle der Gedanke, ob es Zufälle überhaupt gibt. Vielleicht sollen die Dinge genau so geschehen, wie sie nun mal geschehen? Vielleicht folgt das Leben einem höheren Plan, den wir nur nicht verstehen können? Außerdem entstehen daraus ständig neue Erkenntnisse und erwachsen neue Chancen. Ich mag den Gedanken sehr. Ich finde ihn tröstlich, konstruktiv und zutiefst wohltuend. Allerdings werden wir keine befriedigende Antwort darauf finden, ob er richtig ist. Denn auch das Gegenteil kann zutreffen: Das Leben ist und bleibt chaotisch, sosehr wir auch in der Zukunft einen Sinn für die Vergangenheit konstruieren. Eine Pandemie zerstört unser Geschäftsmodell und wir müssen Leute entlassen, eine Immobilienblase platzt und unsere Wohnung ist nur noch die Hälfte wert, unser Partner stirbt und wir müssen mit dem Verlust leben. Klar können wir aus all dem immer viel lernen. Als Teil eines höheren Plans jedoch darf man das Leben dann guten Gewissens auch mal für ein Arschloch halten.

Erneut ahne ich Widerstand. Das Leben könne überhaupt kein Zufall sein, weil ständig das eine zum anderen führt. Mal abgesehen von so etwas wie Schicksal. Meinetwegen. Nur: Wenn wir die Zusammenhänge nicht verstehen, geschweige denn bewusst beeinflussen können, erscheinen Dinge nun mal zufällig. Du kriegst Krebs, obwohl du immer gesund gelebt hast? Die meisten Ursachen für Krebs sind noch unbekannt, egal wie viele

Nahrungsergänzungsmittel du täglich schlürfst. Du brauchst beim Backgammon einen Sechserpasch? Du wirst niemals die motorischen Fähigkeiten entwickeln, beide Würfel genau so aus dem Becher zu schütteln, dass sie planbar mit der richtigen Geschwindigkeit und im richtigen Winkel aufs Brett fallen. Also egal welche Kausalitäten wir noch nicht kennen oder beherrschen, ihr Ergebnis wird sich stets als Zufall zeigen. Stell dir mal eine Fliege am Kölner Hauptbahnhof vor, die dem Brötchenduft eines Reisenden in einen ICE folgt. Sie kann während der Fahrt frei im Zug herumfliegen. Wo dieser allerdings ankommt, ist für sie reiner Zufall. Egal: In Hamburg kriegt sie Fischbrötchen und in Stuttgart Maultaschen. Ich jedenfalls wünsche ihr guten Appetit und ein grübelfreies Leben ohne Esoterikseminare.

Es lebe die Serendipität!

Außerdem erschaffen Zufälle ständig Neues, haben also kreatives Potenzial: Der Teehändler Thomas Sullivan wollte 1904 Proben nicht mehr in großen, schweren und teuren Blechdosen verschicken. Also steckte er sie in kleine Seidenbeutel, die seine Kunden in heißes Wasser tunkten, weil sie dachten, das sei so beabsichtigt. Der Teebeutel war erfunden. Alexander Fleming beimpfte 1928 eine Agarplatte mit Staphylokokken und ging dann in den Urlaub. Bei seiner Rückkehr stellte er fest, dass auf der Platte ein Schimmelpilz wuchs, in dessen Nähe sich die Bakterien nicht vermehrten. Das Penicillin war entdeckt – und rettet seitdem Menschenleben. Der Chemiker Albert Hofmann gewann 1938 aus Mutterkorn eine Substanz, um den Kreislauf zu stimulieren, was aber nicht richtig wirkte. Fünf Jahre später bekam er beim zufälligen Hantieren mit selbiger Substanz Halluzinationen. Seitdem wird Lysergsäurediethylamid als bewusstseinserweiternde Droge genutzt – besser bekannt als LSD. Gleiches gilt für Teflon, Klettverschluss, Sekundenkleber, Röntgenstrahlung, Viagra, Silikon, Nylonstrümpfe, Linoleum oder Post-its – sie alle gingen auf Zufälle zurück, so wie etliche weitere Entdeckungen und Errungenschaften unserer heutigen Zeit. Man findet ständig Dinge, ohne sie gesucht zu haben. Dieses Phänomen nennt man Serendipität.

Auch Kolumbus wollte eigentlich nicht Amerika entdecken, sondern ursprünglich nach Indien segeln. Zielplanung? Anscheinend geht es auch ohne.

Mit dem Zufall ist also zu rechnen. Auch in der heutigen Arbeits- und Geschäftswelt, die man gerne VUKA-Welt nennt, wobei »VUKA« ein Akronym ist für Volatilität, Unsicherheit, Komplexität und Ambiguität. Ständig geht es rauf und runter, nichts ist planbar, aber dafür alles miteinander verwoben und mehrdeutig interpretierbar. Gestern noch Stabilität, heute Achterbahn. Überall Innovationen und Disruptionen. Elektroautos ersetzen Benziner, Künstliche Intelligenz verdrängt Jobs und der neue Chef spricht Chinesisch. Ist das nun gut oder schlecht? Egal, es ist. Und es wird auch in Zukunft überraschend bleiben.

Wobei es noch viel größere Überraschungen gibt, die unser Schicksal (nennen wir es mal so) bestimmen: Am 28. Juni 1914 ermordete Gavrilo Princip den österreichischen Thronfolger Franz Ferdinand – und startete damit eine Spirale, die in den Ersten Weltkrieg mündete. Sie läutete eine geopolitische Dynamik ein, die bis in die heutige Zeit reicht. Am 26. April 1986 kam es zur Nuklearkatastrophe von Tschernobyl und in den Folgejahren zur Ächtung von Atomkraftwerken – womöglich mit der Nebenwirkung, zu lange an Kohlekraftwerken festgehalten und somit die Klimakatastrophe beschleunigt zu haben. (Eine komplexe Aussage, die ich gerne an anderer Stelle erläutere.) Am 11. September 2001 flogen zwei Flugzeuge ins World Trade Center und bescherten der Welt jahrelange Kriege mit Millionen Toten und enormer politischer Unordnung. Und zu welchen Auswirkungen die 2019 begonnene Corona-Pandemie führte, muss ich nicht extra erläutern. Wie viele Ziele all diese Ereignisse wohl zerstört haben?

SICHER IST, DASS NICHTS SICHER IST

Seien wir schonungslos ehrlich. Auch in Zukunft werden Züge irgendwohin fahren, dabei auch immer wieder entgleisen und das Leben hungriger kleiner Fliegen beeinflussen. Was, wenn ein Meteorit auf die Erde stürzt? Wann kommt der nächste große Vulkanausbruch? Wann eine Pandemie mit aggressiveren Erregern als SARS-CoV-2?

Dann wird alles anders sein – von heute auf morgen.

Die Auswirkungen des Klimawandels sind in ihrer Heftigkeit längst absehbar: Stürme, Fluten, Dürren, Brände, Hunger, Krankheit, Tod. Laut UN-Schätzungen wird es 2050 weltweit zwischen 200 Millionen und einer Milliarde Klimaflüchtlinge geben. Nationalistische Politik? Lächerlich. Sie tut so, als könnte man globale Probleme innerhalb des eigenen Gartenzauns lösen. Dabei sind wir alle miteinander verbunden, weltweit. Was der eine Staat tut oder unterlässt, beeinflusst den anderen. Ob bald alle Staaten statt ihrer eigenen Interessen das Überleben der Menschheit in den Mittelpunkt von Zielplanungen stellen? Vermutlich. Auch die wirtschaftlichen, technischen, ethischen und kulturellen Umwälzungen dürften beträchtlich werden.

So manche persönlichen Ziele werden sich gemeinschaftlichen unterordnen.

Wobei auch deine persönlichen Ziele vermutlich nur auf Zufällen beruhen. Sie sind das Resultat der Menschen, Werte, Normen, der Kultur und der Gedankenwelt, in denen du dich bewegst. Wo kommst du her? Wer und was hat dich beeinflusst? Wohin hat das geführt? Was geschah bislang entlang des Weges? Wir dürfen uns das Leben manchmal als eine Flipperkugel vorstellen.

CHANCENBLINDHEIT UND OPPORTUNITÄTSKOSTEN

Wir sind so sehr mit unserem konkreten Kram beschäftigt, dass wir übersehen, wie sich Rahmenbedingungen verändern. Und werden immer wieder vom Offensichtlichen überrascht.

Nachdem wir uns zuletzt eher in der Meta-Ebene bewegt und Ziele aus der Vogelperspektive betrachtet haben, werden wir nun konkreter und persönlicher. Dabei betrachten wir die Hypothesen, man solle sich seinen Zielen verpflichten und sich auf sie fokussieren. Stimmt das denn? Wieder spricht zunächst einiges dafür: Um zum Beispiel eine schwierige Prüfung zu bestehen, sollte man bereit sein, hart und ausdauernd zu lernen. Oder um sein Business voranzubringen, sollte man sich anstrengen und Ablenkungen vermeiden. Commitment und Fokus scheinen wichtige Bestandteile vieler Erfolgsgeschichten zu sein.

ALLES GANZ ANDERS?

Allerdings trifft auch hier wieder das Gegenteil zu: Wer allzu hart für eine Prüfung arbeiten muss, um sie zu bestehen, hat sich vielleicht das falsche Fach ausgesucht. Ich erinnere mich immer noch mit Bauchschmerzen an meine nur nach mehreren Anläufen bestandene Prüfung im Fach Recht während der Ausbildung zum Betriebswirt. Was für ein Krampf! Die Formalien der Juristerei passen so wenig zu meiner Persönlichkeit, dass ich mich oft gefragt habe, ob ich schlicht zu blöd bin. Wäre ich in eine Juristenfamilie hineingeboren worden und hätte die elterliche Kanzlei übernehmen müssen, wäre ich wohl in jahrelangen Selbstzweifeln und Depressionen versunken.

Auch im Business liegen die wahren Erfolgsbooster oft jenseits des reinen Fleißes – in guten Kontakten, neuen Ideen und klugen Hacks, die man aber nicht findet, wenn man von morgens bis abends am Schreibtisch sitzt und arbeitet. In meinem Geschäftsleben waren es meist Impulse aus guten Kontakten, Netzwerken, Büchern, Filmen, Seminaren und allerlei Lebenssituationen, die mich weitergebracht haben. Commitment und Fokus helfen vielleicht dabei, dieses Buch zu schreiben oder Seminare und Vorträge zu konzipieren. Aber dafür gute Ideen und Inhalte zu finden, geschieht außerhalb – im Leben selbst. Dieses zu vernachlässigen ist wohl die größte Erfolgsbremse überhaupt. Denn Erfolge entstehen eher dort, wo wir die richtigen Dinge tun, statt die Dinge nur möglichst richtig abzuarbeiten, also nach Schema F. Das mag zwar erprobt sein, bringt aber nicht zwingend die besten Resultate.

Der Feind des Guten ist das Bessere. Dieses Bessere zu erkennen oder zu erschaffen braucht neue Perspektiven, Platz und Zeit und steht oft im Widerspruch zu eng getakteten Pflichten, Plänen und Terminen – dort passt das Bessere einfach nicht hinein.

MANAGEMENT VERSUS KREATIVITÄT

Womit wir bei einem fundamentalen Unterschied zwischen der Lebens- und Arbeitsweise von Managern und Kreativen wären: Management hat die Aufgabe, Systeme zum Funktionieren zu bringen. Also etwa gute Prozesse einzurichten und aufeinander abzustimmen. Das gilt für Führung im Unternehmen genauso wie für die Pflichten innerhalb der Familie. Wann müssen die Kinder in die Schule? Was steht im Haushalt an? Wer geht mit dem Hund zum Tierarzt? Das System muss rundlaufen. Allerdings entstehen auf diese Weise auch Routinen, die starr machen. Die Verwaltung übernimmt das Kommando und Ziele werden hohl. So dümpeln Beziehungen, Familien, Organisationen und ganze Branchen vor sich hin, wenn sie im Netz ihrer eigenen Strukturen und Zwischenziele gefangen sind, statt einem übergeordneten Sinn zu dienen: Leben, Liebe, Kundennutzen. Eine Lösung wäre, das System immer wieder zu verlassen, sich Impulse von außen zu holen und Neuem Raum zu geben, wodurch aber Widersprüche zu bestehenden Zielen entstehen können. Dies zuzulassen und auszuhalten ist nicht immer leicht, obwohl es sich lohnt. Vereinfacht lässt sich sagen, Manager eilen von Termin zu Termin, wechseln dabei häufig das gedankliche Setting und treffen schnelle und klare Entscheidungen, damit die Dinge funktionieren. Kreative hingegen brauchen vor allem Zeit zwischen den Terminen, um Dinge aus mehreren Perspektiven zu sehen und tiefer zu durchdringen, wofür viele Gedanken und Optionen zugelassen werden müssen, damit etwas qualitativ Gutes entsteht. Weil das aber nicht notwendigerweise in die bestehenden Prozesse passt, ist es eine Herausforderung, beides miteinander in Einklang zu bringen.

KONVERGENTES UND DIVERGENTES DENKEN

Hinter diesen widersprüchlichen Ausrichtungen stehen zwei unterschiedliche Denkstile: Konvergenz und Divergenz. Konvergentes Denken sucht nach richtigen Lösungen, divergentes Denken nach möglichst vielen. Fragt man einen konvergenten Denker, wofür eine Flasche gut ist, weiß er sofort: Man kann sie mit Wasser, Saft, Bier oder Wein befüllen und ihren Inhalt in Gläser schütten. Der divergente Denker hingegen sucht weitere Möglichkeiten: Man kann Flaschen werfen, sie zerbrechen und mit den Scherben Herzen in Bäume ritzen, sie bunt bemalen, als Kerzenständer auf den Tisch stellen oder mit ihnen Flaschendrehen spielen. Somit ist konvergentes Denken eher für das Funktionieren innerhalb eines Systems geeignet, das divergente Denken eher für außerhalb. Die spannende Frage ist: Welcher Denkstil erreicht im Leben bessere Ziele? Konvergentes Denken ist eine Fähigkeit, die uns in Schule, Ausbildung und bestehenden Strukturen beigebracht wird: Was funktioniert wie? Was geht? Und was geht nicht?

Im komplexen Leben aber ist oft Divergenz gefragt: Was tun, wenn sich Märkte verändern, der Nachbar spinnt oder der Partner eine Affäre hat? Lösungen nach Schema F drohen in die Pleite zu führen, zum Nachbarschaftsstreit oder zur Trennung. Obwohl man diese Situationen auch kreativ angehen kann: sich mutig Innovationen stellen, des Nachbars Nöte und Bedürfnisse verstehen, sich selbst innerhalb der Beziehung weiterentwickeln oder sich ebenfalls – ohne Schmerz und Groll – für eine neue Liebe öffnen. Alles mögliche Optionen, wahrscheinlich bessere. Weil es nun mal keine starren Grenzen gibt, außer man setzt sie sich selbst.

Ich mag den YouTube-Kanal »Quirkology« des britischen Psychologen und früheren Zauberkünstlers Richard Wiseman, in welchem er allerlei faszinierende Illusionstricks vorführt. Eines meiner Lieblingsvideos ist der »Colour Changing Card Trick«, welches du dir am besten sofort anschaust, bevor du weiterliest, weil ich den Trick gleich erkläre. Richard sitzt mit einer Assistentin an einem Tisch und präsentiert ein Spielkartenset mit blauer Rückseite. Seine Assistentin zieht daraus eine beliebige Karte und zeigt sie dem Zuschauer. Diese Karte schiebt Richard nun in den Stapel zurück, den er anschließend mit der Vorderseite nach oben auf dem Tisch ausbreitet. Die von seiner Assistentin gezogene Karte hat immer noch eine blaue Rückseite, alle anderen hingegen haben – Überraschung! – eine rote. Wie funktioniert das? Klar: Richard hat heimlich das blaue Kartenset gegen ein rotes getauscht.

Nun aber folgt die wahre Überraschung: Es erscheint ein Text, der darauf hinweist, dass es überhaupt nicht um die Farben der Karten ging, sondern sich vier andere Farben im Video verändert haben. Dann sieht man zwei Fotos, eines vom Beginn des Videos, ein anderes vom Ende: Zu Beginn des Videos trägt Richard ein beigefarbenes T-Shirt, später ein schwarzes. Seine Assistentin trägt zunächst ein schwarzes Top, später darüber einen grünen Pulli. Die Tischdecke ist erst schwarz, dann beige und der Vorhang im Hintergrund erst lila, dann rot. Vier krasse und sehr offensichtliche Farbwechsel, die der Zuschauer aber nicht bemerkt, weil er sich zu sehr auf den Kartentrick konzentriert hat, während in den zunächst nicht zu sehenden Kameraeinstellungen die großen Veränderungen stattfanden. Diese verfolgt man nun staunend in einem zweiten Durchlauf, welcher die ganze Szene in der Totalen zeigt: Wiseman und seine Assistentin ziehen sich während des Tricks um und tauschen sowohl die Tischdecke als auch den Vorhang aus. Wie konnte man das übersehen? Indem man zu fokussiert war.

Fokus macht blind

Ist es im Leben nicht oft ähnlich? Wir sind so sehr mit unserem konkreten Kram beschäftigt, dass wir übersehen, wie sich Rahmenbedingungen verändern. Und werden immer wieder vom Offensichtlichen überrascht: Scheinbar plötzlich verlieren wir einen wichtigen Kunden, ist das Konto in den Miesen oder wir kriegen einen Herzinfarkt. Dabei waren alle Anzeichen vorher längst sichtbar, wir konnten (und wollten) sie nur nicht erkennen. Hinterher wissen wir: Es wäre klüger gewesen, genauer zuzuhören, besser zu haushalten oder unsere Gesundheit ernst zu nehmen. Stattdessen hatten wir anderes zu tun: To-do-Listen abarbeiten, gewohnte Ausgaben tätigen und uns nach Überstunden mit Junkfood und Sofa belohnen. Falscher Fokus eben.

Nun könnte man all das für typische Nebenwirkungen des normalen Lebens halten, was ein Stück weit sicherlich auch zutrifft. Andererseits aber gibt es etliche Menschen, denen kaum Schlimmes passiert, weil sie sich eben nicht nur auf die Dinge direkt vor ihnen konzentrieren, sondern immer wieder bewusst auf eine höhere Betrachtungsebene wechseln, um die Übersicht zu wahren. Sie wollen sehen, was tatsächlich los ist. Diese Bereitschaft zur Offenheit und Unschärfe verhindert nicht nur vermeidbares Stolpern, sondern ist auch die Voraussetzung für das Erkennen von Chancen, die rein Zielfokussierte leicht übersehen. Wie ist es möglich, dass Elon Musk mit Paypal ein praktisches Bezahlsystem außerhalb von Banken erschaffen hat und mit Tesla die weltweite Autoindustrie vor sich hertreibt? Wohl weil er in keiner Bank arbeiten oder sich den Plänen und Routinen eines Automobilkonzerns unterordnen musste. Wer jahrelang im System steckt, wird blind für die Zusammenhänge außerhalb. Zu enger Fokus. Wie schaffen es wirklich glückliche Paare, jahrzehntelang zusammenzubleiben, obwohl auch ihr Alltag voller Pflichten steckt? Indem sie die Pflichten regelmäßig loslassen und sich sowohl Raum für sich selbst schaffen als auch bewusst Nähe zueinander. Außerdem sind sie bereit, die jeweils nächsten Entwicklungsschritte innerhalb ihrer Beziehung zu gehen, statt stur am Bestehendem festzuhalten. Sie lassen etwas außerhalb fester Schemata zu. Wie kriegen es viele Selbstständige hin, erfolgreich ihr Ding zu machen und sich dabei in vielen unterschiedlichen Disziplinen auszukennen? Weil sie straßenschlau sind statt schulklug. Sie müssen sich als Generalisten im realen Leben bewähren. Der Fokus eines umschriebenen Jobs würde sie dabei nur behindern.

Wer nur auf das starrt, was er konkret vorhat, übersieht offensichtliche Chancen.

Wer nur von Projekt zu Projekt denkt, verpasst die Weiterbildung, die zur nächsthöheren Stelle führt. Oder wer den Traum von der Selbstständigkeit immer wieder auf die Zukunft verschiebt, verpasst den richtigen Zeitpunkt: jetzt. Wer eine dysfunktionale Beziehung mühsam und konfliktreich wegen der gemeinsamen Kinder fortführt, schadet seinen Kindern womöglich. Wer weiß? Vielleicht ist der neue Partner schon längst irgendwo da – wenngleich noch in anderer Funktion als Kollege, Kunde, Nachbar oder Freund. Zu enger Fokus macht blind für Chancen. Und entgangene Möglichkeiten können teuer sein. Statt uns zu fragen, was es kostet, Vertrautes zu verlassen, sollten wir uns also eher fragen, was es uns kostet, das Vertraute nicht zu verlassen: Erfahrungen, Freude, Erfolge, Rückgrat.

Dein Job macht dich nicht glücklich? Dann such dir einen neuen! Dein Umfeld engt dich ein? Dann geh woandershin! Dein Leben langweilt dich? Zeit für Veränderung! Also leg die Scheuklappen ab.

Hohe Opportunitätskosten

Die Kosten entgangener Möglichkeiten – die sogenannten Opportunitätskosten –, erscheinen im Nachhinein oft absurd hoch und vermeidbar. Als 1975 der junge Ingenieur Steve Sasson die erste Digitalkamera baute, unterschätzte sein Arbeitgeber Kodak die Idee, weil sie dem traditionellen Geschäftsmodell entgegenlief. Der Konzern meldete 2012 Insolvenz an, nachdem er den rechtzeitigen Umstieg auf die Digitalfotografie verschlafen hatte. Als Apple ab 2007 mit dem iPhone den Mobilfunkmarkt zu einem Massenmarkt machte, übersah Nokia diese Entwicklung, obwohl die Firma von 1998 bis 2011 weltgrößter Mobiltelefonhersteller gewesen war. Es folgte ein trauriger und sehr teurer Niedergang.

Es gibt unzählige solcher Beispiele, deren roter Faden stets der gleiche Fehler zu sein scheint: zu starre Pläne und das Commitment, beim eingeschlagenen Weg zu bleiben. Man will seine Ziele erreichen, ungeachtet der Kosten. Der zu nette Chef erduldet einen unmotivierten Mitarbeiter über Jahre und merkt erst nach dessen Kündigung, um wie viel leichter plötzlich alles geht. Deine Stadt engt dich ein, aber du willst deinen Kindern einen Umzug ersparen. (Zumindest redest du dir das ein.) Also wagst du erst mit fünfzig woanders einen Neuanfang und dir wird bewusst, was du dir lange versagt hast. Du bist kontaktfreudig und kommunikativ und fühlst dich von Network-Marketing angezogen, hast dir aber eine Existenz als Steuerberaterin aufgebaut. Also wartest du jahrelang, bis der innere Druck groß genug ist, startest erst dann beruflich neu und merkst, dass alles viel schöner ist als vorher. Warum nicht gleich das Richtige tun?

Ist Commitment also grundsätzlich falsch? Natürlich nicht. Ohne die Bereitschaft, sich mit Ausdauer einer Sache zu widmen, gäbe es keinen Fortschritt. Aber es muss die richtige Sache sein – was regelmäßig überprüft gehört. Commitment darf somit weder zum Selbstzweck werden noch zur Ideologie. Ersteres führt zu Trägheit, Letzteres zu Blindheit.

VORSICHT, »PFLICHTEN«!

Wozu hast du dich verpflichtet, obwohl es dir nicht guttut? Von welchen Plänen lässt du deinen Alltag bestimmen? Was könntest du dabei alles übersehen?

GLÜCKSFALLEN, SACKGASSEN UND FALSCHER OPTIMISMUS

»Wer schuftet wie ein Pferd, fleißig ist wie eine Biene und abends hundemüde ist, sollte mal zum Tierarzt gehen. Vielleicht ist er ein Kamel?«

SPRICHWORT

Ein Fischer kam zur Mittagszeit mit seinem Boot in den Hafen zurück. Er hatte einen großen Thunfisch gefangen. Da begegnete ihm ein Berater, beglückwünschte ihn und fragte, was er nun tun wolle. Der Fischer antwortete: »Ich werde nach Hause gehen und es mir gut gehen lassen. Nach dem Mittagessen werde ich ein Nickerchen machen, mit den Kindern spielen, mit meiner Frau spazieren gehen, am Abend Wein trinken und wir werden gut miteinander reden. Das wird ein wundervoller Tag werden.« Der Berater fragte verwundert: »Aber es ist doch erst Mittag! Warum fahren Sie denn nicht gleich wieder zum Fischen hinaus und fangen noch weitere Fische?« Der Mann antwortete: »Weil wir von diesem Thunfisch hier ein paar Tage lang leben können.« Der Berater lächelte wissend und erklärte: »Ein Glück, dass Sie mich getroffen haben! Passen Sie mal auf: Wenn Sie mehr Fische fangen als immer nur einen, können Sie diese auf dem Markt verkaufen. Von dem Geld können Sie sich ein größeres Boot kaufen und bald zwei oder drei weitere Fischer anstellen, die Ihnen noch mehr Fische fangen. Mit der Zeit können Sie sich erst ein zweites Boot leisten, dann ein drittes und bald eine ganze Fischfangflotte. Schließlich eröffnen Sie Ihre eigene Fischfabrik und bauen einen eigenen Fischhandel auf. So werden

Sie sehr reich.« Der Fischer hörte aufmerksam zu fragte: »Wie lange wird das dauern? Und wozu soll es gut sein?« Nun glänzten die Augen des Beraters vor Begeisterung: »Vielleicht zehn bis fünfzehn Jahre. Und danach kommt das Allerbeste: Dann müssen Sie nicht mehr arbeiten. Sie können so viel Zeit mit Ihrer Familie verbringen, wie Sie wollen, und nur noch dann zum Fischen gehen, wenn Sie Lust darauf haben!« Nun lachte der Fischer: »Aber all das habe ich doch jetzt schon!« Dann wandte er sich ab und ging glücklich mit seinem Thunfisch nach Hause.

HART ARBEITEN UND DURCHHALTEN? FALSCH!

Eine etwas naive Geschichte, zugegeben, die du vielleicht bereits kennst. Aber, seien wir ehrlich, eine zutiefst wahre! Denn: Warum sollten wir etwas Ungewolltes mit Anstrengung tun, um dafür etwas zu bekommen, was wir längst besitzen? Vor allem wenn wir währenddessen auf Schönes verzichten müssen. Die Antwort liegt wohl in der menschlichen Natur: Wir besitzen einen Wachstumsdrang. Was wir bereits haben und kennen, wird mit der Zeit langweilig. Also wollen wir mehr und anderes. Dieser innere Motor ist Fluch und Segen zugleich. Fluch, weil er uns immer wieder Dinge tun lässt, in deren Verlauf wir uns selbst zu verlieren drohen. Segen, weil er die Bedingung jeglichen Fortschritts ist. Ohne Wünsche, Träume, Visionen und Ziele ähnelte unser Leben wahrscheinlich dem mittelalterlichen Entwicklungsstand von radikalen Islamisten, was wir uns, metaphorisch gesprochen, mit irgendeiner Geschichte vom Fischer schönreden könnten. Trotzdem würden wir heimlich Netflix gucken und darüber gleichzeitig die Nase rümpfen. Moralische Überlegenheit ist flach und verlogen.

Wir sind also bei den letzten beiden Prämissen der klassischen Zieleformel: Arbeite hart und halte durch! Diese beinhalten zwei Fehler: Erstens, dass das Erreichen von Zielen zwingend mit Arbeit verbunden ist. Und zweitens, dass es dabei ums Durchhalten ginge.

Mögen wir, was wir tun, können wir das Lernen spielerisch angehen. Und handeln wir dabei unabhängig vom konkreten Ergebnis, ist es der Prozess selbst, der uns Spaß macht und Ziele erreichen lässt, ohne dass wir diese extra definieren müssten, weil wir unterwegs durch Lernen besser werden und somit entlang des Weges automatisch Ergebnisse erzielen. So wird die Freude an der Handlung zum eigentlichen Ziel, was unabhängig ist von äußeren Belohnungen. Wer gerne schreinert, liebt die Arbeit mit Holz, die Atmosphäre seiner Werkstatt, den Duft von Sägemehl und das Erschaffen mit eigenen Händen. Dass dabei Schränke, Tische und Stühle entstehen, ist eher ein Nebenprodukt. Die Belohnung ist autotelisch, liegt also in der Handlung selbst, die sich sogar dann gut anfühlt, wenn die Ergebnisse nicht möbelmessentauglich sind. (Es soll sogar Menschen geben, die gerne im Auto singen, ohne es je in die Charts zu schaffen.)

Wie bereits beim Beispiel vom Laufenlernen erläutert, irren wir uns innerhalb von Prozessen sowieso empor.

Wer hingegen nur schreinert, um Schränke, Tische und Stühle zu produzieren, zwingt sich oft zur Arbeit, weil diese an sich sinnleer ist. Die Tätigkeit selbst enthält keine innere Belohnung. Sprich, es geht um Leidenschaft statt um Ergebnisse. Wer gerne Gitarre spielt, übt automatisch, weil das die logische Folge des Spielens ist, wodurch mit der Zeit ein Repertoire geliebter Songs entsteht. Wer gerne operiert, kann auch den tausendsten Blinddarm mit Freude entfernen und arbeitet dabei nicht nur einen OP-Plan ab. So entsteht mit der Zeit Meisterschaft in Disziplinen, für die sich weniger Leidenschaftliche anstrengen müssen. Also steuern sie mit Arbeitsmoral und Durchhalteparolen gegen, was schlüssig klingen mag, es aber nicht ist, wenn für Ungeliebtes Geliebtes verleugnet wird.

GLÜCKSFALLE ZUKUNFT

Diese Denkweise enthält eine weitere große Tragik: das Verschieben von Glück in die Zukunft. Erst wenn wir dieses und jenes geschafft haben, erlauben wir uns, die Dinge als gut zu betrachten, während sie uns vorher noch nicht genügen (dürfen). Natürlich sind Ziele als Konstrukte oft hilfreich, vor allem wenn wir Unschönes zu erledigen haben. Hier darf die Devise sein: Augen zu und durch! Als Dauerzustand hingegen führt die Einstellung, immer hart arbeiten und durchhalten zu müssen, dazu, dass unzählige schöne Momente des Lebens unbemerkt an uns vorbeirauschen: die wertvolle Zeit mit geliebten Menschen, lustige Situationen im Alltag, der Genuss eines Brötchens am Morgen. Erst muss noch dieses und jenes erledigt werden.

Diese Dynamik beginnt meist in der Schulzeit, wo es gilt, bestimmte Noten zu erreichen, um sich für die Lebenskarriere zu qualifizieren, in welcher weitere Ziele auf uns warten, die in weitere Level führen.

Privat gilt das Gleiche: Partnerschaft, Kinder, Freunde, bauen, wohnen, Hobbys – wir sind so zwanghaft damit beschäftigt, etwas zu erreichen, dass wir übersehen, was wir bereits haben, und vor allem was wir wirklich wollen, statt nur zu funktionieren. Und sind wir endlich im lang ersehnten Jahresurlaub, zwickt es in der Seele: Zeit zu haben, ist schön. Schöner als das ganze Gerenne? Schnell fort mit dem Gedanken, bevor er zu frustrierend wird! Schließlich müssen wir zurück ins Hamsterrad. Nachdenken können wir in der Rente immer noch, falls uns nicht vorher eine Krise dazu zwingt.

Wozu das alles? Um gute Gefühle und Glück zu erleben? Absurd! Denn Glück und gute Gefühle sind doch die Voraussetzung dafür, dass wir überhaupt gut leben. Wenn wir sie immer wegdrücken oder uns erst erarbeiten müssen, läuft etwas schief. Zum guten Leben gehört doch, etwas zu tun, was einem gefällt. Das widerspricht nicht dem Anspruch, gute Leistungen zu erbringen, sondern ist für sie die gesunde Basis. Muss sich unser Schreiner erst durch einen Bürojob quälen, bevor er in seine geliebte Werkstatt kann, sollte er seine Prioritäten überdenken. Geld verdienen lässt sich auch mit Schränken, Stühlen und Tischen. Kommt ein kriselndes Paar erst durch Therapie auf die Idee, miteinander Zeit zu verbringen, und empfindet genau das als mühsam, passen die beiden nicht (mehr) zueinander. Also wozu an der schwierigen Beziehung arbeiten und wofür durchhalten? Ich wünsche beiden viel Glück in der nächsten Partnerschaft, hoffentlich einer besseren, in welcher Besuche beim Therapeuten reine Zeitverschwendung wären. Stattdessen jedoch reden sich verhinderte Schreiner und unglückliche Paare ein, es würde eines Tages besser werden. Nach der nächsten stressigen EDV-Umstellung oder der dritten vergeblichen Therapie.

RADIKALE WÜNSCHE

Mir ist bewusst, dass diese Gedankengänge für viele radikal klingen. So als könnte und sollte man einfach tun, was man will. Doch genau das will ich sagen: Solange wir nicht tun, was wir wollen, wollen wir nicht wirklich, was wir tun. Wir berauben uns der Energie, die uns mühelos schöne Ziele erreichen lässt. Wer also im Laufe der Projekte seines Lebens in die falschen abbiegt, kann sich in sie verrennen, wenn er den Dogmen klassischer Zielformulierung glaubt. Diese vernebeln das Denken und führen jahrzehntelang von einem Problem zum nächsten, weil man das falsche Spiel spielt.

Hart arbeiten und durchhalten? Unsinn: Klüger wäre es, Irrwege früh zu erkennen, sich einzugestehen, zu beenden und so lange weiterzusuchen, bis das Herz Ja sagt – und dann diesen Weg weiterzuverfolgen, selbst wenn er sich als steinig und mühevoll erweist und allgemeinen Normen widerspricht, weil es nun mal genau der ist, für den wir Leidenschaft entwickeln. Wir müssen uns also fragen, was das Beste für uns ist, nicht das Normalste. Lucius Annaeus Seneca, einer meiner Lieblingsphilosophen, formuliert es in seinen Epistulae Morales so: »Was nützen einem Menschen achtzig Jahre, die er unnütz vertan hat? Er hat sie nicht wirklich gelebt, er hat sich nur im Leben aufgehalten. Und er ist nicht spät gestorben, sondern er hat lange Zeit dazu gebraucht.« Anscheinend hat sich die Menschheit in den letzten zweitausend Jahren kaum verändert.

FALSCH POSITIVES DENKEN

Warum mühen sich dann so viele Menschen angestrengt ab, statt mit Freude und Leichtigkeit ihren eigenen Weg zu gehen? Dahinter steckt ein weiteres schiefes Dogma unserer heutigen Welt und Kultur: das falsch positive Denken. Bitte nicht verwechseln: Positives Denken ist eine feine Sache. Wer die Erwartung hat, dass etwas Gutes trotz Schwierigkeiten funktioniert, stellt sich den Schwierigkeiten und lernt. Das Kind stolpert so lange, bis es läuft. Der Gitarrist greift so lange daneben, bis der Akkord stimmt. Zwei Liebende lernen die Macken des anderen kennen und mit ihnen umzugehen. Falsch positives Denken hingegen verhindert lernen, indem es grundsätzliche Konstruktionsfehler leugnet. Schwieriges ist manchmal eben keine Durststrecke oder Frage des Trainings, sondern ein Hinweis auf die falsche Richtung. Wer sein Umfeld nicht mag, sollte sich ein neues suchen, wer zu kurze Beine hat, keine Erfolge im Weitsprung er-

Es ist zutiefst unempathisch, weil es Leid und Schmerzen verdrängt und als unangemessen etikettiert statt als legitime Warnsignale, die wahrgenommen, gefühlt und als Wegweiser verstanden gehören: Wer mit dem Kopf gegen die Wand rennt, sollte nach der Türe suchen.

warten, wer Teamarbeit liebt, nicht alleine am Schreibtisch versauern. Trotzdem falschen Zielen hinterherzulaufen führt zu Frust und chronischer Überforderung, was falsch positives Denken leider fördert, weil es die Möglichkeit einer falschen Richtung von vornherein ausschließt.

Leider führt falsch positives Denken auch zur typischen Optimismusverzerrung. Wir erwarten den bestmöglichen Ausgang, überschätzen dessen Eintrittswahrscheinlichkeit und übersehen viele andere realistische Szenarien, in denen unser grandioser Plan nicht aufgeht. Was dann? Wie hoch sind die Risiken, welchen uns die Ziele aussetzen? Bauprojekte, deren Kosten aus dem Ruder laufen, impulsive Lebensabenteuer, die Familien zerrütten, zu hohe Unternehmensziele, unter denen Mitarbeiter leiden, die eigentlich gute Arbeit machen, nur eben nicht im Verhältnis zu den übertriebenen Planungen. Die Ergebnisse: Schulden, Trennungen, Kündigungen. Hätten wir das nicht früher kommen sehen? Doch, aber wir wollten es nicht sehen.

Das süße Gift der falschen Träume war zu stark.

Das Schlimmste ist in solchen Fällen, den falschen Weg weiterzugehen, weil man bereits viel investiert hat und sich einredet, irgendwann werde sich alles rentieren. In den Wirtschaftswissenschaften nennt man solche Schäden versunkene Kosten. Sie dienen oft der Rechtfertigung überoptimistischer Sturheit, aber viel sinnvoller wäre es, sie als Lernerfahrungen zu betrachten und einen anderen Weg einzuschlagen. Also: Statt sich zu fragen, was ein Projekt bereits gekostet hat, um daraus seine Existenzberechtigung herzuleiten, ist es klüger, nach den wahrscheinlichen Kosten in der Zukunft zu fragen. Sind sie zu hoch? Dann lieber ein Ende mit Schrecken als ein Schrecken ohne Ende. Sofort.

Welche deiner Ziele sind für dich immer wieder mühevoll? Wobei versuchst du durchzuhalten, obwohl es dir nicht guttut? Was verpasst du dadurch womöglich?

DER ZIELE-KOMPASS: SINN, WEG, ZIEL

Die eigentliche Herausforderung ist die Sinn-Kompassnadel: Unsinn ist, nun ja, unsinnig. Wer psychisch auch nur halbwegs gesund gestrickt ist, bricht irgendwann ab und verfehlt sein Ziel, was besser ist als ständige innere Konflikte.

Vor einiger Zeit hielt ich ein Motivationsseminar im Rahmen einer Ärztefortbildung. Neunzehn Teilnehmer waren voll bei der Sache, einer überhaupt nicht. Er saß in der letzten Reihe, langweilte sich, begann Messages zu tippen, E-Mails zu beantworten und schließlich sogar zu telefonieren, was natürlich störte. Also fragte ich: »Sagen Sie, was machen Sie hier eigentlich? Sie wollen doch offensichtlich gar nicht hier sein.« Er antwortete, es tue ihm leid, das Thema sei einfach nichts für ihn, er meine es nicht persönlich. Ich blieb dran: »Okay, aber warum sind Sie dann noch im Seminar? Sie können doch jederzeit gehen.« Seine Antwort: »Na, wegen der Fortbildungspunkte. Ich bin Oberarzt in der Uniklinik. Dort komme ich vor lauter Arbeit kaum dazu, Fortbildungen zu besuchen. Und diese hier passt gerade.« Ich bohrte nach: »Wenn es in der Uni so stressig ist, warum bleiben Sie dann dort? Was ist denn ihr Ziel?« Das verblüffte ihn. Es sei doch klar, warum man in der Uni arbeite: »Um Professor zu werden.« Das wiederum erstaunte mich: »Sie sind doch etwa Mitte vierzig. Warum sind Sie nicht schon längst Professor?« Er errötete und schimpfte wieder über die Arbeitsbelastung. Ich unterbrach ihn: »Das kann ich alles gut verstehen. Aber was müssten Sie denn konkret tun, um Professor zu werden?« Er zählte auf: »Forschen und publizieren, Studenten anleiten, Kongresse besuchen, mich eben mehr um die akademische Karriere kümmern.« Warum er all das nicht tue? Andere schafften es doch auch, trotz ihrer Arbeit in der Klinik. Nun brach es aus ihm heraus: »Ich mag Forschung nicht! Wissenschaft langweilt mich! Und die Studenten gehen mir auf die Nerven! Eigentlich hasse ich die ganze Uni.« Wozu wolle er dann Professor werden? »Na, mit dem Scheißtitel kann ich endlich aus der Uni raus, mich selbstständig machen, privat abrechnen und verdiene dann mehr, muss also weniger arbeiten und habe endlich wieder Zeit – für mich, für meine Familie, für alles andere.« Der ganze Raum schwieg betroffen.

DIE SUCHE NACH DEM ZIELE-TOOL

Nach diesem Seminar begann ich, mich tiefer mit der Komplexität und Widersprüchlichkeit herkömmlicher Zielerreichungsstrategien zu beschäftigen. Helfen sie nur vordergründig? Wann wirken sie toxisch? Wie viele Menschen verstricken sich in einem ähnlich verknoteten Leben (oder Job) wie unser Oberarzt, wo sie den Wald vor lauter Bäumen nicht mehr sehen? Ließe sich das verhindern? Wie erreichen wir gute Ziele so, dass sie sich leicht und logisch aus den richtigen Handlungen mit der richtigen Absicht ergeben? Geht das überhaupt? Und ließe sich ein praktisches Modell entwickeln, eine Art Werkzeug, welches die Dynamik, Richtung und Motivation berücksichtigt, die man dafür braucht? Ein solches Tool sollte Fragen beantworten wie: Ist ein Ziel überhaupt (noch) stimmig? Welche Ziele lohnen sich, welche nicht? Wann sollten sich Ziele verändern und wie? Für mich begann damit der Prozess, welcher nach zehn Jahren in dieses Buch mündete.

Zunächst stieß ich auf die Arbeit des Autors und Unternehmensberaters Simon Sinek, der das Modell vom »Golden Circle«

entwickelt hat, um Kunden von einem Produkt zu überzeugen. Sein TED-Talk hierzu wurde millionenfach angeschaut: Sinek zeichnet eine Zielscheibe. Im inneren Kreis steht »Why?«, im mittleren »How?« und im größten Kreis außen das »What?« eines Produkts oder Angebots. Sinek erklärt, dass die meisten Unternehmen zwar wüssten, was sie anbieten (äußerer Kreis: was?) und vielleicht noch was sie von anderen unterscheidet (mittlerer Kreis: wie?). Den Sinn ihres Unternehmens oder ihres Produktes hingegen (innerer Kreis: warum oder wozu?) hätten sie nur selten auf dem Schirm und sprächen auch nicht darüber. Auf diese Weise tun sie sich schwer, Kunden zu gewinnen. Das demonstriert Simon Sinek am Beispiel von Computern, die typischerweise von außen nach innen verkauft werden: »Wir machen tolle Computer. Sie haben diese und jene Funktionen. Sie sind schön designed und intuitiv zu benutzen. Willst du einen kaufen?« Hm, vielleicht. Die Firma Apple hingegen, sagt Sinek, argumentiere von innen nach außen: »In allem was wir tun, fordern wir den Status quo heraus. Wir glauben daran, dass es wichtig ist, die Dinge anders zu machen. Das tun wir, indem wir unsere Produkte schön designen und benutzerfreundlich gestalten. Wir machen großartige Computer. Willst du einen kaufen?« Schon eher. Laut Sinek ist diese Herangehensweise eines von Apples Erfolgsgeheimnissen.

Ich war angefixt. Sinnorientierung als Basis für messbaren Erfolg? Klang schlüssig.

Also testete ich die Herangehensweise zunächst in Verkaufsseminaren, deren Teilnehmer das Ziel hatten, ihre Angebote besser an den Kunden zu bringen. Auch hier argumentierten die meisten von außen nach innen: »Bei uns erhalten Sie die Finanzprodukte A, B und C. Das sind Fonds mit verschiedenen Anlageklassen in unterschiedlicher Risikostreuung und folgender Zusammenstellung …« Ich gähne jetzt noch. Dann begannen wir, die Argumentation umzustellen. Die Teilnehmer sollten zunächst ausschließlich über den Sinn ihres Produktes sprechen und ihre

Motivation, es zu verkaufen, bevor sie irgendeine Produkteigenschaft nennen durften. Und plötzlich kam Seele in den Pitch! »Als Kind habe ich erlebt, wie meine Eltern jeden Pfennig umdrehten, damit wir über die Runden kamen. Das war oft bedrückend. Ich selbst habe den Umgang mit Geld erst mühsam lernen müssen. Vielen Menschen geht es ähnlich, aber sie nehmen sich nur selten die Zeit dafür. Daher ist es mir ein Bedürfnis, andere darin zu unterstützen, sich ohne großen Aufwand ein Vermögen aufzubauen, damit sie sich später keine Sorgen machen müssen und gut leben können.« Erst jetzt folgen die Fondsangebote mit den verschiedenen Anlageklassen in unterschiedlicher Risikostreuung, welche Finanzprodukt A, B und C heißen. Wirkt stärker, oder? Und selbst wenn die persönliche Story des Verkäufers keine Geldsorgen in der Kindheit enthält, kann er seinen Kunden immer noch wünschen, reich in Rente zu gehen, und ihnen anbieten, dabei bestmöglich behilflich zu sein.

Im Laufe der Zeit bemerkte ich, dass vor allem Selbstständigen und Unternehmern diese Art der Präsentation lag.

Klar: Wer ein Unternehmen aufbaut, hat in der Regel einen starken inneren Antrieb, verfolgt also eigene Ziele, welche er flexibel der Realität anpassen muss, wodurch er kontinuierlich dazulernt. Insofern ist Unternehmertum ein langer Prozess voller Selbstbelohnung und somit guten Zielen. (Das Kind lernt laufen, rennen, hüpfen, springen, tanzen – weil all das Spaß macht.) Und es entstehen dabei Geschichten, die berühren. »Bereits als Kind habe ich im Gasthaus meiner Eltern mitgearbeitet. Als mein Vater früh starb, übernahm ich den Betrieb. Das war zunächst sehr hart, aber ich habe es geliebt und habe mich reingearbeitet. Über die letzten Jahre baute ich drei Hotels mit Sternegastronomie auf.« Klingt stimmig und lebendig. Unbedingt mal hingehen! »Schon in der Schule habe ich Werbeflyer gestaltet. Während des Studiums gründete ich meine eigene Werbeagentur. Heute habe ich vierzig Angestellte und wir machen Kampagnen für namhafte Unternehmen. Auch im Online-Marketing sind wir mittlerweile sehr erfolgreich.« Wer bekommt wohl den Auftrag für die nächste Werbekampagne? Keine Frage. Wieder von innen nach außen verkauft.

Ließe sich Sineks Modell nicht nur aufs stimmige Verkaufen, sondern generell auf Ziele anwenden oder dafür weiterentwickeln? What: »Ich will Professor werden.« How: »Indem ich forsche.« Why: »Um dank des Titels weniger arbeiten zu müssen.« Ich war auf der richtigen Spur, wenngleich noch nicht am (haha!) Ziel, denn eigentlich wollte der Oberarzt ja gar nicht Professor werden, sondern jagte (noch) einem Hirngespinst hinterher. Die drei Kreise können demnach zwar eine Wertehierarchie abbilden, aber berücksichtigen nicht die Richtung des Handelns. Damit landete ich wieder bei der Überlegung, Ziele würden uns ausrichten wie der magnetische Nordpol einen Kompass. Und damit kam die Lösung: ein Ziele-Kompass mit drei Kompassnadeln, die jede in eine eigene Richtung zeigen. Eine Kompassnadel richtet sich nach dem Ziel aus, die andere nach der Richtung des Prozesses und die dritte nach dem Sinn des Handelns. Ziel, Weg, Sinn. Zeigen die Kompassnadeln in die gleiche Richtung, ist alles gut. Zeigen sie in unterschiedliche, wird es problematisch. Heureka! Das Ziele-Problem war geknackt.

DIE DREI KOMPASSNADELN

Und damit zur eigentlichen Zielgeraden (was für eine Metapher!) des ersten Teils dieses Buches. Warum (herkömmlich definierte) Ziele oft Quatsch sind, sollte mittlerweile klar sein. Aber auch, dass es durchaus gute Ziele gibt. Wie finden und erreichen wir sie? Geht das überhaupt? Ja, indem wir sie in drei Teile aufdröseln, die idealerweise miteinander harmonieren.

◇ Zunächst zum Ergebnisteil, **der ersten Kompassnadel: Welches Ziel soll erreicht werden?** Welche Kennzahlen definieren es? Also etwa ein erreichter Professorentitel, ein bestimmtes Körpergewicht, eine definierte Anzahl von Verkaufsabschlüssen oder Stunden inniger Zweisamkeit mit dem Lieblingsmenschen. Dies entspricht der ersten Kompassnadel, welche in Richtung Ziel weist. Das grundsätzliche Bild bleibt das gleiche: Das Ziel richtet ähnlich dem magnetischen Nordpol die Kompassnadel aus, wodurch wir unterwegs flexibel steuern können. Umwege und Hindernisse sind okay, solange es dann wieder in Richtung Ziel geht.

◇ **Die zweite Kompassnadel guter Ziele ist der Prozess:** Tun wir, was wir tun müssen, um unsere Ziele zu erreichen? Mehr noch: Ist dieser Prozess so tief in uns verankert, dass er uns unterstützt, so wie Kinder automatisch laufen lernen? Je natürlicher unser Antrieb ist und je leichter uns der Prozess fällt, desto besser. Diese zweite Kompassnadel entspricht dem Weg. Also: Wie steht es ums regelmäßige Forschen? Was macht die tägliche Ernährung? Wie laufen einzelne Kundengespräche ab? Haben Paare wirklich eine tiefe Verbindung? Und stimmen die Richtungen von Ziel und Weg überein?

◇ Der dritte Teilaspekt und somit **die dritte Kompassnadel entspricht der Sinnebene:** Warum soll ein Ziel überhaupt erreicht werden? Und wozu? (Diese Unterscheidung ist mir wichtig. Warum kratzt sich der Hund hinterm Ohr? Weil er es kann. Und wozu? Damit es nicht mehr juckt.) Also Professor werden, um bald weniger zu arbeiten und mehr Zeit zu haben? Oder besser ohne Professorentitel die Uni verlassen und ein neues berufliches Kapitel beginnen, welches mehr dem eigenen Wesen entspricht? (Oder Schreiner werden?) Und geht es beim Thema Ernährung um Genuss, Gesundheit oder ums Trösten? Oder darum, sich attraktiver fühlen zu wollen? Was ist der Sinn des Verkaufens? Möglichst viele Abschlüsse, damit Kennzahlen erreicht, Boni ausgezahlt und Arbeitsplätze gesichert werden? Oder um die Wünsche der Kunden zu befriedigen? Oder ist der Verkaufsjob nur eine Notlösung, welche zurzeit den Lebensunterhalt sichert? Und warum eigentlich eine Partnerschaft? Aus Liebe und Zugehörigkeitsgefühl? Oder aus Gewohnheit oder gar Abhängigkeit? Und wozu? Um es miteinander schön zu haben? Um Kinder zu zeugen und großzuziehen? Um regelmäßig Sex zu haben? Um nicht alleine zu sein? Ziemlich komplex, diese dritte Kompassnadel, die dem Sinn entspricht. Natürlich sollte sie in die gleiche Richtung weisen wie Weg und Ziel.

DIE RICHTIGE REIHENFOLGE IM KOMPASS

Klingt das bislang schlüssig? Vorsicht! Falsch angewendet führt der Ziele-Kompass zum gleichen Problem wie bei Simon Sineks Zielscheibe, in welcher die meisten von außen nach innen verkaufen statt von innen nach außen: Wer zuerst das Ziel definiert, dann den Weg dorthin plant und erst danach (wenn überhaupt) über den Sinn nachdenkt, riskiert Konstruktionsfehler. Wir wollen einen Marathon schaffen (Ziel), trainieren dafür zunächst nach Plan (Weg) und brechen das Projekt schließlich ab, weil uns viel Laufen keinen Spaß macht und wir eigentlich etwas ganz anderes wollen: uns fit fühlen statt müde, mehr Bewegung an der frischen Luft oder durch Sport ein paar Kilos verlieren. Sich dafür einen Marathon vornehmen? Geht am Sinn vorbei. Scheitern vorprogrammiert. Wer hingegen gerne läuft und sich mit Freude herausfordert (Sinn), trainiert auch mal nach Plan (Weg) und läuft wirklich einen Marathon. Dann aber nicht nur mit dem Ziel, ihn zu schaffen, sondern sogar in einer bestimmten Zeit und mit der Motivation, diese bald zu unterbieten. Jetzt ist der Ziele-Kompass stimmig.

Die eigentliche Herausforderung ist also die Sinn-Kompassnadel: Unsinn ist, nun ja, unsinnig. Wer psychisch auch nur halbwegs gesund gestrickt ist, bricht irgendwann ab und verfehlt sein Ziel, was besser ist als ständige innere Konflikte. Wozu sich quälen? Wer sich hingegen zunächst der Komplexität von Sinnfragen stellt und daraus kongruente Handlungen ableitet, wird entlang des Weges stimmige Ziele erreichen. Die Reihenfolge sollte also nicht Ziel, Weg, Sinn sein, sondern Sinn, Weg, Ziel. Also zuerst: Wer bist du? Was willst du wirklich? Warum und wozu? Danach folgt der Weg: Wie tust du die Dinge so, dass du gut vorankommst? Und schließlich: Was willst du damit konkret erreichen? Und wie schaffst du das? Auf diese Weise werden Ziele zu Ergebnissen entlang deines eigenen Weges. Sie stehen nicht mehr im Mittelpunkt deines Handelns, sondern sind dessen organische Folge. Bewegst du dich in ihre Richtung, erreichst du sie früher oder später sowieso und kannst auch Ungeplantes oder neue Ziele stimmig integrieren, denn du handelst in deiner Zielstrebigkeit auf einer höheren Ebene zwecklos und sinnvoll zugleich.

Ist die Reihenfolge Sinn, Weg, Ziel, stimmt sogar der geläufige Ziele-Algorithmus: Such dir ein großes Ziel, plane deinen Weg, fokussiere dich, arbeite hart und halte durch! (Ganz ehrlich: Auch ein Buch zu schreiben ist oft Arbeit. Trotzdem liebe ich es.) Aus tiefer innerer Motivation heraus und mit dem Fokus auf den Prozess verlieren Ziele ihre Schwere. Sie werden zu optionalen Zwischenergebnissen eines Spiels, das du mal gewinnst und mal verlierst, was aber okay ist. Du bleibst sowieso dran, denn es ist dein Spiel. Genauso gilt das Gegenteil: Setz dir keine konkreten Ziele, handle spontan und instinktiv, lass immer wieder los, habe Mut zur Unschärfe, geh die Dinge spielerisch an und genieße deine Reise, denn du musst nirgendwo ankommen! Was interessieren schon Ziele? Es geht dir um die Sache, weil du dein Ding machst.

Der Weg ist das Ziel. Und weil es dein eigener ist, blockiert ihn kein falsches Ziel.

Es gibt für dich ohnehin nichts zu gewinnen, weil die Belohnung im Spielen selbst liegt. Alles ist gut, solange du spielst.

Nicht um etwas zu erreichen, sondern um deines Spiels willen. Und genau dadurch kannst du mehr erreichen, als es konkrete Ziele je abbilden könnten. Wer weiß, was noch alles geht? Du darfst dich von dir selbst überraschen lassen.

WOHIN ZEIGT DEIN INNERER KOMPASS?

Wie steht es um deine drei Kompassnadeln? Zeigen sie meist in die gleiche Richtung? Falls nein, warum nicht? Verfolgst du deine Ziele von innen nach außen oder noch von außen nach innen?

CHAOS, KRISE, ABLENKUNG UND FLOW

Statt zu erreichen, was du willst, drehst du dich im Kreis, läufst mal hierhin, mal dorthin, in bester Absicht, die aber nur so lange anhält, bis dich die nächste Kompassnadel wieder in die Gegenrichtung schickt.

Nachdem wir also die Reihenfolge Sinn, Weg, Ziel geklärt haben, um gute Ziele zu erreichen, kommen wir nun zu vier sehr unterschiedlichen Zuständen, in denen wir uns dabei befinden können. Diese sabotieren, verändern oder ärgern uns oder sie machen uns glücklich: Chaos, Krise, Ablenkung und Flow. Sie ergeben sich aus der Richtung der drei Kompassnadeln und spiegeln wider, was Sache ist: Warum klappt das eine und das andere nicht? Wann laufen wir Illusionen hinterher? Wofür lohnt es sich zu kämpfen? Und wann suchen wir uns besser etwas anderes? Diese vier Zustände treten wohl in jedem Leben auf und zwingen uns von Zeit zu Zeit zur inneren Ausrichtung.

CHAOS: DRAMA, BABY!

Beginnen wir mit dem ungünstigsten, weil unproduktivsten der vier Zustände: dem Chaos. Hierbei zeigen die drei Kompassnadeln in unterschiedliche Richtungen. Du quälst dich von Diät zu Diät, um deinen Traumkörper zu erreichen (Ziel). Dabei misshandelst du deinen Körper, weil du verlernst, seine Signale zu deuten, und »belohnst« dich zwischendurch mit Fressphasen, welche dich von deinem Ziel entfernen (Weg). Denn eigentlich dient dir Essen zur Stimmungsregulation, um ganz andere Probleme zu ertragen (Sinn). Oder du mühst dich durch Ausbildung oder Studium, um einen seriösen Abschluss zu bekommen (Ziel). Das tust du, weil du dir angewöhnt hast, den konservativen Wünschen deiner Eltern zu folgen, wobei du aus Lustlosigkeit aber immer wieder schummelst und die wirklich wichtigen Aufgaben vermeidest (Weg). Denn deine wahren Leidenschaften und Stärken liegen ganz woanders (Sinn). Oder du tinderst dich von Date zu Date, um endlich deinen Traumpartner zu finden (Ziel). Dabei trauerst du noch täglich deinem Ex-Partner hinterher, den du schrecklich vermisst (Weg). Leider ist die Beziehung mal wieder wegen deiner Bindungsängste in die Brüche gegangen, denen du dich irgendwann stellen musst (Sinn).

Überraschung: So wird das alles nix! Denn statt zu erreichen, was du willst, drehst du dich permanent im Kreis, läufst mal hierhin, mal dorthin, stets in bester Absicht, die aber nur so lange anhält, bis dich die nächste Kompassnadel wieder in die Gegenrichtung schickt. Du erträgst, leidest, motivierst dich, hältst durch – aber kommst nicht an. Wie auch? Dein Ziele-Kompass ist im Chaos-Modus. Statt deine Richtung zu kennen und deinen Weg zu gehen, fühlst du dich von lauter Widersprüchlichkeiten innerlich zerrissen. Du befindest dich in einer Dramaschleife, die jahrelang andauern kann und in deren Verlauf du dich von einem faulen Kompromiss zum nächsten hangelst. Viel Spaß beim Aufräumen, wenn du irgendwann aufwachst!

Zuerst der Sinn

Die Lösung liegt natürlich wieder darin, sich zunächst dem Sinn zuzuwenden und daraus Weg und Ziel abzuleiten. Nur ist das unbequem und oft schmerzhaft, denn es konfrontiert dich mit Wahrheiten, die du bislang meidest: Vielleicht steckt hinter deiner Bindungsangst die Angst verlassen zu werden, was du kaum ertragen kannst, weshalb du es gar nicht erst so weit kommen lässt? Jetzt wird es spannend: Woher stammt diese Angst? Was hast du bereits Trauriges erlebt, welchen Schmerz erlitten? Und wie kriegst du die Angst wieder weg? Deine Dating-Strategie wirkt jedenfalls eher aktionistisch statt hilfreich, weil sie dich vom Kern des Problems ablenkt. Erst recht, wenn du noch an deinem Expartner hängst. Und warum folgst du bei deiner Berufswahl eigentlich den Vorstellungen deiner Eltern? Es ist doch dein Leben! Und die heutige sowie ganz bestimmt die morgige Arbeitswelt haben nur noch wenig mit dem zu tun, weshalb deine Eltern einst ihren Berufsweg einschlugen. Also was steckt dahinter? Warst du schon immer zu brav? Oder vielleicht zu bequem, konfliktscheu und feige? Bist du jemand, der regelmäßig vor Herausforderungen kneift, statt sie mutig anzugehen? Hast du dir auch sonst bislang kaum eigene Erfolge erarbeitet, weshalb du ständig an dir zweifelst? Autsch, das tut weh – und wird es auch zukünftig, wenn du weiter vor deinen Potenzialen davonläufst, statt sie zu entwickeln. Und: Welche Probleme versuchst du eigentlich wegzufuttern? Was schmerzt und frustriert dich so? Einsamkeit? Mangelnde Anerkennung? Selbsthass? Chronischer Stress? Dann hast du andere Aufgaben als eine Diät: Welche tiefen Bedürfnisse musst du dir erfüllen? Wie lässt du dich nicht mehr ausnutzen? Wie lernst du, dich selbst zu lieben? Und wie, besser zu planen und öfter Nein zu sagen?

Sich selbst begegnen heißt in die Tiefe schauen

Ja, die Sinn-Kompassnadel ist eine echte Herausforderung. Wie beim Schälen einer Zwiebel tauchen Schicht für Schicht tiefere Themen auf. Trotzdem führt kein Weg dran vorbei: Ehrlichkeit zu sich selbst ist der Ausweg aus dem Chaos. Leider kommt die Bereitschaft, sich wahrhaftig selbst zu begegnen, oft erst, wenn der Schmerz größer ist als der vermeintliche Nutzen des Wegschauens. Das kann dauern. Chaos lässt sich leicht als Lebendigkeit tarnen, vor allem wenn der Zustand dauerhaft und man ans eigene Herumirren gewohnt ist. Verdrängung und Selbstbetrug sind psychologische Leistungen, die äußerlich sogar konstruktiv erscheinen, wenn ihre Folgen vermeintlich vernünftig angegangen werden: Dates gegen Liebeskummer, Examen gegen Zukunftsängste und Diäten gegen Speckröllchen. Manchmal ist Zielstrebigkeit schon eine perverse Verkleidung.

KRISE: WENN DIE SEELE LEIDET

Auch sehr schmerzhaft, wenngleich weniger verknotet, ist der zweite schwierige Zustand, in dem sich deine Kompassnadeln befinden können: die Krise. Hierbei schüttelt ein heftiges Ereignis oder eine große Veränderung dein Leben so sehr durch, dass die Sinn-Kompassnadel eine neue Richtung bekommt, welche nicht mehr mit deinem bisherigen Weg und deinen Zielen übereinstimmt. Typische Ausrichtung also: Weg und Ziel zeigen zur einen Seite, der Sinn aber zur anderen. Wie ist das passiert?

Krisen können einen kalt erwischen, vor allem wenn sie plötzlich eintreten und zuvor alles in Ordnung war. Du hast einen erfüllenden Job, führst eine gute Ehe und bist kerngesund – bis das blöde Schicksal zuschlägt: Deine Stelle wird gestrichen, ein Lockdown zerstört dein Geschäftsmodell oder ein Unfall macht dich berufsunfähig. Dein Partner zieht ohne Vorwarnung aus, geht fremd oder stirbt. Du bekommst einen Herzinfarkt, Multiple Sklerose oder Krebs. Und auf einmal ist alles anders.

Die typische Reaktion ist zunächst Schock: »Das darf doch nicht wahr sein!« Doch, ist es. Und es wird nichts mehr sein wie zuvor, sosehr du es dir auch wünschst. Hinzu kommt der Schmerz: Das Leben vertreibt dich aus dem Paradies. Doch egal wie bitterlich du weinst, ändert das nichts. Es ist, wie es ist. Die meisten halten zunächst noch eine Weile innerlich fest und wehren sich gegen die Veränderung. Das Alte ist zu vertraut, um es sofort loszulassen. Der Lockdown ist falsch und die Politiker sind Idioten, dein Partner kommt wieder zurück und die Flecken auf dem Röntgenbild stammen von einer technischen Störung. So lange, bis die Einsicht auftaucht: Es ist wahr, obwohl es nicht sein darf. Du wirst damit klarkommen müssen.

Andere Krisen entwickeln sich langsam, verändern das Spiel aber dennoch grundlegend: Der Unternehmer verliert die Lust an seiner Firma, die junge Mutter trauert um ihre verlorene Freiheit, im Job bremsen unsinnige Strukturen und in der Partnerschaft entwickeln sich beide auseinander. Statt Schock und Schmerz befällt dich eine Lähmung. Wo zuvor Energie war, entsteht ein schwarzes Loch, das langsam immer größer wird und dich mit wachsender Macht in die Dunkelheit zieht, bis du dir schließlich eingestehst: So kann und darf es nicht weitergehen. Das Unternehmen braucht einen neuen Kopf oder der alte eine ideelle Auffrischung. Die Mutter braucht mehr Zeit für sich selbst und muss lernen, sich das zu erlauben und zu organisieren. Es gibt andere Firmen, in denen man sich mehr einbringen kann. Und die Partnerschaft braucht entweder ein neues Commitment oder geht eben zu Ende.

Auch hier gilt natürlich: Es muss anders werden. Dafür musst du anders werden. Auch wenn dir das zunächst nicht gefällt.

Die perfideste Form einer Krise ist wohl gleichzeitig die häufigste: Langeweile. Früher: »Endlich Montag!« Heute: »Endlich Wochenende …« Früher: »Die Liebe meines Lebens!« Heute: »Eben meine Frau …« Früher: »Ich bin so begeistert!« Heute: »Na ja, es muss …« Irgendwann ist dir vor lauter Sättigung am eigenen Leben Selbiges abhandengekommen. Schmerzen spürst du keine. Doch wo es früher gekribbelt hat, ist heute Taubheit. Egal, du hast dich an sie gewöhnt. Man kann eben nicht alles haben. Und weil dieser Zustand so verbreitet ist, erscheint er normal und erfährt sogar allgemeine Bestätigung, wenn man darüber spricht. Denn andere ergeben sich der gleichen Leere und träumen sich lieber in eine bessere Vergangenheit zurück, statt sich Gegenwart und Zukunft zu verschönern: Gemeinsam lahmt es sich leichter. Was auch sonst? Nun, wie bereits gesagt, haben Menschen einen inneren Wachstumsdrang, den wir nicht auf Dauer verleugnen oder wegdrücken dürfen. Denn Stillstand wirkt wie Valium, das müde macht und schwächt, wovon wir abhängig werden, weil uns alles andere bald zu anstrengend erscheint. Wir beginnen zu schrumpfen, leiden still, oft sogar ohne es zu bemerken, und sind bald nur noch ein Schatten unserer selbst. Wer sich also nicht von Zeit zu Zeit bewusst herausfordert, auffrischt, erneuert und Inspiration tankt, versumpft bald in seiner Komfortzone, wo es zwar kuschelig sein mag und vermeintlich sicher, aber mit der Zeit zu müffeln beginnt. Die Sinn-Kompassnadel wandert weiter, weil sie sich auf die Suche macht. Weg und Ziel aber bleiben stehen und wir erstarren.

Wie sind Krisen zu bewältigen? Bei allem Verständnis für Verleugnung, Verdrängung, Schock, Schmerz und Trauer, ja sogar für lähmende Bequemlichkeit: Wieder gibt der Sinn die Richtung vor, Weg und Ziel müssen ihr folgen, damit es für dich weitergeht. Was dir passiert, ist das Leben selbst. Und das verändert sich eben ständig und setzt dadurch Wachstumsreize. Was darfst du als Nächstes lernen? Ach, fort mit der weichgespülten Sprache: Was musst du als Nächstes lernen? Du hast ein paar Aufgaben. Kneifen gilt nicht. (Und geht auch gar nicht.)

ABLENKUNG: STÖRUNG VON AUSSEN

Weniger dramatisch, wenngleich auch ziemlich lästig, ist der Zustand Nummer drei unserer Kompassnadeln: die Ablenkung. Unter ihr leiden vor allem begeisterungsfähige, nette oder unsichere Menschen, die zu oft auf äußere Impulse reagieren. Dabei entsteht folgende Konstellation: Sinn und Weg weisen eigentlich in eine bestimmte Richtung. Das Ziel jedoch verändert sich ständig, was natürlich dazu führt, dass du nie wirklich ankommst, wo du hinwillst. Unterwegs läufst du stattdessen lauter Zielen anderer hinterher, was zwar zu allerlei Erfahrungen führt, aber kaum zu eigenen Erfolgen. Statt deiner inneren Ausrichtung folgst du vielen äußeren – und bleibst unter deinen Möglichkeiten. Das Gemeine an Störungen ist, dass sie sozial so akzeptiert sind. Immerhin gilt Extraversion in unserer heutigen Welt als Tugend: ständig miteinander vernetzt, immer auf Empfang – so soll es sein. Du könntest sonst etwas verpassen und Alleinsein ist seltsam. Vom Meeting zur Party, auf Social Media präsent, stets bereit für neue Impulse oder eingebildete Pflichten. Und wenn der Chef mal wieder eine neue Sau durchs Dorf treibt, deine Tante einen Puffer für ihren Nervenzusammenbruch braucht oder dein Kollege unter Langeweile leidet, bist du bereit, dich hyperaktiv ins Getümmel zu schmeißen. Die eigenen Ziele verfolgen? Wenn dein Leben mal ruhiger wird. Nur wird es so niemals ruhiger in deinem unterhaltsamen Durchlauferhitzer. Ständig kocht etwas Neues hoch: der witzige Post, die nächste Idee, das ach so wichtige Projekt. Mal nein sagen? Geht doch nicht. Und Stille ist blöd. Da wird die innere Stimme so laut. Und wenn dir gelegentlich mal auffällt, wie viel Zeit du ungenutzt lässt, bekämpfst du den Frust lieber mit erneuter Ablenkung, statt dich auf dich selbst zu besinnen. Immerhin hat der Nachbar zu Kaffee und Kuchen eingeladen. (Wolltest du nicht eigentlich weniger Zucker essen?)

Vernunft? Vorsicht!

Besonders tricky wird es, wenn dir äußere Impulse sogar vernünftig erscheinen. Natürlich engagierst du dich in der Schule deiner Kinder, irgendjemand muss es tun. Selbstverständlich lernst du Online-Marketing, braucht man doch heute. Klar hörst du auf den Rat deiner Kollegen, die haben es schließlich drauf. Nur: Was, wenn die Schule deine Zeit frisst, du mit deiner guten

Dienstleistung easy von Mundpropaganda lebst und auch ohne deine Kollegen weißt, was zu tun ist, weil du dafür nur nachzudenken brauchst? Dann könntest du auf all das unnütze Gedöns verzichten und dein Ding machen, verdammt noch mal! Ach, das weißt du eigentlich? Warum tust du es dann nicht? Welche Bedürfnisse, Ängste, Automatismen und psychische Knoten hindern dich daran? Der Wunsch nach Zugehörigkeit, Angst vor Ablehnung, schlechtes Zeitmanagement oder mangelndes Selbstvertrauen? Lauter Themen, denen du dich stellen darfst, die aber im Gegensatz zu den bisherigen Zuständen Chaos und Krise weniger fordernd sind, da sie nur darauf hinauslaufen, kritischer deine Realität zu checken, den Blick fürs Wesentliche zu schärfen und dich etwas mehr zu disziplinieren.

Womit wir bei der Lösung wären: Wer eher reagiert, statt zu agieren, verleugnet systematisch die eigenen Ziele und verfehlt sie natürlich. Also darfst du sie nicht mehr verleugnen. Du weißt doch, was zu tun ist, oder? Erlaube deinen Zielen also, sich an Sinn und Weg zu orientieren. Der Rest ist Selbstreflexion und Übungssache. Es ist leichter, als du bislang denkst. Und du wirst nicht nur mehr auf die Reihe kriegen, du wirst dich vor allem fantastisch fühlen.

FLOW: EIN ERFÜLLTES LEBEN FÜHREN

Und damit endlich zur schönsten und produktivsten Konstellation deiner Kompassnadeln: dem Flow, einem Zustand echter Erfüllung. Klingt etwas pathetisch, oder? Doch ich meine es genau so. Denn wenn Sinn, Weg und Ziel in die gleiche Richtung weisen, passiert genau das: Du führst ein erfülltes Leben, in welchem du scheinbar mühelos von Erfolg zu Erfolg eilst, weil dich Kräfte leiten, die größer sind als kleine Pläne, Ablenkungen, Frustrationen oder Dramen. Denn du tust trotzdem, was zu tun ist, wirst quasi selbst zur Handlung. Nein, mehr noch: Es handelt dich –

und dadurch entsteht Großes. Deine Aufgabe besteht lediglich darin, dich dieser Kraft hinzugeben und mit ihr treiben zu lassen.

Ui, klingt das jetzt doch zu abgehoben? Ein bisschen nach Guru oder Harry Potter? Keine Sorge, nachdem ich mir bereits so viel Mühe gegeben habe, kritisch zu analysieren und du mir schon bis hierher gefolgt bist, werde ich nicht plötzlich in blinde Naivität abdriften. Aber ich kann dir aus viel Erfahrung versprechen, dass auch in deinem Leben Dinge passieren können, die beinahe magisch erscheinen. Vorausgesetzt du lässt sie zu und entfesselst den Riesen in dir. Was dann geschieht, folgt in der komplexen Matrix des Lebens genauso logisch wie alles bisher Gesagte, nur auf einer höheren Ebene und mit tieferer Wahrhaftigkeit. Du bekommst deine Wurzeln und Flügel wie versprochen. Zwar wird es nicht immer einfach sein, aber das ist es jetzt auch nicht, oder? Dafür wird es sich viel mehr lohnen, als du dir vorstellen kannst. Lass dich überraschen.

Egal wo dich dieser Fluss überall hinbringt: Es werden die richtigen Momente, Orte und Ziele sein.

Der Begriff Flow wurde ursprünglich vom Psychologen und Glücksforscher Mihály Csíkszentmihályi geprägt, der damit vor allem die völlige Vertiefung in eine Tätigkeit beschrieb, wodurch diese wie von selbst zu gehen scheint. Dabei erlebt man einen mentalen Zustand tiefen Glücks und, sozusagen als Nebenprodukt, einen echten Schaffensrausch. Der Schreiner schreinert happy vor sich hin und vergisst dabei die Zeit. Der inspirierte Autor versinkt tief in seine Gedanken und Formulierungen, welche so wie von selbst ihren Weg ins Manuskript finden. (Zumindest im Idealfall. Hüstel.) Der Fußballspieler läuft 90 Minuten lang dem Ball hinterher und merkt erst in den Folgetagen, dass er schon Ü30 ist. Die Beraterin ist tief im Gespräch mit ihrem Kunden versunken, die leidenschaftliche Köchin zaubert etwas in der Küche und Klein Lisa tapst glücklich vor sich hin, weil sie endlich nicht mehr hinfällt. Flow entsteht somit an der feinen Grenze zwischen Über- und Unterforderung. Die Dinge dürfen also weder zu leicht sein noch zu schwierig, um sich gut anzufühlen. Man wurstelt produktiv vor sich hin. Ich selbst habe die besten Flow-Erlebnisse übrigens, wenn ich intensive Gespräche führe, coache, Vorträge und Seminare halte und (tatsächlich) beim Schreiben. Dann scheint sich die Zeit aufzulösen und ich spreche, denke und schreibe nicht selbst, sondern was ich zu sagen habe, spricht, denkt und schreibt gewissermaßen durch mich. Ein etwas schräges und wundervolles Gefühl.

Hier jedoch möchte ich den Begriff Flow nicht nur auf einzelne umschriebene Tätigkeiten beziehen, sondern auf die Gesamtheit dessen, was wir tun. Es ist nicht weniger als der dauerhaft erfüllende Zustand, dem wir unser ganzes Leben widmen und unterordnen können, weil es sowieso nichts Besseres zu tun gibt. Es ist die Zone, in der wir leben sollten und in welcher wir nebenbei Ziele erreichen, die sich lohnen.

Noch mal grundsätzlich: Die größere Kraft bewegt die kleinere.

Geht ein Mensch mit seinem großen Hund spazieren und führt diesen an der Leine, hat der Hund zwar einen gewissen Bewegungsspielraum, wird aber grundsätzlich der Laufrichtung des Menschen folgen. (Zumindest sollte es so sein.) Angenommen, am Halsband des Hundes hängt eine zweite Leine, mit welcher der Hund einen viel kleineren Hund spazieren führt, so hat auch dieser einen gewissen Bewegungsspielraum, wird ihn aber der Richtung des großen, stärkeren Hundes anpassen. Ähnlich verhält es sich mit unseren Kompassnadeln: Die stärkste ist die Sinn-Kompassnadel. Sie bestimmt unsere grundsätzliche Richtung, wir haben eine Mission. Dieser hat sich die Weg-Kompassnadel anzupassen. Wehren wir uns dagegen, leiden wir. Die schwächste Kompassnadel sind unsere Ziele. Sie sollten sich organisch aus unserem Weg ergeben. Zeigen alle in die gleiche Richtung, ist alles gut. Zeigen sie in unterschiedliche, müssen wir nachjustieren in der Reihenfolge Sinn, Weg, Ziel.

TEIL 2
FINDE DICH SELBST

Angenommen, du wüsstest,
wer du bist und wer nicht, was du kannst,
willst und brauchst und was nicht,
und wärst dir sicher, dass das okay ist
und du damit keinen Mist baust – dann
bräuchtest du nichts weiter zu tun,
als du selbst zu sein.

AVATAR IN DER MATRIX

Tun wir mal so, als wäre das Leben ein Computerspiel. Es stellt uns Aufgaben, die wir zu bewältigen haben. Diese erscheinen uns als Probleme oder Zufälle, die wir als wohlwollende Hinweise interpretieren können: Wir haben etwas zu lernen, bevor wir in den nächsten Level dürfen. Was?

Hallo im zweiten Teil dieses Buches! Wir widmen uns nun deiner Persönlichkeit, deinen Talenten, Bedürfnissen, Werten, inneren Motoren und den psychologischen Fallen und wunden Punkten, die dich immer wieder sabotieren und in Chaos, Krisen oder Ablenkungen führen. Und wir erforschen, wofür du gemeint bist, also was dein persönlicher Lebenssinn ist, und wie du deinen Flow findest. Na, neugierig? Lass dich überraschen.

EIN GLÜCKLICHER PATIENT

»Mir geht es gut, wirklich«, versicherte mir der Patient während unseres Aufnahmegesprächs in der Psychiatrie. »Dir geht es nicht gut«, widersprach seine Frau, »du bist nicht mehr du selbst!« Der Mann war Ende fünfzig, bieder gekleidet, unrasiert und etwas schmuddelig. Seit wann hatte er nicht mehr geduscht? Wie sich herausstellte, benahm er sich seit einigen Wochen seltsam. Aus einem bedachten, sortierten und guten Ehemann, Vater und Chef war plötzlich ein impulsiver, unordentlicher und unzuverlässiger Chaot geworden. Er schien regelrecht eine zweite Pubertät durchzumachen, besuchte Diskotheken, betrank sich, feierte mit fremden Menschen Nächte durch, vernachlässigte seine Pflichten – und hatte sich nun eine dreißigjährige Geliebte angelacht, was seiner Frau schließlich zu bunt wurde, weshalb sie ihn zu uns in die Klinik brachte: »Der spinnt, ich sag's Ihnen!«

Spannende Frage: Spinnt jemand, der es sich »gut gehen« lässt und dabei aus Normen und Regeln ausbricht? Wohl kaum, wenn es sich dabei um eine willentliche Entscheidung handelt, selbst wenn diese anderen gegen den Strich geht. Hier aber konnte man schon stutzig werden. Die Wesensveränderung war groß und sehr plötzlich: Woher kam sie? Und war sie in dieser Form und Ausprägung wirklich noch freier Wille? Nicht unbedingt, wie eine Kernspintomografie zeigte: Der Patient hatte einen kleinen Schlaganfall erlitten. Im orbitofrontalen Bereich des präfrontalen Kortex, also einem Bereich unseres Gehirns, mit dem wir unter anderem unsere Impulse kontrollieren. (Stell dir ein ansonsten fahrtüchtiges Auto ohne Bremsen vor.) Interessant aber war, wie angenehm der Patient die Auswirkungen seines Schlaganfalls fand, welchen er ansonsten nicht bemerkte: Er fühlte sich im Wesentlichen – frei! Er tat, was er wollte und tat nicht, was er nicht wollte. Die Folgen waren ihm egal.

Ich liebe intensive Träume und bedauere es jedes Mal, wenn sich die herrlich verrückten Geschichten, Gefühle und wilden Assoziationen mit dem Wachwerden verflüchtigen.

Besonders mag ich Träume, in denen es scheinbar keine Grenzen gibt: Ich denke wildes Zeug, sage und tue, was ich möchte, forme willentlich meine »Realität« und kann scheinbar alles, sogar fliegen. Ging es dem Patienten vielleicht ähnlich? Empfand er die Realität dank seines Schlaganfalls wie einen Traum ohne Grenzen? Wie musste sich diese Art Freiheit anfühlen? Eines Tages besuchte ihn seine junge Freundin im Krankenhaus. Besonders überraschte mich ihre Attraktivität, da der Patient, nun ja, eher unscheinbar wirkte, also sicherlich nicht aussah wie der Prototyp eines Womanizers. Wie konnte das sein? War es sogar möglich, dass ihn seine neue Hemmungslosigkeit attraktiv machte? Warum? Weil er mutiger war und selbstbewusster auftrat, da ihm die Dinge generell weniger wichtig erschienen? Ich war damals Single und beschäftigte mich intensiv mit der Frage, wie ich auf attraktive Frauen anziehend wirken konnte. Zugegeben: Ich war schwerst beeindruckt.

Das Wesen hinter den Hemmungen

Haben Glück und Erfolg (nennen wir das auch hier mal so) etwas mit dem Gefühl von innerer Freiheit und einer gewissen Bereitschaft zur Grenzenlosigkeit zu tun, so wie bei meinem Patienten? Wie viel Unzufriedenheit und Misserfolg ist dann in Wahrheit nur Zurückhaltung? Denken wir uns die Dinge oft unnötig kompliziert und schwierig? Sollten wir uns mehr zutrauen und unsere Wünsche und Bedürfnisse ausleben? Geht es dabei vor allem ums Lösen von gedanklichen Knoten und inneren Bremsen oder ums Aufgeben von falscher Bescheidenheit? Und damit um Ehrlichkeit sich selbst gegenüber? Sprich, geht es im Leben weniger um Regeln, Kompromisse und Pläne, sondern darum, sich seiner selbst bewusst zu sein und dann voller Selbstbewusstsein (haha, Wortspiel!) zu tun, was man eben zu tun hat, weil man genau das ist? Ich fand und finde diesen Gedankengang schlüssig.

Wobei das mit den Gedanken ja so eine Sache ist. Einerseits sind sie hilfreich. Ohne die Fähigkeit zu denken und uns willentlich zu steuern, würden wir nur wenig auf die Reihe kriegen. Andererseits können sie sich verrennen, verknoten, im Kreis drehen oder uns in die falsche Richtung schicken. Auch dann kriegen wir nur wenig auf die Reihe. Wobei sich die Frage stellt: Sind wir mehr als unsere Gedanken? Gibt es ein Wesen hinter ihnen? Immerhin sind wir auch Gefühle, Energie, Talent, Intuition, Atmung oder Zähne. Gehört alles zu uns. Und wenn wir schlafen, dement werden oder zu viele Cocktails intus haben, sind wir trotzdem noch da – auch ohne das wache Ichbewusstsein unserer Gedanken. Sind wir also viel mehr, als wir denken, quasi das

Wesen hinter unseren Hemmungen? Wer sind wir? Zurück zum Ziele-Kompass: Angenommen, du wüsstest, wer du bist und wer nicht, was du kannst, willst und brauchst und was nicht, und wärst dir sicher, dass das okay ist und du damit keinen Mist baust, bräuchtest du nichts weiter zu tun, als du selbst zu sein. Du wärst dein eigener Charakter im großen Spiel des Lebens und könntest dich frei und hemmungslos von Level zu Level spielen. Ich liebe übrigens Open-World-Computerspiele. Da kann man seine Spielfigur frei in einer virtuellen Welt bewegen und Abenteuer erleben oder einfach nur die Landschaft erkunden. Geht etwas schief oder man stirbt, beginnt man die Szene einfach von vorne und versucht, es besser zu machen, was oft gelingt. Tja, manchmal gewinnt man, manchmal lernt man. Funktioniert das reale Leben etwa genauso, ohne dass wir dafür eine Spielkonsole oder einen Schlaganfall bräuchten? Du hättest deine Sinn-Kompassnadel ausgerichtet, könntest frei deine Handlungen ableiten und nebenbei Ziele erreichen. Du wärst wie ein Same, der keine andere Aufgabe hat, als zu genau der Frucht heranzuwachsen, die in ihm angelegt ist.

Manche mögen diesen Gedanken nicht: Das Leben sei schließlich kein Spiel, sondern die Realität, und die müsse man ernst nehmen. Stimmt das denn?

Wie subjektiv Realität ist, weiß jeder, der mit seinem Partner bereits einmal versucht hat, die Aufgaben im Haushalt gerecht aufzuteilen. Und was, wenn das Leben gar nicht ernst zu nehmen ist, sondern wir nur von Zeit zu Zeit in ernste Situationen schlittern, die wir – wie bei Abenteuern im Computerspiel – zu bestehen und aus denen wir herauszufinden haben? Bleiben wir zu lange im Ernst stecken, spielen wir eben falsch und kommen (noch) nicht in den nächsten Level. Deshalb stellt uns das Leben (Spiel) immer wieder ähnliche Aufgaben. So lange, bis wir unseren Fehler erkennen und es besser machen. Manche betrachten das Leben auch als einen Tanz, ein Fest, eine Reise oder ein Abenteuer. Welche dieser Formulierungen bevorzugst du?

DIE ACHT SPEICHEN DEINES LEBENSRADS

Sieh dich mal um in deinem Leben, privat wie beruflich: Wo steckst du gerade im Chaos, in einer Krise, lässt dich ablenken oder bist im Flow? Gehen wir die wichtigsten Bereiche durch. Gib dir bitte jeweils eine Punktzahl zwischen eins und zehn, wobei eins die schlechteste Bewertung ist und zehn die beste.

◇ Führst du **gute Beziehungen**, in denen ihr einander liebt, schätzt, unterstützt und vertraut? Wie nahe steht ihr euch? Wie sieht es aus in deiner Familie, deiner Partnerschaft (sofern du eine hast) und deinen Freundschaften?

◇ Wie zufrieden bist du mit deinem **sozialen Umfeld**, also den Menschen, mit denen du dich täglich umgibst, deinem Wohnort und seinen Möglichkeiten sowie dem Einfluss, den das auf dich hat?

◇ Wie steht es um deine **berufliche Situation**? Liebst du deinen Job, brennst du für ihn und inspiriert er dich? Machst du dein Ding? Oder schlägst du eher die Zeit tot und freust dich auf Feierabend und Wochenende? Bist du womöglich ohne Arbeit oder ohne berufliche Orientierung?

◇ Was machen deine **Finanzen**? Hast du Vermögen? Wie lange reicht dein Geld, wenn du von heute auf morgen kein Einkommen mehr hättest? Bist du finanziell frei und müsstest nicht mehr arbeiten? Kannst du dir leisten, was du willst? Oder kämpfst du mühevoll ums Überleben, weil am Ende des Monats meist mehr Tage als Euros übrig sind? Machst du Schulden?

◇ Wie **gesund** bist du und wie fit? Steckst du meist voller Energie und könntest Bäume ausreißen? Oder hechelst du schon nach fünf Treppenstufen, weil du außer Form bist oder dich Altersdiabetes, Angina pectoris und Raucherhusten quälen?

◇ Wie steht es um deine **geistige Fitness**? Denkst du dich gerne in Neues hinein? Interessiert dich, was in der Welt vor sich geht? Verstehst du es (oder versuchst es zumindest)? Liest oder hörst du Bücher? Lernst du gerne dazu? Oder hast du dich von den komplizierten Dingen verabschiedet, weil sie deinen Horizont übersteigen und du dir lieber Trash-TV, Katzenfotos auf Instagram und Boulevardzeitungen reinziehst?

◇ Wie geht es deiner **Seele**? Bist du glücklich, gelassen und ausgeglichen? Kennst du deine Stärken? Verwirklichst du dich selbst? Oder bist du oft deprimiert, leidest und suchst Orientierung?

◇ Und schließlich: Wie intensiv ist deine **Lebenslust**? Hast du Zeit für dich selbst? Tust du, was dich glücklich macht? Sprich: Führst du ein geiles Leben? Oder bleibst du vor lauter Druck und Pflichten auf der Strecke?

Na, wie viele Punkte hast du dir jeweils gegeben? Stell dir ein Rad mit Speichen vor. Damit es rund läuft, sollten die Speichen gleich lang sein. Sind welche zu kurz, entstehen Dellen und es ruckelt. Nun stell dir vor, die acht Bereiche Beziehungen, Umfeld, Job, Geld, Gesundheit, Geist, Seele und Lebenslust seien diese Speichen. Würde dein Lebensrad rund laufen? Welche Speichen sind zu kurz? Und wie groß oder klein wäre dein Rad, also wie gut oder schlecht schaut es in deinen Lebensbereichen insgesamt aus?

SPIEGEL UND FENSTER

Überraschung: Was du gerade siehst, ist sowohl ein Spiegel deiner selbst als auch ein Fenster, durch das du schaust. Denn du bastelst selbst an allem immer fleißig mit. Und deine Sichtweisen bestimmen, was du bastelst. Natürlich kannst du nicht immer beeinflussen, was in deiner Realität geschieht, wohl aber wie du sie wahrnimmst und auf sie reagierst. Also: Kriegst du im Leben, was du willst? Willst du, was du kriegst? Falls nein: Liegt das an falschen Handlungen? Oder an falschen Erwartungen, weil du deine Perspektive nicht wechselst?

Natürlich ist es nicht immer einfach, Perspektiven zu wechseln. Immerhin sind wir sie gewohnt und haben sie lange trainiert. Dabei entstehen prozessuale Erinnerungen. Wir haben etwas so oft gemacht oder gedacht, dass wir gar nicht bemerken, nur eine Erinnerung abzurufen, während wir denken und handeln. Dann aber sind wir nicht wirklich frei, sondern folgen unbewussten Reflexen. Auch diesen Gedanken lehnen manche lieber ab, denn das ist leichter, als die Betrachtungsebene zu erhöhen. Unsere bräsige Herde gewohnter Gedanken hält ihre kleine Weide gerne für die ganze Welt. Auch hierzu hat mein zweitausendjähriger Lieblingsphilosoph Seneca eine klare Meinung: »Manche Menschen sind nicht aus Charakterstärke beständig, sondern aus Trägheit. Solche Menschen leben nicht so, wie sie wollen, sondern wie sie es gewöhnt sind.« Schade.

DIKTATUR ODER FREIHEIT?

Wo wir gerade beim Thema sind, erweitern wir unsere kleine Welt doch um einen nächsten Gedanken: Was, wenn es genau so sein soll, dass wir alles aus uns herausholen, was in uns steckt? Was, wenn genau das unsere eigentliche Aufgabe im Leben ist? Für irgendetwas muss unser inneres Wesen schließlich gut sein.

Stell dir mal zwei Teams vor. Im einen verlangt ein herrschsüchtiger Chef absoluten Gehorsam. Er gibt jedem genau vor, was zu tun ist. Es herrscht also eine Art Diktatur. Im zweiten hingegen soll jeder seinen Stärken, Schwächen, Interessen und Möglichkeiten gemäß das jeweils Beste aus sich machen. In welchem Team wärst du lieber? Und welches wäre wohl erfolgreicher? Rhetorische Frage, natürlich das zweite. Was aber, wenn der eigentliche Diktator gar nicht irgendein Chef wäre, sondern etwas in dir selbst? Wärst du dann nicht gezwungen, herauszufinden, was das ist und gegen diese innere Diktatur zu revoltieren? Aber hallo!

Könnte es zum Beispiel sein, dass dich irgendwelche Normen und Regeln behindern? Aus der Gruppe ausscheren? Geht nicht, das könnte andere stören. Einfach mal machen und schauen, was passiert? Auf keinen Fall. Glaubst du, du bist etwas Besseres? Nein. Also lieber schön brav bleiben. Und dich weiterhin bücken, selbst wenn das Rückenschmerzen macht. Das Leben ist kein Ponyhof. Bullshit! Wer sich selbst kleiner macht, hilft niemandem. Er ist weder Vorbild noch gutes Beispiel. Und er bremst den Fortschritt. Natürlich ist das Leben anstrengend, wenn wir uns ständig verbiegen und zurückhalten. Das ist so, als müssten wir in Skischuhen ein Wettrennen bestreiten.

Im Leben ist es oft ähnlich: Wir pressen uns in zu kleine oder falsche Rahmen und haben Schmerzen. Wir haben zu wenig Ego.

Aber wäre es nicht arrogant, sich selbstbewusst aufzurichten? Nein. Wer etwas Besonderes kann und macht, ist nicht arrogant, sondern leistungsstark. Das arrogant zu nennen, ist Neid und Missgunst – der Mittelmäßigen, Schwachen, Faulen oder Ängstlichen. Sie sollten ihre eigene Realität überprüfen: Wo könnten auch sie zu den Starken gehören? Was ist dann Arroganz? Sich für etwas Besseres zu halten, ohne es zu beweisen. Zu viel Ego. Grundlose Selbstüberschätzung. Arrogant ist, sich nicht genug Mühe zu geben. Oder aus einem falschen Überlegenheitsgefühl heraus gar nicht wissen zu wollen, wozu man imstande wäre.

Vereinfacht kann man sagen: Zu viel Ego tötet Talent, zu wenig Ego tötet Potenzial. Beides blöd. Und beides diktatorisch, weil es doch um tatsächliche Freiheit geht. Darum, das eigene Wesen mit seinen Möglichkeiten zu entfesseln, weil die uns allen zugutekommen. Sie machen das ganze Team besser. Der Schriftsteller Rafik Schami drückt es so aus: »Nur in der Freiheit ist Harmonie möglich. Denn sie lebt vom Unterschied. Die Komposition dieser Unterschiede erzeugt eine lebendige Harmonie. Die Diktatur duldet keine Unterschiede, geschweige denn Gegensätze. Sie erzwingt die Gleichmacherei, um Harmonie vorzugaukeln. Aber was dabei entsteht, ist nicht Harmonie, sondern Monotonie. Ödes Einerlei, Langeweile.« Er bezieht sich dabei zwar auf politische Systeme, aber ich finde, das Zitat passt auch prima zur Politik im eigenen Kopf.

WIR SIND, WAS WIR DENKEN

Wir nehmen die Welt also durch unsere persönlichen Filter wahr. Erst wenn wir diese kennen und zähmen, sehen wir die Welt, wie sie ist – und erkennen unseren Platz in ihr. Hinterfragen wir unsere Filter nicht, verfangen wir uns in ihnen. Wir halten etwas für wahr und schließen alles andere aus, was Probleme machen kann. Wir sollten also nicht zu ernst nehmen, was wir zu wissen glauben.

Die US-amerikanische Persönlichkeitstrainerin und Bestsellerautorin Byron Katie litt lange Zeit unter Depressionen, Alkoholismus, Esssucht und Medikamentenabhängigkeit. An einem schlimmen Tiefpunkt begann sie, ihre eigenen Gedanken zu hinterfragen: Stimmte überhaupt, was sie sich selbst erzählte? Sie stellte, was sie dachte, mit vier Fragen auf den Prüfstand: »Ist das wahr? Kannst du mit absoluter Sicherheit wissen, dass es wahr ist? Wie reagierst du, wenn du diesen Gedanken denkst? Wer wärst du ohne den Gedanken?« Und dann drehte sie den

Ursprungsgedanken um. Auf diese Weise lernte sie, schmerzhafte Gedanken loszulassen und positive Gefühle hervorzurufen. Sie hatte sich selbst geheilt. (Ebenfalls ohne Spielkonsole oder Schlaganfall.) Seitdem lehrt sie ihre Methode in Seminaren und Büchern und hat weltweit Fans, die ihr ein besseres Leben verdanken.

Spielen wir es einmal durch: »Ich kann nichts Besonderes.« Ist das wahr? »Ja, sonst wüsste ich es.« Kannst du mit absoluter Sicherheit wissen, dass es wahr ist? »Nein. Vielleicht habe ich noch nicht gefunden, was ich Besonderes kann.« Wie reagierst du, wenn du diesen Gedanken denkst? »Ich bin deprimiert und futtere eine Tafel Schokolade.« Wer wärst du ohne den Gedanken? »Jemand, der daran glauben würde, etwas zu können. Und ich würde danach suchen.« Na also, geht doch. Nun zur Umkehrung des Ausgangssatzes: »Ich kann etwas Besonderes.« Was? Los, finde es heraus!

HOFFEN ERLAUBT

Zurück zum Lebensrad (Seite 70): Was hat es dir gezeigt? Wo hast du noch Luft nach oben? Welche Kompetenz musst du als Nächstes lernen, in dir entdecken oder nur zulassen, um auf einen höheren Level zu kommen? Welche Gedanken hindern dich daran? Dass du etwas nicht kannst, es sowieso nicht geht oder man etwas nicht tut? Dass deine Eltern schuld daran sind, dass du so bist, wie du bist? Dreh deine Gedanken besser um: Dein Leben ist, wie es ist, wegen dir selbst. Nicht wegen deiner Eltern. Ab einem bestimmten Alter haben sie keine Macht mehr über das, was du tust.

Nicht deine Eltern ruinieren also dein Leben, das tust du schon selbst. Du bist längst frei.

Vorsicht: Manche Gedanken und Erfahrungen verselbstständigen sich. Sie werden zu Glaubenssätzen, die wir nicht mehr hinterfragen und die sich dann wie ein roter Faden durchs ganze Leben ziehen: »Geht nicht, kann ich nicht, darf ich nicht, macht man nicht.« Sie tauchen immer wieder auf und verursachen Probleme. Oft kommen dabei Themen vor, die wehtun: Schmerz, Verlust, Schuld, Scham, Pflicht, Angst. Dabei können wir solche Knoten lösen und unserem Leben mit einer einzigen veränderten Reaktion eine neue Richtung geben. Denn oft lösen getroffene Entscheidungen ganze Ketten von Ereignissen aus. Die lassen dich neue Erfahrungen machen und bringen dich deinen wahren Zielen näher. Entlang dieses Weges lebst du ein besseres Leben als zuvor. Und es entstehen neue Überzeugungen: Du wirst dein altes Verhaltensprogramm los, indem du es mit neuen Erfahrungen überschreibst. (Und eigentlich tust du das ohnehin ständig, zum Beispiel wenn du auf Mallorca mal ein neues Hotel ausprobierst und dieses besser ist als das alte. Ein Wunder!)

Du darfst dir also immer die Hoffnung machen, ganz neu anzufangen. Egal was du erlebt hast und für wie unveränderbar und schwierig du deine Situation hältst. Dein Spiel beginnt jeden Tag von vorne. Vielleicht machst du heute den richtigen Move? Und falls dich frustriert, dass der bislang noch nicht geklappt hat, sieh es mal so: Alles, was du bisher erlebt hast, hat einen wichtigen Zweck erfüllt – es hat dich genau hierher gebracht. Zu diesem Moment, in dem du diese Zeilen liest. Es hätte schlimmer kommen können.

Lust auf einen klugen Spruch? Wenn der Schüler bereit ist, tritt der Lehrer in Erscheinung. Oh, yeah!

MESSAGES VOM LEBEN

Ich bin ein großer Verehrer des Psychiaters Viktor Frankl (1905–1997), dessen Buch »… trotzdem Ja zum Leben sagen: Ein Psychologe erlebt das Konzentrationslager« zum Beeindruckendsten gehört, was ich je gelesen habe. Weil er Jude war, wurde Frankl, damals bereits ein renommierter Arzt, 1944 von den Nazis ins KZ gebracht und seine ganze Familie ermordet. Er schildert unfassbare Grausamkeiten, die er erlebt hat – und wie er es dennoch schaffte, zu überleben und sich innerlich zu versöhnen. Wie? Indem er sich sicher war, einen Sinn im Leben zu haben. Aus diesem Gedanken wurde sein Lebenswerk: Egal wie aussichtslos und schrecklich eine Situation sein mag, dürfen wir nicht aufgeben, sondern darauf vertrauen, einem höheren Zweck zu dienen – und weiterleben, so schwer es sein mag. Viktor Frankl wurde später Professor an der Uni Wien und seine Arbeit zu Depressionen und zur Suizidprävention legendär. Von ihm stammen die folgenden Sätze: »Leben heißt letztlich nichts anderes als Verantwortung zu tragen für die Beantwortung der Lebensfragen, für die Aufgaben, die jedem Einzelnen das Leben stellt, für die Erfüllung der Forderung der Stunde. Diese Forderung und somit der Sinn des Daseins wechselt von Mensch zu Mensch und von Augenblick zu Augenblick. Nie kann also der Sinn des menschlichen Lebens allgemein angegeben werden.«

Also: Was ist dein Sinn im Leben? Was verlangt das Leben gerade von dir? Was will dir deine Situation sagen?

Leider sind die Messages unseres Lebens nicht immer gut sichtbar, weil wir zu sehr damit beschäftigt sind, nun ja, zu leben. Wir stecken sozusagen mitten im Tagesgeschäft und sehen den Wald vor lauter Bäumen nicht. Also tun wir doch mal so, als sei das Leben tatsächlich eine Art Computerspiel. Es stellt uns Aufgaben, die wir zu bewältigen haben. Diese erscheinen uns als Probleme, häufig immer ähnliche, oder als Zufälle (da sind sie wieder!). Also dürfen wir sie als wohlwollende Hinweise interpretieren: Wir haben etwas zu lernen, bevor wir in den nächsten Level dürfen. Was?

Natürlich ist meine Interpretation subjektiv. Ich kann nicht wissen, ob sie stimmt. Aber wenn unsere Sichtweisen ohnehin subjektiv sind, können wir uns auch solche aussuchen, die uns guttun. (Byron Katie lässt grüßen.) Glas halb leer oder halb voll? Problem oder Challenge? Hibbelig oder voller Energie? Es ist nun mal wichtig, welche Etiketten wir draufkleben. Also: Werde dir der (wiederkehrenden) Aufgaben und vermeintlichen Zufälle in deinem Leben bewusst! Was wollen sie dir sagen? Meine Erfahrung (und daher Überzeugung) ist: Sie können dabei helfen, sich selbst zu finden und den eigenen Weg zu gehen. Auch dich können sie zu Zielen führen, die größer und schöner sind, als du denkst. Sie wirken wie die Kraft eines Magnets. (Hallo, Ziele-Kompass!) Dies in der Realität zu erleben, statt nur in einem Computerspiel, fühlt sich wunderbar lebendig an.

WER WEISS, WOFÜR ES GUT IST?

Okay, manchen klingt das jetzt zu spirituell. Meinetwegen. Du musst mir nicht glauben. Ich bin ja selbst gerne skeptisch und mag Aberglaube nicht, weil er die Verantwortung zum Denken raubt. Andererseits geschehen manchmal seltsame Dinge, die wir auch praktisch interpretieren dürfen: als Chancen, aus denen wir das Beste machen sollten. Und dann können wir ihnen auch gleich einen höheren Sinn unterstellen. Es sollte genau so kommen. Wer weiß, wofür es gut ist?

Der erfolgreiche Ingenieur und Unternehmer Mo Gawdat, nicht unbedingt der Naivität verdächtig, verarbeitete den plötzlichen Tod seines Sohnes Ali in dem bemerkenswerten Buch »Solve for happy«. Darin entwickelt er eine plausible Formel für Glück. Sie besteht vor allem aus buddhistischen und stoizistischen Elementen sowie gelebter Achtsamkeit. Spannend ist auch, dass Gawdat die Evolutionstheorie für unwahrscheinlich hält. Er rechnet vor, dass die Zeitspanne, in der zufällige Mutationen komplexe Lebewesen hervorbringen, zu lange ist im Verhältnis dazu, seit wann die Erde existiert. Daher glaubt er an intelligentes Design, also an eine höhere Macht, die unser aller Baupläne erschaffen hat. Sozusagen an einen Entwickler unseres Computerspiels. Leben wir also tatsächlich in einer Matrix? Und ist dieser Entwickler Gott? Derjenige, welcher bestimmt, in welche Richtung der Zug mit unserer hungrigen Fliege fährt? (Die kann im Zug immer noch fliegen, wohin sie mag. Ihr Wille ist demnach frei.) Wer das jetzt abenteuerlich findet, aber an Weihnachten in die Kirche geht: Bitte nicht heucheln!

Sehr beeindruckt hat mich folgendes Gedankenspiel von Mo Gawdat. Angenommen, du könntest mit einem magischen Radierer die schlimmsten Momente deines Lebens im Nachhinein ausradieren, würdest du das tun? Vermutlich schon, oder? Doch es gibt eine Bedingung: Du würdest dabei auch ausradieren, was du durch sie gelernt hast. Jetzt wird es interessant: Die meisten würden lieber wieder ihre Dramen erleben, also Krankheiten, Unfälle, Verluste, weil sie die dabei gemachten Erfahrungen für bedeutsamer halten als den erlittenen Schmerz. Was würdest du tun? Sind Dramen dazu da, uns weiterzubringen? Sind sie demnach sinnvoll?

ALLES KEIN DRAMA

Was bedeuten deine jetzigen Dramen? Was will dir das Leben mitteilen? Warum erlebst du Chaos, Krisen oder Ablenkungen? Und wozu?

Es könnte tatsächlich sein, dass du dein eigener Avatar in der Matrix bist.

PERSÖNLICHKEITSTYPEN: VERHALTEN, STÄRKEN, SCHWÄCHEN

*Wozu solltest du deine Persönlichkeit kennen?
Weil sie den Charakter deines Avatars im großen Lebensspiel bestimmt. Wie ist er? Was hat er drauf, was nicht?
Was sollte er tun, was besser bleiben lassen?*

Die Gefängnistore schlossen sich. Ein muskelbepackter Wärter führte mich mit finsterer Miene in den kargen Besucherraum. Gleich würde er auch meinen ersten Interviewpartner holen: bewaffneter Raubüberfall, zuvor wegen schwerer Körperverletzung verknackt. Auweia. Dann standen ein Steuerhinterzieher, ein Vergewaltiger, ein Drogendealer und ein Mörder auf dem Programm. Zugegeben: Meine erste professionelle Begegnung mit dem Thema Persönlichkeitstypologie war schräg. Im Rahmen meiner Doktorarbeit wollte ich erfahren, wie viele Straftäter im Gefängnis eine Persönlichkeitsstörung hatten. (Ergebnis: jeder zweite.) Sollte Straffälligkeit weniger mit Gut und Böse zu tun haben als vielmehr mit extremen Spielarten des menschlichen Wesens?

ÜBERALL GESTÖRTE? NEIN!

Keine Frage: Meine etwa 120 diagnostischen Interviews hinter Gittern waren sehr spannend. Und sie verschafften mir eine unerwartete Selbsterfahrung. Was glaubst du wohl, was man im

Alltag wahrnimmt, wenn man sich von morgens bis abends mit Persönlichkeitsstörungen beschäftigt? Richtig: Persönlichkeitsstörungen. Überall! Der Bäcker, die Nachbarin, der Mann am Bankschalter, die Uni-Professorin – alle waren sie plötzlich nicht mehr normal. Und ich irgendwie auch nicht.

Heute weiß ich: Was ich mit meinem diagnostischen Filter für Menschenkenntnis hielt, war nur das Anlegen einer einzigen Wahrnehmungsschablone, die für einen ganz anderen Zweck gedacht war. Ich hatte einen Hammer und hielt nun alles für einen Nagel. Dass meine Diagnoseschubladen für das meiste außerhalb der Persönlichkeitspathologie eher ungeeignet waren und mit Menschenkenntnis nur wenig zu tun hatten, schnallte ich noch nicht.

Warum erzähle ich das? Damals hätte ich das, was du jetzt lesen wirst, gut gebrauchen können. Ein System, das mir die Verschiedenheit von Menschen und ihren Persönlichkeiten anschaulich erklärt. Etwas, das mir alltagstauglich hilft, nicht nur den Bäcker, die Nachbarin, den Mann am Bankschalter und die Uni-Professorin besser einzuschätzen und zu verstehen, sondern vor allem auch mich selbst. Wie ticke ich? Wie tickst du? Hattest du schon einmal mit »komischen« Menschen zu tun? Bist du vielleicht selbst einer? Welche Persönlichkeit hast du? Finden wir es heraus.

WAS IST PERSÖNLICHKEIT?

Zunächst einmal: Was ist das überhaupt, Persönlichkeit? Nun, jeder Mensch ist einzigartig in seinen Genen, Prägungen, Motiven, Bedürfnissen, Werten, Rollen und seinem Verhalten. Keiner ist so wie der andere. Jeder erlebt und verhält sich also anders, nimmt die Welt auf seine eigene Weise wahr und reagiert auf sie. Diese Art und Weise ist ziemlich beständig, also über die Jahre und allerlei Situationen hinweg stabil, wenngleich nicht starr –

ein wenig können wir uns schon verändern. Zum Beispiel durch intensive Erfahrungen oder wichtige Einsichten. Dennoch bleiben wir uns selbst im Laufe unseres Lebens im Wesentlichen treu. Die Summe von alldem ist unsere Persönlichkeit. Wir sind mit 19 so ähnlich wie mit 42 oder 78. Bereits kleine Kinder haben unterschiedliche Persönlichkeiten, die sich aber noch entwickeln und in den Jahren nach der Pubertät stabilisieren.

Wozu solltest du deine Persönlichkeit kennen? Weil sie den Charakter deines Avatars im großen Lebensspiel bestimmt. Wie ist er? Was hat er drauf, was nicht? Was sollte er tun, was besser bleiben lassen? Der eine ist zum Beispiel draufgängerisch, der andere eher zurückhaltend, manche sind humorvoll, andere ernst. Wenn sich also Draufgänger zurückhalten und Zurückhaltende draufgängerisch sein wollen, ist das für sie schwierig. Genauso wie wenn Humorvolle sich zum Ernst zwingen oder Ernste versuchen, Witze zu reißen. Der Avatar verbiegt seine Persönlichkeit und das ist auf Dauer anstrengend, weshalb ihm woanders Energie fehlt. Er bleibt unter seinen Möglichkeiten, weil er etwas tut, was einfach nicht seinem Sinn entspricht. Die Folge sind Konflikte: mit sich selbst, mit anderen, mit der eigenen Rolle oder dem Umfeld, in das man nicht passt. So sind Chaos und Krisen vorprogrammiert.

ZWEI FRAGEN, VIER TYPEN

So individuell Persönlichkeiten auch sind, so gut kann man sich in sie hineindenken, sie verstehen und erkennen, wenn man dafür sinnvolle Modelle nutzt. Tun wir das mal mit einem recht einfachen, aber sehr praktischen Modell, einer simplen Typologie, die erstaunlich oft ins Schwarze trifft. Beginnen wir mit zwei Fragen, die bereits sehr viel über dich verraten.

◇ **Erstens:** Empfindest du dein Umfeld eher als anstrengend und stressig oder als angenehm und nicht stressig, also bleibst du stets gechillt? Geht es dir zum Beispiel auf die Nerven, wenn Menschen an dir zerren, Unvorhergesehenes und Ungewolltes geschieht oder dich etwas ablenkt? Oder empfindest du genau das als willkommene Abwechslung und Unterhaltung?

- Und **zweitens:** Wie reagierst du auf dein Umfeld? Eher bestimmt oder zurückhaltend? Also gehst du die Dinge lieber aktiv an, oder wartest du ab, bevor du reagierst, bleibst also passiv und handelst erst dann, wenn du musst beziehungsweise nachdem andere begonnen haben zu handeln?
- Falls es dir schwerfällt, dich zwischen beiden Alternativen zu entscheiden, gib dir ein **Unentschieden**.

Es entstehen vier Kombinationen: gestresste Aktive, entspannte Aktive, entspannte Passive und gestresste Passive. Wo findest du dich wieder? (Bei Unentschieden: Zwischen welchen Kombinationen stehst du?) Es entstehen folgende vier Prototypen: dominante Persönlichkeiten (gestresste Aktive), initiative (entspannte Aktive), stetige (entspannte Passive) und gewissenhafte (gestresste Passive). Dieses Persönlichkeitsmodell ist mittlerweile in allerlei Varianten gebräuchlich und testpsychologisch validiert.

Gehen wir die einzelnen Typen mal durch. Und schauen wir, für welche Aufgaben im Leben sie wohl am ehesten gemeint sind.

»Roter« Typ: dominante Persönlichkeit

Dominante Persönlichkeiten (gestresste Aktive) sind vor allem zielstrebig, entscheidungsfreudig, willensstark, durchsetzungsfähig und unternehmungslustig. Wenn sie sich etwas vornehmen, setzen sie es auch um. Sie gehen die Dinge gerne offensiv an und sind nicht allzu zimperlich Gefühlen gegenüber, was auch für ihre eigenen gilt. Deshalb sind sie hin und wieder ruppig, genervt oder gestresst. Schließlich liegt zwischen ihnen und ihren Zielen meist kein roter Teppich, sondern eine Menge lästiger Kram, den es zu bewältigen gilt. Egal, Augen zu und durch! Was muss, das muss. Denn trotz Nervkram und Gedöns sind sie zumeist optimistisch, motiviert und voller Energie.

Sie sind oft extravertiert, interessieren sich für große Pläne und Zusammenhänge und finden Details eher lästig. Ganz schlimm ist für sie Monotonie oder Langeweile. Es gibt so viel Wichtigeres zu tun! Sie treten forsch auf, sagen, was Sache ist, kommen sofort zum Punkt und finden soziales Schischi oft unnötig soft.

Wegen ihrer Leidenschaft nennt man dominante Persönlichkeiten auch »rote« Typen, weil diese Farbe gut zu ihrem Temperament passt.

Wozu sind dominante Persönlichkeiten, wie sie sind? Was sollte dein Avatar im Spiel also tun, wenn er eine ausgeprägte »rote« Seite hat? Klar: etwas Cooles unternehmen, sich Herausforderungen stellen und sie bewältigen, über Widrigkeiten hinwegsehen und die Richtung bestimmen. Denn genau das ist das Ding der Dominanten. Eine Welt ohne sie wäre eine Welt ohne Errungenschaften.

Was nützen schon gute Ideen ohne jemanden, der sie in die Tat umsetzt? Dominante Persönlichkeiten sollten also Verantwortung übernehmen, Chancen ergreifen, Probleme anpacken, ihr Können zeigen, sich behaupten, Ergebnisse erzielen und ihr Umfeld formen.

In welche Fallen können sie dabei geraten? Also wann verliert ihr Avatar seine Kraft? Wenn sie sich in Konstellationen verstricken, die ihnen ihre Stärken rauben: zu starre Strukturen, übermäßige Kontrolle durch andere, zu viel Detailarbeit und Kleinkram, wenig Gestaltungsmacht. Auch neigen sie dazu, sich zu überschätzen, sind ungeduldig, fordernd, zu risikofreudig, nehmen sich zu viel auf einmal vor und verursachen Spannungen in Teams, weil Sensibilität nicht zu ihren Stärken gehört. Typisch Choleriker eben. Ein Glück, dass es auch andere Persönlichkeiten gibt!

»Gelber« Typ: initiative Persönlichkeit

Initiative Persönlichkeiten (entspannte Aktive) haben gerne Spaß, sind schnell begeistert, kommunikativ, unterhaltsam, ausdrucksstark, stehen gerne im Mittelpunkt und lieben den Kontakt mit anderen Menschen. Und natürlich fangen sie mit großer Freude Neues an, sind also initiativ, wenngleich sie Begonnenes nicht notwendigerweise zu Ende bringen, denn sie lassen sich leicht ablenken und für anderes begeistern. Sozusagen surfen sie die Wellen, wie sie gerade kommen. Initiative sind spontan, offen, erlebnishungrig, einfallsreich und fast immer gut gelaunt. Sie wollen akzeptiert und gemocht werden und interessieren sich auch für die Gefühle anderer. Und weil es ihnen eher ums Erleben statt um Ergebnisse geht, nehmen sie die Dinge gerne leicht. Hin und wieder auch zu leicht, weshalb ihnen nicht immer gelingt, was sie sich vornehmen. Egal, morgen ist auch noch ein Tag! Bestimmt klappt es dann besser.

Ihrem sonnigen Gemüt entsprechend, bezeichnet man sie als »gelbe« Typen.

Wozu sind initiative Persönlichkeiten, wie sie sind? Zum einen schaffen sie eine motivierende Atmosphäre, weil sie Optimismus und Begeisterung versprühen, was vielen Menschen guttut. Und zum anderen kommunizieren oder erklären sie prima, denn sie drücken sich gut und unterhaltsam aus. Auch knüpfen sie gerne Kontakte, können also Menschen verbinden. Zudem sind sie wegen ihrer Offenheit auch für Neues zu gewinnen und nehmen gerne guten Einfluss auf andere. Sprich: Sie sind hervorragende Kommunikatoren, Feel-good-Manager und Unterhaltungskünstler und als solche wichtig für jedes Team. Sie sollten erstrahlen, reden, vernetzen, verbinden, ausprobieren, inspirieren und sich zeigen. Weist ihre Sinn-Kompassnadel in diese Richtung, verteilen sie freudig und fleißig ihren energetischen Feenstaub. Alles ist gut.

Schwierig wird es für initiative Typen, wenn sie in ein Umfeld geraten, das ihnen ihre Lebendigkeit nimmt. Zu viele Regeln, genaue Planung, übermäßige Kontrolle, menschliche Distanz, emotionale Kälte und Strenge, Spannungen, Misstrauen, wenig Raum für Individualität und Spontaneität – all das bläst ihnen ihr Lichtlein aus. Auch wenn sie sich zu sehr von ihren Impulsen antreiben lassen, geraten sie in Schwierigkeiten: Sie bringen Dinge nicht zu Ende, entscheiden zu subjektiv, sind überoptimistisch, reden zu viel, machen zu viel auf einmal und können nicht alleine sein, um mal runterzukommen und ihren Geist zu klären, weil ihnen das zu langweilig ist. Außerdem können sie anderen mit ihrem Aktionismus und ihrer Show auf die Nerven gehen. Dann wirken sie oberflächlich, sprunghaft und anstrengend. Früher nannte man solche Menschen auch Sanguiniker.

»Grüner« Typ: stetige Persönlichkeit

Stetige Persönlichkeiten (entspannte Passive) sind soziale, achtsame, mitfühlende, freundliche und ruhige Wesen. Sie wollen, dass es allen gut geht, weshalb sie andere gerne unterstützen. Dabei nehmen sie sich selbst zurück und erledigen, ohne zu murren, was eben zu tun ist. Sie sind gerne mit anderen zusammen und schätzen ein Umfeld, in dem sie sich wohl und geborgen fühlen. Planung und Strukturen finden sie prima, denn das gibt ihnen Sicherheit. Sie freuen sich über gute Routinen, tiefe Beziehungen, eine warmherzige Atmosphäre und echte Anerkennung. Und wenn sie sich tief in eine Aufgabe hineingearbeitet haben, werden sie darin zu Könnern. Sie glänzen durch Kompetenz, Beständigkeit, Loyalität und Verlässlichkeit.

Weil sie so rundum freundliche und nette Wesen sind, nennt man sie auch »grüne« Typen. Für unser soziales Ökosystem sind sie unerlässlich.

Wer sich mit einem stetigen Avatar durchs Leben spielt, sollte dem Rechnung tragen und sich ein passendes Umfeld suchen, in dem die Dinge klar strukturiert sind, er weiß, was man von ihm will, und in dem er die Möglichkeit hat, sich in aller Ruhe und Tiefe seinen Aufgaben zu widmen, wofür er idealerweise Anerkennung und Wertschätzung erhält. Während also »rote« Typen die Richtung vorgeben und »gelbe« Typen Systeme vernetzen und bespaßen, sind »grüne« Typen das System selbst. Sie halten die Dinge am Laufen und erledigen geduldig ihre Pflichten. Um unser aller willen. Außerdem sind sie gute Zuhörer, können prima vermitteln und wirken angenehm beruhigend. Auch dazu sollten sie die Gelegenheit haben.

Doch stetige Persönlichkeiten sind sensibel. Deshalb sollten sie meiden, was ihnen wehtut: dauernde Veränderungen, Druck, Stress, Hektik, Unfreundlichkeit, Orientierungslosigkeit und mangelnde Wertschätzung. Oft sind sie auch zu tolerant und nachsichtig, lassen sich von Beziehungen einengen und stellen ihre eigenen Bedürfnisse zurück, worunter sie leiden. Auch ziehen sie das Bekannte meist dem Unbekanntem vor, weil es ihnen vertrauter ist. Dabei hapert es mitunter am Urteilsvermögen und sie wehren sich aus Prinzip gegen Veränderungen, werden bockig oder träge. Hallo, Phlegmatiker!

»Blauer Typ«: gewissenhafte Persönlichkeit

Gewissenhaften Persönlichkeiten (gestressten Passiven) geht es vor allem um Qualität und tiefes Verstehen. Sie sind präzise, besonnen, formal und analytisch. Ihre liebsten Freunde heißen Zahlen, Daten und Fakten. Hoppla, hopp und husch, husch geht bei ihnen gar nichts, denn dabei kann es zu Fehlern kommen. Sie lassen sich kein X für ein U vormachen, denn Gewissenhafte wollen den Dingen auf den Grund gehen, Ordnung schaffen, Probleme beseitigen und die Welt verbessern. Dabei kümmern sie sich um Details, halten sich an Regeln, sind beherrscht, diplomatisch, taktvoll und sie prüfen, prüfen, prüfen. Schließlich haben Handlungen Konsequenzen. Ihr Motto deshalb: Immer alles richtig machen!

Welchen Aufgaben sollten sich gewissenhafte Avatare im Leben also widmen? Natürlich solchen, bei denen es um die Sache geht. Dann sind sie in ihrem Element: Beim Prüfen, Messen, Hinterfragen, Durchdenken und Strukturieren laufen sie zur Höchstform auf. Dafür brauchen sie ein geregeltes Umfeld, bewährte Verfahren, viel Zeit und natürlich andere, die sich für ihre Ergebnisse interessieren. Sie sind hervorragende Sachverständige, die stets etwas Substanzielles beizutragen haben.

Entsprechend ihrem analytischen, manchmal kühl wirkenden Wesen nennt man sie auch »blaue« Typen.

Schwierig wird es für »blaue« Typen, wenn es emotional, intuitiv, spontan oder kreativ wird. Wenn sie sich anderen öffnen, Bauchentscheidungen treffen oder einfach etwas ausprobieren sollen. (»Hilfe, wo sind die Daten?«) Denn »Blaue« sind zwar im Kleinen groß, aber im Großen oft klein. Wer die Dinge gerne richtig macht, tut nicht notwendigerweise die richtigen Dinge. Sie stecken in der typischen Fokusfalle: Teilaspekte erscheinen ihnen wichtiger als das Ganze. Sie grübeln besorgt – Melancholiker eben. Entscheidungen treffen? Sollen besser andere. Gewissenhafte bereiten Entscheidungen lieber nur vor. Und wenn sie sich selbst zu wichtig nehmen, wirken sie kühl, steif, distanziert, überkritisch und bremsend.

Gemischte Typen

Vielleicht hast du dich bereits in einem der vier Typen selbst wiedergefunden. Viele jedoch tragen mehrere der Typen in sich, in unterschiedlicher Ausprägung. Je nach Situation sagt dir mal der eine Anteil, wo es langgeht, mal der andere. Und es gibt Mischtypen, bei denen mehrere Anteile ähnlich ausgeprägt sind. Konntest du dich zum Beispiel nicht entscheiden, ob dich dein Umfeld nervt oder nicht, aber du gehst die Dinge aktiv an? Dann bist du ein »Rot-Gelber«, hast also sowohl viel Dominanz als auch Initiative in dir. Du bist ein guter Motivator, weil du sowohl zielstrebig vorangehst als auch das Talent hast, andere mit deinen Ideen zu erreichen. Oder du bleibst meist gechillt, aber konntest dich nicht zwischen aktiv und passiv entscheiden. Dann bist du ein »gelb-grüner« Typ, also sowohl initiativ als auch stetig. Du bist ein hervorragender Berater, weil du dich sowohl offen auf Neues einlassen kannst, als auch die Ruhe und das Interesse hast, menschlich in die Tiefe zu gehen. Vielleicht wusstest du nicht, ob du eher gestresst oder entspannt bist, gehörst aber eindeutig eher zu den Reagierern statt zu den Agierern. Dann bist du »grün-blau«, also sowohl stetig als auch gewissenhaft. Du kannst andere prima unterstützen, weil du sowohl Prozesse liebst als auch, sie zu durchdenken. Oder du bist eher gestresst, aber mal aktiv, mal passiv. Dann gehörst du zu den »Blau-Roten«, also gewissenhaften Dominanten. Du bist ein Reformer, weil du analysierst, was sein sollte und es dann in die Tat umsetzt. Dabei lässt du dich nicht ablenken.

Vorsicht: Wir sind natürlich immer noch sehr schablonenhaft und unterkomplex. Dennoch hat die Typologie bereits Aussagekraft. Viele leiden tatsächlich darunter, dass sie sich im Alltag ständig verbiegen. Wenn »Grüne« etwa als Führungskraft harte Entscheidungen treffen und sich dominant verhalten müssen. Andersherum wenn »Rote« viele Routinetätigkeiten zu machen haben, wie es »Grüne« können. Oder wenn sich »Blaue« zu oft »gelb« verhalten und viel kommunizieren und schnell reagieren sollen. Und natürlich wenn »Gelbe« sich zur Analyse und Präzision zwingen, so wie es »Blaue« gut können. Auf Dauer ist das anstrengend und führt in Chaos und Krisen. Also: Wohin zeigt deine Sinn-Kompassnadel? In Richtung deines Persönlichkeitstyps. Wozu bist du, wer du bist? Um das zu tun, was dir entspricht.

AUSPRÄGUNGEN UND PERSPEKTIVENWECHSEL

Wie gesagt, sind wir hier diagnostisch sehr grob unterwegs. Aber wenn du mal die Chance bekommst, einen Persönlichkeitstest zu machen: unbedingt ergreifen! Je umfangreicher und tiefer, desto besser. Du wirst seitenlange wertvolle Gebrauchsanleitungen für dich bekommen. Idealerweise samt individueller Beratung oder Schulung. Auch mein Coachingunternehmen bietet einen solchen Test an, der basierend auf den vier Grundpersönlichkeiten ganze zwanzig Typen unterscheidet. Wir machen damit sehr gute Erfahrungen. Wenngleich klar ist, dass Persönlichkeiten komplex sind und Schablonen sie nie ganz erfassen können. Aber es sind erstaunliche Annäherungen möglich.

Es ist oft hilfreich, Schubladen zu benutzen, sofern wir sie offen lassen.

Im Prinzip geht es darum, wie stark oder schwach ausgeprägt die einzelnen Verhaltenstendenzen sind. Geht ein »Roter« bei jedem Ärger sofort in die Luft, macht das nicht nur ihm selbst Probleme, sondern auch anderen, die mit ihm zu tun haben. Nicht gut. Eine gesunde Dosis Dominanz allerdings bedeutet: Da kriegt jemand etwas auf die Reihe. Zu wenig Dominanz macht Probleme: mangelnde Umsetzungsstärke. Entsprechend ist es bei jedem Typus. Insofern ist es sehr praktisch, sich den Spiegel vorzuhalten: Wer bist du? Wie ausgeprägt? Und wer bist du nicht? Und dann geht es darum, von Situation zu Situation dein Verhalten anzupassen: »Aha! Jetzt sollte ich also geduldig reagieren.« Steht das im Widerspruch dazu, dass man tun solle, was dem eigenen Typ entspricht? Nein. Es ermöglicht Reflexion: Durch welche Brille nimmst du die Welt wahr? Wenn du das weißt, kannst du sie hin und wieder absetzen, durch eine andere schauen – und klüger reagieren. Wir sind keine absoluten Wesen, sondern relative. Wir können uns im Verhältnis zu anderen besser verstehen. Und andere im Verhältnis zu uns.

KOMMUNIKATION UND KONFLIKTE

Es heißt ja, man solle andere so behandeln, wie man selbst behandelt werden will. Das ist Quatsch. Wer gemeinsam mit anderen Ziele erreichen will, sollte sich nicht an sich selbst orientieren, sondern andere so behandeln, wie sie behandelt werden möchten. Das ist schwierig, wenn man nicht versteht, wie grundsätzlich unterschiedlich Menschen ticken können. Analysiert ein »Blauer« nüchtern ZDF, also Zahlen, Daten, Fakten, kann ein »Gelber« denken: »Langweiliger Typ!« Und plaudert ein »Gelber« munter vor sich hin, interpretiert das ein »Blauer« als RTL, also reden, tratschen, labern, und denkt sich vielleicht: »Der hat ADHS!« Oder kommt ein »Roter« ohne Umschweife zum Punkt, findet das ein »grüner« Typ sehr direkt und oft unhöflich. Andersherum reagieren »Rote« schnell ungeduldig, wenn »Grüne« erst mal Smalltalk machen, um eine Beziehung aufzubauen, bevor sie über die Sache reden. Das ist ihnen zu umständlich. Natürlich gibt es bei all dem kein Gut oder Schlecht, Richtig oder Falsch, sondern nur unterschiedliche Stile.

Auch auf Ärger, Druck und Stress reagieren die vier Typen anders, was zu Konflikten führen kann, wenn man die Muster nicht kennt. Hat ein »Roter« Stress oder ärgert sich, merkt man ihm das an: Er wird ernst, energisch und manchmal laut. (Typisch Choleriker!) Den »Grünen« erschreckt solche Heftigkeit. Denn wenn er sich ärgert, zieht er sich stattdessen zurück und wird immer stiller. Fragt dann der »Rote« nach (»Ist etwas?«), wird es der »Grüne« verneinen (»Alles in Ordnung.«), woraufhin der »Rote« denkt: »Wird schon nichts sein.« Stattdessen sollte er weiter nachfragen, oft mehrmals: »Ist wirklich nichts? Och komm, ich merke doch, dass etwas ist.« Erst dann öffnet sich der »Grüne« und macht seinem Unmut Luft. Oder der »Rote« ignoriert die für ihn schwierig zu deutenden Gefühle des »Grünen« so lange, bis dieser unerwartet heftig alles rauslässt, was ihn bedrückt. Da kann sich eine Menge aufgestaut haben. Es kommt zum Emotional Ketchup Burst: Hast du schon mal auf eine Ketchup-Flasche geklopft, damit etwas rauskommt – bis fast alles auf einmal rauskam? Nun muss der »Rote« etwas für ihn Untypisches tun: zuhören und für Gefühle Verständnis zeigen. Alles, was der »Grüne« jetzt hören will, ist: »Ich hab dich lieb.« Und wenn auch das nichts hilft: Abstand halten und Schokolade zuwerfen!

Ist ein »Gelber« im Stress, rotiert er innerlich, weil ihm lauter Gedanken durch den Kopf schießen, die ihn mal hierhin und mal dorthin zerren. Da hilft es, von außen geschickt eine Richtung vorzugeben: »Schau mal, da drüben ist es gut. Geh doch dorthin.« Jetzt hat der Gelbe wieder etwas vor, dem er sich gut gelaunt widmen kann. Konflikt gelöst. Hat hingegen ein »Blauer« Stress, braucht er Ruhe und Zeit. Er muss erst mal denken. Ihm zu sagen, wo's langgeht, würde seinen Stress nur erhöhen, genauso wie ihn wie einen »Grünen« zu behandeln: »Nun sag schon, was los ist. Ich merke doch, dass es dir schlecht geht.« Klar geht es ihm schlecht: Er wird emotional bedrängt und soll sich zu etwas äußern, was er noch nicht versteht. Auch die »rote« Reaktion wäre falsch: »Triff eine Entscheidung und ziehe sie durch!« Allerdings sind falsche Entscheidungen genau das, wovor sich »Blaue« am meisten fürchten.

SEI DU SELBST!

Ich könnte ewig so weitermachen. Alleine die vier Persönlichkeitstypen zu erklären, würde dieses Buch füllen. Und es wäre trotzdem nur ein kleiner Ausschnitt dessen, was zum Thema zu sagen ist. Denn es gibt unzählige weitere gute Modelle, die zu ähnlichen Aha-Effekten führen. Das würde dann weitere Bücher füllen. Weil wir uns hier aber mit der Sinnfindung beschäftigen, soll es nun erst einmal reichen. Du hast verstanden: Erkenne, wer du bist. Und sei, wer du bist. Wie heißt es so schön? Diejenigen, die es stört, zählen nicht. Und diejenigen, die zählen, stört es nicht. Dein Avatar verhält sich nun mal gerne und leicht auf die eine Weise, während die andere ihn Mühe kostet. Punkt.

Du entscheidest lieber selbst, statt deinen Chef entscheiden zu lassen? Dann bist du wohl eher »rot« als »grün« und solltest entweder selbst Chef werden oder dein eigener. Dein Schatz braucht ständig Action und schleppt dich von Party zu Party, du aber analysierst lieber in Ruhe zu Hause euer Finanzportfolio? Klingt nach einem »gelb-blauen« Konflikt. Ihr solltet darüber reden – und du öfter zu Hause bleiben. Der Oberarzt lässt sich durch den Klinikalltag treiben, verpennt seine Karriere, hasst Wissenschaft und wünscht sich mehr Ruhe und Zeit für Neues? Ich vermute mehr »gelbe« und »grüne« Anteile als »rote« und »blaue«, die er für seinen Professorentitel bräuchte. Hallo, Krise! Die Sinn-Kompassnadel zeigt in die eine, Weg und Ziel in eine andere Richtung.

Also: Sei nicht im Krieg mit dir selbst! Auch Anteile, die du nicht magst, gehören zu dir. Also: Anstatt mit dir zu kämpfen (»Ich will so nicht sein!«), sieh lieber die gute Absicht dieser Anteile: Sie zeigen dir, wer du bist. Und sobald du sie lebst, ist alles gut. Ein Zitat, das Albert Einstein zugeschrieben wird, drückt es so aus: »Jeder ist ein Genie. Aber wenn du einen Fisch danach beurteilst, ob er auf einen Baum klettern kann, wird er sein Leben lang glauben, dass er dumm ist.«

Du musst nicht an dir arbeiten

Persönlichkeitsentwicklung ist eher Persönlichkeitsentdeckung. Wenn du dich genauer findest und danach lebst, kannst du dich kongruenter fühlen und verschwendest weniger Energie. Dann wirst du automatisch besser. Auf dieser Basis kannst du auch an dir arbeiten, wenn du magst. Aber nicht, weil du es musst, da du denkst, du würdest nicht genügen. Du musst nämlich kein besserer Mensch werden, höchstens ein echter. Wertvoll bist du sowieso. Du darfst dich selbst zulassen und anderen zumuten.

WAS WÄRE, WENN?

Hin und wieder spiele ich das Was-wäre-wenn-Spiel. Was wäre, wenn ich Schauspieler geworden wäre? Was wäre, wenn ich mit meiner Ex-Ex-Ex-Freundin zusammengeblieben wäre? (Eine komplizierte Geschichte.) Was wäre, wenn ich mit meinem heutigen Wissen noch mal als Arzt in der Psychiatrie arbeiten würde?

Heute würde ich mich aufs Trainieren psychischer Gesundheit konzentrieren. Ich würde viele Medikamente nur als Unterstützung oder Placebos betrachten. Denn Heilung findet durch andere Gedanken und Gefühle statt, die ins Leben übersetzt werden. Die chemischen Transmitter kommen dann schon von selbst. Ich würde persönliches Unglück und Depressionen als Lehrmeister verstehen, die häufig auf falsche Kompass-Konstellationen hinweisen. Diese kosten viel Mühe. Das Ziel sollte sein, die Dinge besser zusammenzubauen. Das würde viel zukünftiges Unglück und erneute Depressionen verhindern, davon bin ich überzeugt. Aber Medizin definiert Abweichungen von der Norm als Störung, was zum Teil stimmt. Methodisch orientiert sie sich an vielen Details (»blau«) und ist bürokratisch ausdifferenziert (»grün«). Da passt meine »rot-gelbe« Persönlichkeit nicht (mehr) hinein. Diese Krise hatte ich schon vor zwanzig Jahren. Und ich bin ihr sehr dankbar für mein heutiges Leben, welches nicht nur sinnvoller, sondern auch wirkungsvoller ist.

Übrigens habe ich mich auch als Schauspieler probiert, dabei aber gelernt, dass ich keine fremden Texte sprechen oder Rollen spielen will, weil ich eigene habe. Außerdem schlägt man am TV-Set unheimlich viel Zeit tot. Für meinen »roten« Macher-Anteil ein Graus! Theater hat mir besser gefallen wegen der Live-Atmosphäre mit Publikum und der coolen Arbeit im Team. Meine »gelbe« Seite. Aber auch dafür brauche ich keine fremden Stücke. Immerhin halte ich Seminare und Vorträge – meine eigenen. Bliebe noch meine Ex-Ex-Ex-Freundin. Ach, ich will nicht mit privaten Geschichten langweilen.

EMOTIONALE MOTOREN: GLÜCK, WERTE, ENERGIE

Stell dir vor, es gäbe lauter Klone von dir. Jeder einzelne hat alle deine Fähigkeiten. Die spannende Frage ist nun: Welche deiner (zu) vielen Pflichten würdest du an einen Klon delegieren, welche lieber weiterhin selbst übernehmen – weil sie dir Energie geben?

Ich hoffe, du konntest deinen Avatar in der Matrix bereits besser kennenlernen? Cool bleiben, wir sind erst am Anfang. Wie gesagt, sind Persönlichkeiten sehr komplex. Und Modelle sind nur Modelle, sie nähern sich der Realität nur an. Schrauben wir also die Außenverkleidung des Avatars ab: Wie funktioniert er darunter? Was treibt ihn an? Überraschung: Unser innerer Motor besteht aus – Gefühlen. Wir wollen gute Gefühle erleben und schlechte vermeiden. Weg vom Schmerz, hin zur Lust sozusagen. Doch was empfinden wir als schmerzhaft, was als lustvoll? Willkommen in der individuellen Welt der Emotionen!

GLÜCKSSACHEN

Beginnen wir mir den schönen Gefühlen: Wann geht es dir so richtig gut? Wobei bist du glücklich? Was tust du dafür? Was währenddessen? Was nicht? Musst du dich dabei anstrengen? Oder hast du einfach gute Gefühle, weil der Moment schön ist? Und wann fühlt sich etwas Schönes falsch und dadurch später schlecht an? Ist es dann gar kein echtes Glück, sondern nur eine Art Rausch mit Kater? Sind wir glücklicher, wenn wir es vermeiden?

Gefühle sind in unserer verkopften Welt ja so eine Sache. Ist es nicht wichtiger, seine Aufgaben zu erledigen? Kommt darauf an, ob uns die Aufgaben guttun, also entlang unserer Sinn- und Weg-Kompassnadeln liegen. Andererseits können wir schöne Momente erleben, ohne dass diese einen Zweck erfüllen müssen. Buddha sagt: »Es gib keinen Weg zum Glück. Glücklichsein ist der Weg.« Erfüllen Gefühle damit also den höchsten Zweck?

Was macht denn nun glücklich? Martin Seligman, ein Pionier der Glücksforschung, sagt, Glück entstehe auf dem Weg zur Erfüllung. Er definiert fünf Faktoren, die dazugehören müssen: positive Gefühle und Vergnügen, Leistung, Beziehungen, Engagement und Bedeutung. Klingt eher nach Sinn statt nach Spaß. Wobei der Begriff Glück verschiedene Bedeutungen hat. Die englische Sprache hat dafür mehrere Worte, die Unterschiedliches bedeuten. Etwa Luck, Fortune oder Chance, womit das Zufallsglück gemeint ist (»Juhu, ein Sechserpasch!«). Oder Joy, Pleasure und Delight, was Lust, Spaß und Vergnügen entspricht (»Geiles Gefühl!«). Und Happiness, womit das anhaltend schöne Gefühl gemeint ist, wenn es uns gut geht, wir zufrieden und ausgeglichen sind, weil innerlich die Sonne scheint (»Alles ist gut.«). Diese Art Glück braucht keine Extrakicks, weil die Grundstimmung stimmt.

DAS EMOTIONSTHERMOSTAT

Apropos Grundstimmung. Hast du schon mal von der hedonistischen Tretmühle gehört? Der Begriff bedeutet Folgendes: Nach einem sehr positiven oder negativen Lebensereignis, pegelt sich unser Glücksempfinden immer wieder auf einem ähnlichen und relativ stabilen Level ein, der von Mensch zu Mensch unterschiedlich ist. Ähnlich einem Thermostat, welches die Soll-Temperatur bestimmt. Also: Lottogewinn? Urlaub? Frisch verliebt?

Ist deinem Glück egal, nach kurzer Zeit bist du wieder genauso drauf wie vorher. Gilt auch beim Gegenteil: Geldsorgen? Überstunden? Liebeskummer? Egal, dein Avatar ist ein emotional stabiles Wesen – ein Glück! Wobei auch emotionale Instabilität eine stabile Sache ist: Bei manchen fahren die Gefühle ständig Achterbahn, weil genau das zu ihrer Persönlichkeit gehört. Sogar unabhängig von äußeren Ereignissen, weil diese die Achterbahnfahrt nur begleiten, statt sie hervorzurufen.

Ist also die Fähigkeit, genussvolles Glück zu erleben, biologisch bestimmt? Können es die einen von Natur aus besser als die anderen? Vieles scheint dafür zu sprechen. Manche gehen zum Lachen in den Keller, andere versprühen gute Laune. War schon immer so. Wir sind, wie wir sind. Bringt es dann gar nichts, sich damit zu beschäftigen, wie wir glücklicher werden? Falsche Frage! Immerhin können wir unser Glück beeinflussen – das tun wir ständig: mit Kaffee, Kuscheln oder Keksen. Andere gehen feiern, erleben schräge Situationen oder powern sich aus. Um es aber grundsätzlich zu erhöhen, sollten wir uns selbst genau kennen: Was brauchen wir besonders? Was tut uns dauerhaft gut, was nicht? Wofür sind wir gemeint? (Hallo, Sinn!) Und dann unser Leben danach ausrichten. (Hätte ich einen ausgeprägteren »Blau«-Anteil, würde ich eine Studie machen, um zu beweisen, dass man mit Coaching am Thermostat der hedonistischen Tretmühle drehen kann. Aber auch ich bin aus gutem Grund kein Professor geworden.)

Hinzu kommt: Obwohl wir Glück unterschiedlich intensiv wahrnehmen, bleiben wir oft unter dem, was für uns möglich wäre. Nehmen wir mal an, auf einer Glücksskala von eins bis zehn könnte ich biologisch eine Sieben erreichen und du eine Neun. Angenommen, unser Thermostat wäre durch unsere Lebensweise je auf fünf eingestellt, hätten wir beide Luft nach oben.

Es ist es egal, was unser biologischer Rahmen vorgibt. Wichtiger ist, ob wir ihn ausschöpfen.

BABYS UND BEDÜRFNISSE

Es heißt ja oft, Glück entstehe in dem Moment, wenn wir unser Denken ausschalten und uns aufs Hier und Jetzt fokussieren. Die Außenwelt bewusst wahrnehmen, die Innenwelt auch. Ohne zu bewerten. So wie ein Baby. Das sei eigentlich immer gut drauf. Es lebe im Moment. Klingt plausibel. Eltern kennen es: Wenn Babys weinen, ist das Problem meist einfach zu beheben. Es hat entweder Hunger, will kuscheln, ist müde, ihm ist zu heiß oder zu kalt – oder die Windeln sind voll. Ja, auch wenn es Schmerzen hat, zum Beispiel Bauchweh. Aber das kommt seltener vor, als man befürchtet. Ist das Problem behoben, ist es sofort wieder happy. Babys können loslassen und den Moment annehmen. (Was bleibt ihnen anderes übrig? Über die Steuererklärung machen sie sich noch keine Sorgen.)

Will ich dich jetzt mit einem Baby vergleichen? Natürlich nicht. Baby-Vergleiche sind sehr beliebt, was ich schwierig finde. Das Gehirn eines Babys unterscheidet sich von dem eines Erwachsenen, weil es viel weniger ausgebildete neuronale Netze hat. Das sind die erlernten Verdrahtungen zwischen Nervenzellen, dank derer wir uns in der Welt zurechtfinden und uns steuern können. Wenn es dich hinterm Ohr juckt, wirst du dich dort kratzen. Das läuft automatisch ab. Juckt es ein Baby hinterm Ohr, verspürt es zunächst eine noch unkategorisierte Empfindung (»Hä?«) und verzweifelt womöglich daran, weil es sich nicht helfen kann, da ihm seine Extremitäten noch nicht gehorchen. So viel zum Thema den Moment annehmen.

Dennoch gibt es eine Ähnlichkeit: Das Baby ist unglücklich, wenn es sich an etwas stört. Wir Erwachsenen auch. Doch im Gegensatz zu Babys drücken wir unangenehme Gefühle ständig weg: Hunger? Durst? Bald ist Pause, dann können wir essen und trinken. Müde? Kaffee hilft erst mal. Stress? Geht vorbei. So rödeln wir oft wie Roboter durch den Tag, ohne unsere Bedürfnisse wahr- und ernst zu nehmen. Und dann suchen wir Hilfe in Glücksratgebern, Horoskopen oder besuchen Meditationskurse, um zu bemerken, dass wir uns selbst nicht bemerken: »Hallo, Kopf, wir sind's: Körper und Seele!« Ist dir schon mal aufgefallen, dass es oft ausreicht, dich nicht schlecht zu fühlen, damit es dir gut geht?

Wann fühlst du dich nicht schlecht? Wenn deine Bedürfnisse befriedigt sind: Nahrung, Schlaf, Sex, Erholung, Kuscheln. Und aufs Klo musst du auch noch. Na los! Worauf wartest du? Dass es dir ein Buch erlaubt? Ich kenne Menschen, die sind vor lauter Gewusel kaum in der Lage, ihren eigenen Puls zu messen. Siebzig Herzschläge zählen? Dauert zu lange. Und dann wundern sie sich, dass es ihnen nicht gut geht. Also wird Schokolade gefuttert, über Stress geschimpft und der Hund angeschrien. Von Zeit zu Zeit kommen größere Geschütze zum Einsatz: eine Affäre, ein Jobwechsel, ein neues Kind. (Oft in der Reihenfolge.) Irgendetwas muss schließlich mal gute Gefühle machen. Dabei würde es meist ausreichen, mehr in sich hineinzuhorchen: Welche Bedürfnisse sind chronisch unbefriedigt? Vielleicht würde es genügen, hin und wieder einen Mittagsschlaf zu machen.

DIE MASLOWSCHE PYRAMIDE

Abraham Maslow (1908–1970), einer der Gründerväter der Humanistischen Psychologie, laut derer sich Menschen selbst entfalten sollen, um ein gutes Leben zu führen, stellte sich menschliche Bedürfnisse wie eine Pyramide vor: In der breiten Basis stünden die Grundbedürfnisse wie Schlaf, Essen oder Sex. Ohne sie ginge gar nichts. Darüber stünden die Sicherheitsbedürfnisse, wie ein Dach überm Kopf zu haben, Arbeit und Einkommen. Dann folgten die sozialen Bedürfnisse, also etwa Partner, Freunde oder Liebe. Erst danach seien individuelle Bedürfnisse wichtig wie etwa, persönliche Anerkennung zu erhalten. Und in der Spitze der Pyramide stünde die Selbstverwirklichung, sozusagen als höchste erreichbare Bedürfnisstufe. Die Maslowsche Bedürfnispyramide wurde zu einem Klassiker der Positiven Psychologie, wenngleich sie natürlich (wie alle Modelle) ihre Macken hat: Viele Menschen würden ihre Bedürfnisse anders priorisieren. Zudem fehlt das wichtigste Bedürfnis: funktionierendes WLAN. Dennoch mag ich Maslows Modell, weil es so anschaulich ist.

Zeit für eine Reflexion: Welche Bedürfnisse hast du? Orientieren wir uns grob an Maslow: Was brauchst du, um dich körperlich wohlzufühlen? Wie viel Schlaf? Welche Art Ernährung? Wie viel Bewegung? Welche? Wie viele Pausen? Wovon? Wie viel menschliche Nähe? Mit wem? Wie häufig Sex? Wie viel materielle Sicherheit? Was ist das für dich genau? Welche Art von Zuhause? Welche Art Arbeit? Wie viel Geld? Was für eine Partnerschaft? (Oder vielleicht keine Partnerschaft?) Wie viel (oder wie wenig) Kontakt zu anderen Menschen? Welche Art Freunde? Wofür? Wie viel Liebe? Wie viel Anerkennung? Worin willst du dich selbst verwirklichen? Wie gut (oder schlecht) kennst du deine Bedürfnisse eigentlich? Und erfüllst du sie dir? Falls nein: warum nicht? Wie könntest du es tun? Nimm dir Zeit, in deine Bedürfnisse hineinzuspüren, sie zu durchdenken und präzise zu beschreiben.

Ich zum Beispiel hasse es, wenn ich zu wenig Schlaf bekomme. Dann bin ich tagsüber müde, was sich weder gut anfühlt, noch mir bei meiner Lieblingsbeschäftigung hilft: dem Denken, Texten oder Sprechen. Abhilfe schafft manchmal ein Nap am Nachmittag. Auch mag ich zwar Kontakt zu anderen Menschen, brauche aber weniger davon als die meisten. Oberflächliche Gespräche oder Gruppenaktivitäten um der Gemeinschaft willen nerven mich, denn ich will mich nicht ablenken lassen, weil ich meist etwas zu tun habe. Trotzdem liebe ich die Energie vieler Menschen, weshalb ich gerne in der Innenstadt wohne und täglich Zeit auf der Straße, in Restaurants oder Cafés verbringe. Und so weiter. Wie sieht es bei dir aus?

Betrachte unbefriedigte Bedürfnisse wie einen Juckreiz. Egal wie gut es dir sonst geht: Diese eine Stelle nervt. Also kratz dich, und es geht dir besser. Fertig.

GLÜCK SELBER MACHEN

Wie heißt es so schön? Um fliegen zu können, musst du loslassen, was dich runterzieht. Letzteres hätten wir erst mal geklärt. (Im nächsten Kapitel gehen wir da tiefer rein.) Schauen wir nun, was dich fliegen lässt. Was macht dich glücklich? Wann hüpft dein Herz? Du weißt: Wir sollten auf unser Herz hören. Auf Dauer können wir es sowieso nicht überhören. Oh, diese Sprüche immer! Wobei etwas Wahres dran ist: Wenn wir unsere eigentlichen Wünsche unterdrücken, ist es nur logisch, dass wir sie immer wieder fühlen. So ist unser Avatar nun mal drauf.

Oft sind es die ganz normalen, scheinbar kleinen Dinge, die glücklich machen. Ein leckeres Essen, das Lachen deines Kindes, den Hund kraulen. Glück ist immer schon da, wir müssen es nur wahrnehmen. Andere Dinge mögen weniger normal erscheinen, aber sie entsprechen unserer Persönlichkeit. Ich zum Beispiel bin hin und wieder gerne Rampensau. Schon in der Schule habe ich Theater gespielt, danach in Laientheatergruppen. Und mit neunzehn habe ich begonnen, freiberuflich allerlei Events zu moderieren – Karaokepartys, Messen, Autohauseröffnungen. Gib mir ein Mikrofon und Publikum und wir haben Spaß, versprochen. (Also ich bestimmt.) Auch während meines Studiums habe ich mir so immer ein paar Mark (die Älteren werden sich erinnern) dazuverdient. Tja, und dann wurde mein Leben ernst: Klinik, Klinik, Klinik. Als mich nach zwei Jahren Moderationspause mein Freund Thilo bat, ein einwöchiges Event in den damals neu eröffneten Potsdamer Platz Arkaden in Berlin zu moderieren, zögerte ich zunächst: Macht man so etwas als frischgebackener Arzt? Konnte ich es überhaupt noch? Ja, macht man. Und ich konnte es noch: tägliche Shows, Interviews und Gala-Abende. Ich fühlte mich wie ein Fisch im Wasser. Voll mein Ding. Erkenntnis also: Zu moderieren tut mir gut. Es macht mich glücklich. Es bedeutet für mich pures sauberes Glück. (Was schmutziges Glück ist, erkläre ich später.)

Also: Was macht dich glücklich? Wann fühlst du dich lebendig? Wobei bist du du selbst? Oder welchen Teil von dir musst du hin und wieder ausleben, weil dir das einfach guttut? Schreib eine Liste mit allem, was dir einfällt: Gute Filme anschauen? Tanzen? Singen? Wandern gehen? Oder shoppen? Tauchen? Ein Buch lesen? Mit deinen Freunden zu viel Bier trinken? Los, schreib alles auf! Und dann warte nicht darauf, dass du irgendwann glücklicher wirst. Sondern tu, was dich glücklich macht. Du wirst dich näher an deiner Sinn-Kompassnadel fühlen, als es dir dieses Buch je vermitteln könnte. Denn um du selbst zu sein, brauchst du keinen Lehrer.

SCHATZKAMMERN DER SEELE

An dieser Stelle ein wichtiger Hinweis: Es kann durchaus sein, dass dir einige deiner Wünsche unpassend erscheinen oder nicht einmal einfallen, weil du sie unsinnig oder unvernünftig findest und verdrängst. Das ist normal. Im Laufe unseres Lebens differenzieren wir uns mehr und mehr aus und werden zu jemandem, den wir zum jeweiligen Zeitpunkt für uns selbst halten. Dabei machen wir häufig innere Türen zu, die zuvor einmal offen waren. Aber: Selbst wenn eine Türe geschlossen ist, gehört der Raum dahinter noch zu uns. Er ist ein Teil unseres Avatars im Leben. Und wenn uns Pflichten und Routinen gefangen halten, wir feststecken oder eine Phase der Begeisterung vorüber ist, sind es genau diese Räume, in denen wir wieder Lebendigkeit finden können. Sie sind wie innere Schatzkammern, die wir von Zeit zu Zeit entdecken dürfen. Und uns davon überraschen lassen, was wir darin vorfinden.

Wie findest du deine Schatzkammern? Geh es praktisch an, mit einer Übung: Nimm dir hin und wieder ein paar Stunden Zeit, in denen du nichts weiter tust, als dich am gemütlichsten Ort deiner Wohnung aufzuhalten. Vielleicht ist das ein Sessel, ein Sofa oder eine Liege auf deiner Terrasse. Und dann tu einfach mal – gar nichts! Wahrscheinlich werden sofort Stimmen in deinem Kopf laut, die dir einreden wollen, dass das nicht ginge: »He, was soll das? Du hast zu tun!« Lass diese inneren Stimmen reden und bleib, wo du bist. Nach einer Weile wirst du eine weitere Stimme hören, die dich nicht maßregeln, sondern inspirieren will. Oder du bekommst ein intensives Gefühl, das dir zeigt, wo eine deiner Schatzkammern liegen könnte. Lerne, diese Stimme und dieses Gefühl wahrzunehmen und ihnen zu folgen. Dann unterscheidest du bald all die Automatismen deines Lebens von deinen (versteckten) Wünschen. Es gibt nun mal Dinge, die wir tun müssen, und solche, die wir tun wollen. Häufig sind wir vor lauter Müssen so beschäftigt, dass wir das Wollen übersehen. Insbesondere das Überraschende, Schräge, Geheimnisvolle, welches aber ebenso zu uns gehört wie das Offensichtliche.

FOLGE DEINER INTUITION!

Ich selbst mache diese Übung regelmäßig. Nicht nur auf meinem Sofa, sondern auch bei Spaziergängen mit meinem Hund, auf langen Autofahrten oder während ich entspannt in meiner kleinen Fasssauna liege. Einfach mal das innere Geplapper laufen lassen, ohne es ernst zu nehmen, bis es wirklich ernst wird und ich weiß, was ich will und zu tun habe: Ein ach so wichtiges, aber ungeliebtes Projekt beenden. Gitarre spielen lernen. Mich wieder bei einem alten Freund melden. Hotelübernachtungen abschaffen und stattdessen im Wohnmobil reisen. Oder zum Wandern in die Wüste fahren. Warum? Weil mir das Projekt nicht guttut, mich Gitarren schon immer fasziniert haben, ich den Freund seit Jahren vermisse, mir Hotels auf die Nerven gehen und ich die Filme von Sergio Leone liebe. Was soll ich sagen? Ich würde mich insgesamt als einen glücklichen Menschen bezeichnen.

Sich für ein paar Stunden aus dem Alltag rausziehen, um scheinbar nichts zu tun? Für viele eine Herausforderung. Womit wir beim Problem wären: Warum denn? Wie übervoll ist dein Leben, wenn du nicht einmal mehr chillen kannst? Oder dich ständig ablenken musst – mit Netflix, Freizeitstress oder Social Media? Komm doch einfach mal runter. Tu nichts. Alleine. Sei bei dir. Wie sonst willst du deine innere Stimme wahrnehmen, wie deine Intuition? Natürlich sind Kopf, Logik und Statistik gute Ratgeber – für rationale Entscheidungen. Dann ist es zum Beispiel klug, Risiken zu bewerten: Was kann schiefgehen? Aber du bist auch ein emotionales Wesen! Und ganz ehrlich: Wie oft versuchst du nur deswegen rational zu handeln, um dich dadurch besser zu fühlen? Der Punkt ist: Vernunft alleine macht nicht glücklich. Sie versucht, Wahrscheinlichkeiten zu berechnen und Vorhersagen zu treffen, die trotzdem danebenliegen können, wie der erste Teil dieses Buches gezeigt hat. Also warum immer so verkrampft?

Wenn du innerlich ausgerichtet bist und tust, was du liebst, ist zwar nicht egal was draußen passiert. Aber du folgst einer inneren Richtung, die dich davon unabhängiger macht.

Ich sehe es so: Intuition interpretiert Zeichen, die unser Verstand nicht sieht oder aus übermäßiger Skepsis nicht interpretieren will. Oder weil wir uns zu sehr auf unseren derzeitigen Kram fokussieren, was wir scheinbar logisch begründen können. Auch folgen wir oft anderen, weil diese lauter sind als unsere eigene innere Stimme. Oder weil wir zu wenig Selbstvertrauen haben, brav sein wollen oder Bestätigung brauchen. Denk mal bitte nach: Fallen dir Situationen ein, in denen du nicht auf deine Intuition gehört hast? Bei welchen hast du dir im Nachhinein gewünscht, du wärst deiner Intuition gefolgt? Warum bist du es nicht? Weil es keine Erfolgsgarantie gab? Die gibt es nie. Aber man tut das Richtige nicht, weil es immer funktioniert. Sondern weil es das Richtige ist, unabhängig vom Zwischenergebnis. Es geht um Sinn und Weg.

AUSSENSKELETT UND INNENSKELETT

Seit meiner späten Jugend habe ich ein etwas seltsames Hobby: Ich halte Vogelspinnen. Warum ich die Tierchen mag? Keine Ahnung, mir aber egal. Sehr faszinierend finde ich, wie Spinnen wachsen: Sie häuten sich. Da sie ein Außenskelett haben, also eine Art Panzer, wie übrigens auch Insekten (Spinnen sind keine Insekten, diese haben sechs Beine statt acht wie eine Spinne), oder Krebstiere, müssen sie die alte Hülle von Zeit zu Zeit loswerden. Dazu legen sie sich auf den Rücken, strecken ihre Beine in die Höhe und streifen sich das alte Skelett wie einen Handschuh ab. Darunter ist in der Zwischenzeit eine neue Hülle gewachsen, die zunächst noch weich ist und vom Inneren der Spinnen nach außen gedrückt wird, sodass sie wachsen. Dann dauert es ein paar Tage, bis der Panzer wieder fest wird.

Klingt umständlich, oder? Ich persönlich finde das Innenskelett von Wirbeltieren (wie uns Menschen) praktischer. Da weisen Knochen der äußeren Form ihre Richtung. Und wenn Knochen wachsen, wächst alles andere parallel mit, ganz easy. Was hat das mit unserem Thema zu tun? Nun, unsere Avatare haben irgendwie beides: ein Außen- und ein Innenskelett. Das Außenskelett sind all die Regeln, Pflichten und Rahmen, in denen wir uns bewegen und die wir manchmal zu ernst nehmen. Denn wir besitzen auch ein Innenskelett, das für unsere Formgebung eigentlich ausreicht: unsere inneren Werte.

DIE MACHT INNERER WERTE

Innere Werte? Das mag diffus klingen, kann aber sehr konkret dabei helfen, deinen Avatar zu verstehen: Was ist ihm wichtig? Was weniger? Was sollte er also tun? Was bleiben lassen? Je besser du deine Werte kennst, desto leichter fallen dir Entscheidungen, weil sie deiner Sinn-Kompassnadel die Richtung zeigen.

Werte sind nicht nur individuell, sondern immer auch Resultat der sozialen Prägungen und beinhalten deren allgemeine Normen und Ethik. Wärst du zum Beispiel im Viktorianischen England aufgewachsen, hätte man dir Disziplin, Gehorsam, Härte, das Unterdrücken von Gefühlen und die Wichtigkeit sozialer Herkunft beigebracht. Bist du hingegen im heutigen Köln groß geworden, sind dir eher Liberalität, Gemeinschaft, Kontakt- und Lebensfreude wichtig. Und natürlich der Karneval. Doch auch Kölner unterscheiden sich voneinander: Der eine mag den FC lieber, der andere die Fortuna. Dahinter stehen Werte: Dem FC-Fan ist Erfolg wichtig (wobei das beim 1. FC Köln eine saisonabhängige Aussage ist), dem Fortuna-Fan Nostalgie. Daraus entsteht Verhalten: Der eine geht am Wochenende ins RheinEnergie-Stadion, um Bundesliga-Fußball zu sehen, der andere ins Südstadion, um in der 26-jährigen Zweitliga-Vergangenheit zu schwelgen: »Ach, das waren noch Zeiten!« Beide tun, was ihnen ihr Innenskelett vorgibt. Sie haben keinen inneren Konflikt.

Etliche solcher inneren Werte bestimmen, wer wir sind. Manche sind wahrscheinlich bereits angelegt, wir kommen mit ihnen auf die Welt. Andere entstammen unseren Prägungen, Erfahrungen, Überzeugungen.

Ähnlich unserer Persönlichkeit sind Werte über Jahre hinweg stabil, es sei denn, wir machen grundlegende Erfahrungen, die sie verändern. Im Idealfall wissen wir deshalb, welche inneren Werte uns wichtig sind, und leben nach ihnen. Dann ist alles gut. Kennen wir sie aber nicht oder verleugnen sie, leiden wir. Was ist dir wichtiger: Karriere oder Freiheit? Keine unwichtige Frage, wenn dir eine Führungsposition angeboten wird, die aber mehr Abstimmung und Arbeitsstunden bedeutet. Willst du mit deinem Partner eine Zweierbeziehung führen oder eine Familie mit Nachwuchs gründen? Wichtige Frage, die beide besser ähnlich beantworten. (»Schatz, ganz ehrlich: Ich will keine Kinder.« – »Gut, dass du es ansprichst. Ich auch nicht.« – »Okay, und wer sagt es ihnen?«)

EINE SEHR LANGE LISTE

Machen wir es konkret. Ich liste nun einige Werte auf. Bitte lies sie aufmerksam durch und frag dich bei jedem einzelnen, ob er dir etwas bedeutet. Los geht's.

Abenteuer, Abwechslung, Achtsamkeit, Action, Aggressivität, Ästhetik, Anerkennung, Alleinsein, Altruismus, Arbeit, Attraktivität, Ausgeglichenheit, Austausch, Autorität, Balance, Begeisterung, Bescheidenheit, Beständigkeit, Bewegung, Beziehungen, Chancen nutzen, Dankbarkeit, Demokratie, Demut, Denken, Dienen, Direktheit, Durchsetzungsfähigkeit, Echtheit, Ehrlichkeit, Eleganz, Energie, Entschlossenheit, Entspannung, Erfahrung, Erfolg, Erlebnisse, Fairness, Familie, Fitness, Fleiß, Flexibilität, Fortschritt, Freiheit, Freiwilligkeit, Freizeit, Freude, Freundlichkeit, Freundschaft, Friede, Fürsorge, Geduld, Gelassenheit, Geld, Gemeinschaft, Gemütlichkeit, Genuss, Gerechtigkeit, Geselligkeit, Gesundheit, Gewinn, Glaube, Glück, Harmonie, Heimat, Herausforderung, Herzlichkeit, Hilfsbereitschaft, Hingabe, Höflichkeit, Humor, Individualität, Inspiration, Integrität, Intellekt, Intelligenz, Intuition, Karriere, Kompetenz, Konfliktfähigkeit, Konsequenz, Kontaktfreude, Kontrolle, Konzentration, Kooperation, Kreativität, Kunst, Lebendigkeit, Lebensfreude, Leichtigkeit, Leidenschaft, Leistung, Lernen, Liberalität, Liebe, Lockerheit, Loyalität, Macht, Mitbestimmung, Musik, Mut, Nähe, Natürlichkeit, Neugier, Normalität, Offenheit, Optimismus, Ordnung, Partnerschaft, Pflichtbewusstsein, Präzision, Qualität, Reflexion, Regeln, Reinheit, Respekt, Relevanz, Religion, Routine, Ruhe, Ruhm, Schnelligkeit, Schönheit, Selbstachtung, Selbstliebe, Selbstsicherheit, Selbstständigkeit, Selbstverwirklichung, Sex, Sicherheit, Spaß, Spiritualität, Spontaneität, sozial sein, Stabilität, Status, Stärke, Stimulation, Stolz, Struktur, Substanz, Tiefe, Tradition, Treue, Unabhängigkeit, Unterhaltung, Umsetzungsstärke, Umweltbewusstsein, Veränderung, Verantwortung, Verbundenheit, Verteidigung, Verständnis, Vertrauen, Vielfalt, Vorhersehbarkeit, Vorsicht, Wachstum, Wärme, Wahrheit, Weisheit, Wettbewerb, Wildheit, Wissen, Wohlstand, Zahlen, Zeit, Zielstrebigkeit, Zufriedenheit, zu Hause sein und Zuverlässigkeit.

BESTIMME DEINE INNEREN WERTE

Ganz schön viele, ich weiß. Und es ist leicht, über einzelne hinwegzulesen. Tu das besser nicht! Diese Werte sind wie die DNA deines Avatars. Wenn du sie entschlüsselst und nutzt, wird alles wunderbar. Wenn nicht, können die Dinge kompliziert werden oder bleiben. (Und falls dir weitere Werte einfallen, die dir wichtig sind, darfst du sie gerne hinzufügen.) Deshalb geh die Liste noch einmal aufmerksam durch und markiere dir deine wichtigsten Werte. Oder du schreibst sie auf ein Blatt Papier oder in ein Textdokument. Du kommst vermutlich leicht auf zwanzig, dreißig oder noch mehr, die dich ansprechen. Reduziere sie auf die wirklich wesentlichen, sodass am Ende zehn bis fünfzehn übrig bleiben. Dann sortiere sie in einer Reihenfolge: Welcher innere Wert ist dir am wichtigsten? Welcher kommt danach? Welcher dann?

Mach dir die Mühe und bestimme deine wichtigsten Werte und ihre Reihenfolge – jetzt. Das kann dir jahrelange Krisen, Sackgassen und Konflikte ersparen. Insbesondere lernst du Chaos, Krisen und Störungen sofort zu erkennen und in Flow zu verwandeln.

Am einfachsten geht das, indem du dir deine wichtigsten Werte auf Notizzettel schreibst und sie einzeln miteinander abgleichst. Was ist mir wichtiger: Freiheit oder Loyalität? Freiheit! Ohne sie wäre Loyalität nicht echt. Was ist mir wichtiger: Freiheit oder Frieden? Frieden! Ich würde lieber auf manche Freiheit verzichten. Was ist mir wichtiger: Frieden oder Liebe? Liebe! Sie führt zum Frieden. Und so weiter. Das war jetzt natürlich meine eigene Interpretation, deine sieht womöglich anders aus. Ziel ist es, dass am Ende eine Reihenfolge steht. Du hast dann deine eigene Wertehierarchie bestimmt, die dir deine innere Richtung zeigt. Übrigens sind Liebe, Frieden, Freiheit meine drei wichtigsten Werte, in der Reihenfolge. Für mich ergibt sich aus ihnen alles andere. Klingt das romantisch? Ist es nicht. Denn es bedeutet auch immer wieder Herausforderungen: loszulassen, was ich liebe. Konflikte einzugehen, weil sie für echten Frieden notwendig sind. Und lieben zu können, ohne mögen zu müssen. Gar nicht so einfach, das alles. Vor allem wenn mein wichtigster Wert Liebe verletzt wird. Um es mit einem meiner Lieblingsautoren, Colin Cotterill, zu sagen: »Es gibt Menschen, die tragen so viel Liebe in sich wie eine Klabusterbeere am Hintern einer Ziege.«

Konflikte lösen

Ein paar Beispiele: Angenommen, du bist alleine erfolgreich selbstständig und überlegst, Mitarbeiter einzustellen, um dein Geschäft zu skalieren – solltest du das tun? Kommt darauf an. Sind dir Freiheit, Selbstverwirklichung oder Alleinsein wichtig oder eher Struktur, Erfolg oder Teamwork? Im ersten Fall: Mach weiterhin alleine dein Ding. Oder delegiere deine Arbeit im Unternehmen. Das würde aber bedeuten, dass du Kontrolle abgibst – kannst du das? Wieder Werte checken: Ist dir Kontrolle wichtiger oder Freiheit? Entscheide nach dem höheren inneren Wert. Im zweiten Fall: Viel Spaß beim Pimpen deines Unternehmens! Stell ruhig Mitarbeiter ein. Oder angenommen, du hast immer wieder Streit mit einem Freund, Kollegen oder deinem Partner. Dann könnte das daran liegen, wie ihr Konflikte austragt. Vielleicht ist dem einen Wahrheit sehr wichtig, dem anderen Harmonie? Schwierige Kombination. Macht obige Übung und vergleicht eure Ergebnisse. Häufig gibt es höhere gemeinsame Werte wie etwa Verbundenheit, Vertrauen oder gemeinsamer Erfolg, die jeder auf seine Weise erreichen will. Und siehe da: Konflikt gelöst!

Auf diese Weise kannst du jede Menge Konflikte aufdröseln und lösen. Ich zum Beispiel liebe die Alpen. Sollte ich hinziehen? Schon oft darüber nachgedacht. Werte: Natur und Ruhe – und ich wandere wirklich gerne. Andererseits brauche ich Lebendigkeit, Abwechslung und ein weltoffenes, liberales Umfeld voller Chancen. Vor allem aber will ich engen und konfliktfreien Kontakt zu Menschen, die ich liebe, insbesondere zu meinem Sohn. Werte: Liebe und Frieden. Entscheidung klar: Ich lebe weiterhin in Köln und fahre von Zeit zu Zeit in die Alpen. Zumal Werte auch abwechselnd gelebt werden können, so kommen sie alle dran. Das Leben ist ja nichts Starres. Außerdem sollten Werte zur aktuellen Lebensphase passen und immer wieder hinterfragt und mit deiner aktuellen Situation abgeglichen werden. Sind sie noch stimmig? Vor allem wenn Werte nahe beieinander liegen und einander scheinbar widersprechen: Single oder Partnerschaft? Kinder oder Karriere? Im Heimatort leben oder fortziehen? Beides schön. Aber in bestimmten Phasen ist eines richtiger als das andere. Gerade bei wichtigen Lebensentscheidungen helfen dir innere Werte, Klarheit zu gewinnen und bewusst zu tun, was du zum jeweiligen Zeitpunkt für das Richtige hältst. Fach A oder B studieren? Heiraten oder nicht? Haus kaufen oder zur Miete wohnen? Manchmal kommen wir an Wendepunkte, die große Auswirkungen haben. Besser, wir treffen Entscheidungen dann bewusst und mit dem bestmöglichen Gewissen. Obwohl es für nichts eine Erfolgsgarantie gibt.

Sauberer Schmerz, schmutziges Glück

Auch wenn wir in einem Dilemma stecken, helfen uns innere Werte. Was tun, wenn sich beide Alternativen falsch anfühlen, es also nicht um die Wahl zwischen Gut und Besser geht, sondern um Schlecht und Schlechter? Als klar wurde, dass meine Ehe nach zehn glücklichen Jahren vor dem Aus stand, waren darüber weder meine Ex-Frau noch ich besonders happy. Also was tun? Festhalten? Umeinander oder gar miteinander kämpfen? Einander loslassen? Wir scheitern beide nicht gerne. Letztlich hatten wir eine sehr friedliche und partnerschaftliche Scheidung. Liebe ist mehr als eine Paarbeziehung. Und sie beinhaltet auch die Interessen unseres Sohnes, nicht nur unsere eigenen. Frieden steht über verletzten Gefühlen. Und Freiheit bedeutet, dass auch der andere machen darf, was er will. Also: Unsere Ehe ist nicht gescheitert, sie ging zu Ende. Unsere Beziehung aber hat sich weiterentwickelt und besteht weiterhin: als gemeinsame Elternliebe. Die Sinn-Kompassnadel hat sich verschoben, Weg und Ziele mussten folgen. Was daraus nach ein paar Jahren geworden ist? Zwei neue Reisen voller wertvoller Erfahrungen, von denen wir keine missen möchten.

Anscheinend ist Glück also nicht immer eitel Sonnenschein. Es enthält auch Moll, nicht nur Dur. Wer sich dagegen wehrt, es vermeidet oder verdrängt, indem er lieber den leichten oder spaßigen Weg wählt statt den richtigen, riskiert sein Glück. Es kann schmutzig werden, wenn Vergnügen Werte verletzt, die wichtiger sind als kurzfristige Befriedigung. Fressen? Feiern? Fremdgehen? Okay, kann Spaß machen. Aber als systematische Abwehrstrategie führen Wegschauen, Weglaufen und Weglachen zu oft in Chaos, Krisen oder Störungen. Nicht empfehlenswert. Manchmal geht der Weg zum Glück eben mitten durch den Schmerz. Das macht zwar keinen Spaß, ist aber seelisch sauber. (Im nächsten Kapitel tauchen wir hier tiefer ein.)

AVERSIONSWERTE

Wo wir gerade bei unschönen Themen sind: Nicht nur innere Werte richten uns aus, weil wir uns in ihre Richtung bewegen wollen. Auch ihr Gegenteil macht das: Aversionswerte, die wir vermeiden wollen. Was hältst du für so falsch, schlecht oder geradezu böse, dass du dich davon fernhältst?

Geh die Liste der obigen Werte noch einmal durch: Welche entsprechen dir am wenigsten? Ich zum Beispiel mag folgende nicht: Normalität, Regeln, Religion, Routine, Sicherheit, Struktur und Tradition. Ich ticke einfach anders, weshalb ich mich lieber in einem bunten, ungeregelten, unreligiösen, veränderungsbereiten, überraschenden, freien und modernen Umfeld bewege.

Machen wir es deutlicher und drehen wir die oben genannten Werte (soweit möglich) in ihr Gegenteil um: Alltag, Eintönigkeit, Unachtsamkeit, Stillstand, Zurückhaltung, Geschmacklosigkeit, Ablehnung, Gemeinschaft, Egoismus, Freizeit, Unattraktivität, Unausgeglichenheit, Schweigen, Dilettantismus, Dysbalance, Lustlosigkeit, Angeberei, Unbeständigkeit, Bewegungsmangel, Beziehungslosigkeit, Chancenlosigkeit, Undankbarkeit, Diktatur, Hochmut, Zweifeln, Selbstbezogenheit, Indirektheit, Nachgiebigkeit, Falschheit, Unehrlichkeit, Stillosigkeit, Kraftlosigkeit, Unentschlossenheit, Anspannung, Unerfahrenheit, Misserfolg, Ereignislosigkeit, Unfairness, Singleleben, Unfitness, Faulheit, Starre, Rückschritt, Unfreiheit, Zwang, Arbeit, Freudlosigkeit, Unfreundlichkeit, Feindschaft, Unfriede, Nachlässigkeit, Ungeduld, Anspannung, Armut, Einsamkeit, Ungemütlichkeit, Askese, Ungerechtigkeit, Ungeselligkeit, Krankheit, Verlust, Unglaube, Unglück, Dysharmonie, Heimatlosigkeit, Unterforderung, Unfreundlichkeit, Eigennützigkeit, Teilnahmslosigkeit, Unhöflichkeit, Humorlosigkeit, Konformität, Einfallslosigkeit, Korruption, Dummheit, Einfältigkeit, Rationalität, Unambitioniertheit, Inkompetenz, Konfliktscheue, Inkonsequenz, Schüchternheit, Kontrollverlust, Unkonzentriertheit, Einzelarbeit, Unkreativität, Standard, Leblosigkeit, Freudlosigkeit, Schwere, Gleichgültigkeit, Versagen, Lernfaulheit, Konservatismus, Hass, Steife, Illoyalität, Machtlosigkeit, Fremdbestimmung, Unmusikalität, Feigheit, Distanz, Künstlichkeit, Desinteresse, Anormalität, Verschlossenheit, Pessimismus, Unordnung, Gegnerschaft, Pflichtvergessenheit, Ungenauigkeit, Minderwertigkeit, Unbewusstheit, Abweichung,

Unreinheit, Respektlosigkeit, Irrelevanz, Religionslosigkeit, Abwechslung, Unruhe, Herabsetzung, Langsamkeit, Hässlichkeit, Selbstbetrug, Selbsthass, Unsicherheit, Unselbstständigkeit, Aufopferung, Asexualität, Unsicherheit, Ernst, Weltlichkeit, Planung, asozial sein, Instabilität, Unterordnung, Schwäche, Hemmung, Bescheidenheit, Strukturlosigkeit, Substanzlosigkeit, Flachheit, Fortschrittlichkeit, Untreue, Abhängigkeit, Langeweile, Umsetzungsschwäche, Umweltschädlichkeit, Konstanz, Verantwortungslosigkeit, Unverbundenheit, Angriff, Verständnislosigkeit, Misstrauen, Einfalt, Unvorhersehbarkeit, Unvorsichtigkeit, Schrumpfung, Kälte, Unwahrheit, Dummheit, Opportunismus, Zahmheit, Unwissen, Mittellosigkeit, Ungenauigkeit, Termindruck, Ziellosigkeit, Unzufriedenheit, Unterwegssein und Unzuverlässigkeit.

Welche dieser Anti-Werte stoßen dich am meisten ab? Sie richten dich ebenfalls innerlich aus, als hieltest du zwei Magnete mit gleichen Polen aneinander: Was musst du vermeiden, um glücklich zu sein?

MOTIVE UND MOTOREN

Na, hast du die Werteübungen gemacht? Falls nein, unbedingt nachholen! Und mach auf jeden Fall die folgende, denn die wird ein wenig übersichtlicher. Jetzt schauen wir uns nämlich einen Sonderfall von Werten an: innere Motive. Im Gegensatz zu Werten, die sich im Laufe des Lebens manchmal verändern, sind persönliche Motive zeitlich stabiler. Sie sind sozusagen deine Motoren, die dich durchs Leben bewegen. Lebst du so, dass du deinen Motor nutzt, fallen dir die Dinge leicht. Drosselst du deinen Motor hingegen, fallen dir die Dinge schwer. Du verbiegst dich selbst. Der US-amerikanische Psychologe Steven Reiss (1947–2016) hat sechzehn solcher Lebensmotive identifiziert, die wie innere Motoren wirken können, wenn man sie nutzt. Ich werde sie nun einzeln auflisten, und du überlegst dir bitte, welche du besonders wichtig findest und welche du überhaupt nicht magst. Legen wir los:

- ◇ **Macht** (Führst du gerne oder wirst du lieber geführt?)
- ◇ **Unabhängigkeit** (Handelst du lieber unabhängig von anderen oder bist du gerne Teil eines Teams?)
- ◇ **Neugier** (Bist du eher neugierig oder praktisch?)
- ◇ **Anerkennung** (Bist du eher unsicher oder selbstsicher?)
- ◇ **Ordnung** (Bist du eher strukturiert oder flexibel?)
- ◇ **Sparen** (Bist du eher sparsam oder großzügig?)
- ◇ **Ehre** (Bist du eher prinzipientreu oder zweckorientiert?)
- ◇ **Idealismus** (Bist du eher idealistisch oder realistisch?)
- ◇ **Beziehungen** (Fühlst du dich wohler, wenn du Kontakte knüpfst oder wenn du dich zurückziehst?)
- ◇ **Familie** (Bist du eher fürsorglich oder ungebunden?)
- ◇ **Status** (Bist du eher elitär oder bodenständig?)
- ◇ **Rache** (Bist du eher kämpferisch oder harmonisierend?)
- ◇ **Eros** (Bist du eher ein sinnlicher oder ein nüchterner Typ?)
- ◇ **Essen** (Typ Genießer oder Hungerstiller?)
- ◇ **körperliche Aktivität** (Typ Sportler oder Chiller?)
- ◇ **emotionale Ruhe** (Bist du stresssensibel oder stressrobust?)

Hey, das war's schon. Na, wie schaut es bei dir aus? Auf welche Seiten neigt sich dein inneres Pendel und wie weit? Bei welchen der Motive landest du eher in der Mitte? Mir selbst hat diese Motivanalyse eine erstaunliche Erkenntnis beschert, nach der ich mittlerweile ein Jahrzehnt bewusst kongruent lebe, womit ich ziemlich happy bin: Meine höchste Ausprägung ist Unabhängigkeit, meine niedrigste Beziehungen. Für den Alltag bedeutet das: Ich funktioniere und fühle mich am besten, wenn ich alleine mein Ding mache. Und wie bereits gesagt: Die meisten Gruppenaktivitäten nerven mich. Sollte ich also von Meeting zu Meeting eilen und nach Seminaren mit den Teilnehmern essen gehen? Absolutes No-Go! Totales Energiegrab für mich, es sei denn, das Team handelt gemeinsam zielstrebig in eine Richtung. Meine »rote« Seite, du erinnerst dich. Und tatsächlich war ich schon immer so, wenngleich mir das früher nicht bewusst war, was natürlich zu allerlei Konflikten geführt hat: »Stefan, jetzt sei doch mal geselliger!« Ich bin aber nur dann gesellig, wenn ich Lust darauf habe, was seltener vorkommt als bei anderen. Mein Motor funktioniert nun mal so, und das ist total in Ordnung. (Irgendjemand muss schließlich Bücher schreiben.) Wann funktioniert dein Motor am besten? Was brauchst du, um dich glücklich, kraftvoll und produktiv zu fühlen? Bist du eher der Beziehungstyp? Dann lebe danach! Wenn es psychologisch rund laufen soll, bleibt uns nichts anderes übrig, als zu sein, wer wir sind. Selbst wenn das hin und wieder Herausforderungen bedeutet: Beziehungstypen lassen sich leicht ablenken, und selbst Unabhängige sind soziale Wesen. Verdammte Hacke.

ENERGIETANKSTELLEN UND KLONE

Fassen wir kurz zusammen: Du bist wie dein eigener Avatar und kannst dich frei durchs Leben bewegen, obwohl dir das nicht immer bewusst ist. Du darfst dabei deiner Persönlichkeit, deinen Stärken, Bedürfnissen, Wünschen, Werten und Motoren gemäß leben. Gelingt dir das, bist du glücklich und entwickelst dich weiter. Du spielst dich sozusagen von Level zu Level. Gelingt es dir nicht, bist du unglücklich und bleibst unter deinen Möglichkeiten. Also stellt dir das Leben immer wieder ähnliche Aufgaben, die du erst zu lösen hast, bevor es für dich weitergeht. Gefühle sind dabei nicht nur innere Motoren, sondern auch Wegweiser, die deinen Kompass ausrichten: weg von schlechten, hin zu guten. Sie zeigen dir, in welcher Richtung dein Sinn liegt. Du darfst ihnen vertrauen. Das alles ständig im

Alltag zu beachten, ist etwas anstrengend und theoretisch. Zum Glück hast du eine einfache innere Anzeige, die das für dich übernimmt: deine Energie. Sinnvolle Tätigkeiten im richtigen Umfeld geben dir Energie, die falschen rauben sie dir. Frag dich also immer wieder, ob dich das, was du gerade tust, müde macht oder wach: Welche Menschen tun dir gut? Welche Projekte? Welche Gedanken? Welche Spiele? Diejenigen, die dir Energie geben. Stell sie dir wie Energietankstellen vor. Steuere sie möglichst oft an und lass dich von ihnen befüllen! Je mehr du das tust, desto weniger Macht gibst du Energieräubern: den falschen Menschen, Projekten und Gedanken. Dein Leben füllt sich so automatisch mit dem Richtigen, weil du für das Falsche keine Zeit mehr hast. Du verbrauchst immer weniger Energie damit, deine Energie zu unterdrücken, was an sich bereits Energie kostet.

Wie geht das praktisch? Ein Gedankenspiel: Stell dir vor, es gäbe lauter Klone von dir. Jeder einzelne hat alle deine Fähigkeiten, kann also genauso gut wie du mit deinen Kindern spielen, Kunden betreuen, sich mit Freunden treffen, Sport machen, Bücher lesen, Elternabende besuchen, fernsehen, den Haushalt schmeißen oder den Hund knuddeln. Welche deiner (zu) vielen Pflichten würdest du an einen Klon delegieren, welche lieber weiterhin selbst übernehmen – weil sie dir Energie geben? Genau diese Pflichten sind es, die deinem Sinn entsprechen.

Abraham Maslow hat gesagt: »Ein Musiker muss musizieren, ein Maler muss malen, ein Dichter muss schreiben, wenn er in Frieden mit sich leben will.« Und du musst genau das tun, was du keinem anderen deiner Ich-Klone überlassen willst. So einfach ist das.

WUNDEN, KNOTEN, SÜCHTE

Was tun wir nicht, um uns gut zu fühlen, sondern um Schmerz zu vermeiden? Welche Stacheln stecken in der Seele? Solange wir sie nicht entdecken und ziehen oder bewusst zu unserem Vorteil nutzen, sind wir ihnen ausgeliefert.

Der US-amerikanische Comedian Bob Newhart spielt in seinem Sketch »Stop it!« (zu finden bei YouTube) einen Psychotherapeuten, der eine Patientin empfängt. Ihr Problem: »Ich habe Angst, lebendig in einer Kiste begraben zu werden. Wenn ich nur daran denke, lebendig begraben zu werden, bekomme ich Panik.« Die Nachfrage, ob jemand bereits einmal versucht habe, sie lebendig zu begraben, verneint sie. »Aber darüber nachzudenken, macht mein Leben schrecklich. Ich kann nicht durch Tunnel gehen. Oder Aufzug fahren. Oder in einem Haus sein. Alles erinnert mich an Kisten.« Der Therapeut stellt die Diagnose einer Klaustrophobie. Dann erläutert er seine Heilungsmethode: »Ich werde Ihnen jetzt zwei Worte sagen und ich möchte, dass Sie mir sehr genau zuhören. Dann nehmen Sie diese Worte bitte mit und integrieren sie in Ihr Leben.« Die Patientin fragt, ob sie sich die Worte aufschreiben soll, woraufhin er ihr versichert, die meisten könnten sie sich merken. Es geht los: »Sind Sie bereit? Okay, hier sind sie.« Bob Newhart lehnt sich über den Tisch und schreit die Patientin an: »Stop it!« (»Hören Sie auf damit!« klingt leider nicht so griffig wie auf Englisch.)

Gelächter im Publikum, die Patientin ist überrascht. Newhart wiederholt: »Stop it!« Die Patientin fragt, was er damit meine. Er erklärt, viele Leute fragten ihn dasselbe und er wundere sich, was an zwei Worten so schwer zu verstehen sei: »Stop it!« Sie hakt nach: »Also soll ich einfach damit aufhören?« Er bestätigt: »Genau. Sie wollen doch nicht durchs Leben gehen und Angst davor haben, lebendig in einer Kiste begraben zu werden! Das ist doch verrückt.« Die Patientin erklärt, das könne sie nicht so einfach. Sie habe es seit ihrer Kindheit, was Newhart abbügelt: »Nein, darüber reden wir nicht.«

Schließlich spricht sie andere Probleme an: Sie sei Bulimikerin und stecke sich die Finger in den Rachen. »Stop it!« Das tue sie zwanghaft, weil ihre Mutter sie fett genannt habe. »Stop it!« Sie habe diesen Traum … »Stop it!« Ihr Horoskop sage ihr … »Stop it!« Sie habe selbstzerstörerische Beziehungen mit Männern. »Stop it!« Sie habe Angst, Auto zu fahren. »Stop it!« Newhart reagiert immer gleich. Schließlich wird die Patientin wütend: »Ich mag diese Therapie überhaupt nicht! Sie sagen mir einfach nur, ich solle damit aufhören!« Der Therapeut fragt, ob ihr das zu schnell gehe, was sie bejaht. »Okay, dann sage ich Ihnen jetzt zehn Worte, die Sie sich vielleicht aufschreiben, um sie zu behalten. Sind Sie so weit?« Die Patientin lauscht mit gezücktem Schreibblock. Nun schreit er: »Stop it! Oder ich begrabe Sie lebendig in einer Kiste!«

STACHELN IN DER SEELE

Ich weiß nicht, wie oft ich dieses Video bereits gesehen habe. Trotzdem lache ich noch jedes Mal – weil die Szene geradezu absurd wahr ist: Viele Menschen könnten eigentlich ein prima Leben führen, würden sie einfach unterlassen, was ihnen schadet. William Faulkner sagte: »Wer keine üblen Angewohnheiten hat, hat wahrscheinlich auch keine Persönlichkeit.« Kann man so sehen. Doch die Grenze zwischen Schrulligkeit und Pathologie ist fließend: So manches, was wir aus vermeintlich freien Stücken tun, ist eine Art Zwang. Irgendwie können wir nicht anders, obwohl es uns schadet. Trotzdem reden wir uns ein, es müsse genau so sein. Stimmt das denn? Und ab wann stimmt es nicht mehr?

Nachdem wir unseren Avatar entdeckt haben sowie seine Persönlichkeit, Glücksspender, Wünsche, Werte und Motoren, um unseren Sinn zu finden, schälen wir nun also die nächsten Zwiebelschichten: Was verbirgt sich im Verborgenen? Welche dunklen Mächte beeinflussen uns? Was tun wir nicht, um uns gut zu fühlen, sondern um Schmerz zu vermeiden? Welche Stacheln stecken in der Seele? Solange wir sie nicht entdecken und ziehen oder bewusst zu unserem Vorteil nutzen, sind wir ihnen ausgeliefert: Sie stören unser Empfinden, sabotieren unser Leben und lassen uns an der immer gleichen Stelle scheitern. Denn anstatt uns in den nächsten Level zu spielen, führen wir uns selbst an der Nase herum und merken es nicht einmal. Wir werden zu trotzigen Opfern unserer Wunden, Knoten und Süchte. Klingt das kompliziert? Ist es auch. Wir betreten therapeutisches Terrain. Willkommen in der Welt der psychischen Schmerzen, Ängste, Zwänge, Depressionen und (oft verborgenen) Traumata!

Solange wir kein Licht in unser Dunkel bringen, können wir über Hindernisse stolpern und unseren Lebenssinn verfehlen.

LEBENSGESCHICHTEN

Aber der Reihe nach. Betrachten wir das Leben einmal als Geschichte, in der Szene auf Szene folgt. Wie im Film. Der Held führt ein stabiles Leben, dann begegnet ihm eine Herausforderung, der er sich stellen muss. Nun beginnt das Drama: Ereignis folgt auf Ereignis, der Held kämpft, liebt, leidet, tut, was zu tun ist – bis zum Happy End. Idealerweise entwickelt er sich unterwegs weiter und ist am Ende der Geschichte eine neue, bessere Version seiner selbst geworden.

So viel zur Fiktion. Die Realität sieht oft anders aus: Der Held – oder die Heldin – erlebt ein Trauma, oft bereits in der Kindheit. Eine schmerzhafte Trennung, Vernachlässigung, Misshandlung, Kränkung oder muss sich mit einem emotional toxischen Umfeld arrangieren. Er ist hilflos, ihm fehlt das psychologische Rüstzeug. Es folgt eine Gegenreaktion: »So etwas will ich nie wieder erleben!« Oder eine nachhaltige persönliche Schwächung: »Ich bin nichts wert.« Der Stachel steckt in der Seele, das Leben wird schwierig. Unser Held rennt nun mit einem inneren Schmerz herum, der ihn in allerlei Extreme führt: komplizierte Beziehungen, Abhängigkeiten, Selbstwertprobleme, Süchte, Krankheiten, ein Leben unter den eigenen Möglichkeiten. Oder aber zu Trotz, Misstrauen, Erlebnishunger, Selbstsucht, kämpferischem Ehrgeiz und scheinbarer Bedürfnislosigkeit. Doch was äußerlich nach freien Entscheidungen aussieht, ist in Wahrheit innere Unfreiheit. Ziel dabei: Nie wieder fühlen, was so wehgetan hat. Oder verknoteter: Bestätigung der eigenen Wertlosigkeit durch die Überzeugung, Frust und Schmerz zu verdienen. Statt zu tun, was zu tun wäre, sich dem inneren Stachel zu stellen und ihn zu ziehen, wird genau das vermieden. Der traurige Held steckt in einer Dauerschleife voller Dramen, aus denen er keinen Ausweg findet.

Sauberer Schmerz, schmutziger Schmerz

Nun ist es im Leben hin und wieder so, dass zuerst die Prüfung kommt und dann die Lektion. Wir leiden, lernen und wachsen. Doch so wie es sauberes und schmutziges Glück gibt, gibt es auch sauberen und schmutzigen Schmerz. Der saubere Schmerz ist wie ein persönlicher Coach, der uns stärker macht. Wir gehen durch ihn hindurch und lernen unsere Lektion. Der schmutzige Schmerz hingegen zielt nicht darauf ab, aus ihm zu lernen, sondern darauf, sich selbst aufrecht zu halten. Er will gar nicht verschwinden, sondern bleiben. Denn so absurd es klingen mag: Kummer, Wut, Depressionen und Hilflosigkeit können sich vertraut, ja fast heimelig anfühlen. Wir machen es uns jammernd im Leid gemütlich, weil die Alternative schlimmer erscheint: den Stachel berühren oder gar ziehen. Lieber arrangieren wir uns mit einem dumpfen Dauerschmerz. Oder wir pendeln in Extreme. Bereits in der Bibel stehen die sieben Todsünden: Hochmut, Habgier, Wolllust, Zorn, Maßlosigkeit, Neid und Faulheit. Alles Hinweise auf tiefer sitzende Seelenstachel, die in Chaos, Krisen und zu allerlei Ablenkungen führen.

Doch je mehr wir uns manchen Dingen widersetzen, desto mehr verleihen wir ihnen Realität. (Denke nicht an ein hellblaues Schwein!) Und wenn wir etwas wegsperren, geben wir ihm die Macht, plötzlich woanders wieder zum Vorschein zu kommen – oft größer als zuvor. Wer in einer Partnerschaft bereits einmal einen wichtigen Konflikt vermieden hat, weiß, wovon ich rede. Je größer also das Problem und je tiefer es verwurzelt ist, desto weniger dürfen wir so tun, als wäre es nicht da. Wir müssen hinschauen, es studieren, bearbeiten, Illusionen erkennen und sie loslassen, um frei zu werden. Wenn Wut, Scham, Trauer, Schuldgefühle, Ängste oder Bedürftigkeit nicht verschwinden oder immer wiederkommen, ist daran nur selten die aktuelle Situation schuld. Eher stammen sie von alten ungeheilten Wunden, die immer wieder aufbrechen. Wie Krebs können sie Metastasen bilden, unseren ganzen Körper (unser ganzes Leben) befallen und an den überraschendsten Stellen auftauchen: »Ups, da ist es wieder, dein altes Thema! Und erneut tut es weh.« Das Leben serviert unserem Avatar das immer gleiche Problem in wechselnder Verpackung. So lange, bis er es löst und in den nächsten Level darf, dreht er eine Schleife nach der anderen.

Wunden

Schauen wir uns ein paar typische Wunden an und in welche Dynamik sie führen können. Natürlich beginnen wir in der Kindheit, welche idealerweise so aussieht: Mama und Papa lieben ihr Kind bedingungslos, bieten ihm ein emotional stabiles, warmes und verlässliches Zuhause, vor allem in den ersten Lebensjahren, und fördern es seinen Stärken und Interessen gemäß. Das Kind macht die Erfahrung: »Ich werde geliebt, die Welt ist sicher. Ich kann mich erfahren und entwickeln. Mein Umfeld erklärt mir, wie die Dinge funktionieren. Dabei kann ich meinen Bezugspersonen vertrauen, meine Bedürfnisse werden gesehen und beachtet. Ich lerne, selbstbewusst und frei zu beeinflussen, was geschieht. Ich kann etwas und bin wertvoll.« So entsteht eine stabile Basis für die weitere Reise durchs Leben.

Die Realität jedoch ist oft weniger schön, es kann eine ganze Menge schiefgehen. Denn Familien funktionieren nur selten ideal. Stattdessen schwelen häufig Konflikte, kämpft jeder mit seinen eigenen Macken, bestimmen Nöte und Pflichten den Alltag, herrschen mitunter emotionale Kälte, Desinteresse oder Chaos, kommt es zu Machtkämpfen und Trennungen, wird gestritten und gerungen, werden Bedürfnisse ignoriert oder sabotiert. Und das Kind kann lernen: »Ich bin nicht wichtig. Ich störe. Ich bin falsch, wie ich bin. Ich darf nichts wollen. Ich werde nicht getröstet. Ich bin ausgeliefert. Ich bin nichts wert. Ich bin eine Last. Ich bin unfähig.« Und so weiter. Es entsteht eine komplexe Mischung aus Bedürftigkeit und Minderwertigkeit, die sich wie ein roter Faden durchs Leben zieht: ständige Kämpfe um Aufmerksamkeit, Abhängigkeit in Partnerschaften, Überanpassung, Selbstverleugnung, Depressionen, exzessive Verhaltensweisen, ein Leben unter den eigenen Möglichkeiten. Der Ursprung von alldem: ein kleines, noch wundes Kind.

Dynamische Pseudolösungen

Manche schaffen es früh, sich daraus zu lösen oder abzuschotten, sofern sie mindestens eine stabile, liebevolle Bezugsperson haben, die ihre grundlegendsten Bedürfnisse erfüllt und sie emotional fördert. Daraus kann große Stärke und innere Unabhängigkeit erwachsen, egal wie schwierig die sonstigen Umstände sind. Es können Resilienz, Verantwortungsbereitschaft und Tüchtigkeit entstehen, die in ein erfolgreiches Leben münden. Trotzdem ist auch hier der Ursprung ein verletztes Kind, weshalb auch leistungsstarke Performer in Chaos oder Krisen schlittern können. Egal wie erfolgreich und unverwundbar sie von außen erscheinen, treibt sie ein innerer Stachel an, der sie zwar funktionieren lässt, aber auch ihren bedürftigen Teil verleugnet, was häufig erst dann zum Vorschein kommt, wenn sie sich einen sicheren Platz im Leben erarbeitet haben. Irgendetwas fehlt ihnen. Hallo, Midlife-Crisis!

Auch die Projektion elterlicher Wünsche auf das Kind kann es seelisch verbiegen und verwunden. Frag dich mal selbst: Was hast du getan, wenn die Augen deiner Eltern liebevoll geleuchtet haben? Warst du dann besonders brav, witzig, hast gute Noten geschrieben oder warst du durchsetzungsfähig, wild und frech? Also wurdest du zum Mitläufer, Clown, Akademiker, Kämpfer oder Wildfang. Du hast als Kind gelernt, wie du Zuneigung bekommst. Und es entstand ein inneres Programm, das dich seitdem antreibt. Ist dein Leben also wirklich das Ergebnis deiner eigenen Wünsche und Fähigkeiten? Oder eher der Vorstellungen anderer? Liegt beides zu weit auseinander, darfst du dich ebenfalls deinem Stachel widmen: dem möglichen Verleugnen deines eigentlichen Potenzials und deinen weggesperrten Wünschen.

Das ist besonders dann herausfordernd, wenn du gewohnt bist, deine wahren Bedürfnisse hinter Masken zu verstecken, die jahrelang gut funktioniert haben: als fürsorglicher Partner, brave Tochter, aufmerksamer Zuhörer, dauerlustige Stimmungskanone, kluger Ratgeber oder mutiger Macher. Egal wie du dich innerlich fühlst, hast du gelernt, dir Liebe zu verdienen, und vielleicht geglaubt, es zu müssen. Einfach nur du selbst sein? Undenkbar.

Wahrscheinlich kennst du dann den Neid auf andere, die sich geben können, wie sie sind, ohne sich zu verstellen. Woher nehmen die ihre Sicherheit?

Schwächungen und Misshandlungen

Ebenfalls perfide wirken sich unterschwellige Schwächungen aus, die Kinder erfahren können. Die Tochter müsse nicht gut in der Schule sein, sie solle reich heiraten. Und ihr Bruder sei ohnehin der Schlauere. Also stellt sie sich passiv in die zweite Reihe. Wozu sich selbst etwas erkämpfen? Schließlich ist sie dumm und braucht einen Mann. Oder: Das Wichtigste im Berufsleben sei die Sicherheit einer stabilen Anstellung. Also werden Stärken und Interessen verleugnet. Ergebnis: unerfülltes Mittelmaß. Oder Kinder werden übermäßig in Watte gepackt, betüddelt und vor den Konsequenzen ihrer Fehler bewahrt. Es entsteht eine ungerechtfertigte Anspruchshaltung: »Ich will immer Spaß und habe ein Recht auf Erfolg!« Dass dazu auch Mühe, Durchhaltevermögen und Frustrationstoleranz gehören, stand nicht im Erziehungsskript. Ergebnis: ständiges Scheitern und die vergebliche Suche nach einem idealen Lebenssetting, welches danach definiert wird, ob es die eigene Grandiosität bedient, auch ohne Gegenleistung. Nur ist es dem Leben egal, ob du Bewunderung brauchst und unreif bist. Tja, auch was gut gemeint ist, kann seelisch verwunden.

Unzählige Störungen und Krankheiten wie Depressionen, Süchte, Ängste und Selbstschädigungen haben ihren Ursprung in der Kindheit. Sie sind eigentlich posttraumatische Belastungsstörungen.

Wobei vieles überhaupt nicht gut gemeint ist, denn das Spektrum bösartiger Misshandlungen ist ebenfalls breit. Es reicht von seelischer Kälte und Grausamkeit über körperliche Misshandlungen bis hin zum sexuellen Missbrauch. Je nach Heftigkeit, Dauer und Sensibilität können seelische Verkrüppelungen entstehen, die das ganze Leben überschatten und destabilisieren.

Trauma und Trauer

Natürlich kommt es auch nach der Kindheit zu Traumata, die ihre Stacheln hinterlassen: Krankheiten, Unfälle, Verluste, existenzielle Nöte. Geliebte Menschen sterben, Lebensträume platzen, Partner trennen sich. Die seelischen Schmerzen können sich zerstörerisch anfühlen. Umso mehr, je unvermittelter sie auftreten und je unvorbereiteter und verletzlicher unser Avatar sich ihnen stellen muss. Während des Traumas sind wir mit intensivsten Gefühlen alleine, die wir in ihrer Heftigkeit oft nicht verstehen. Wir leiden schrecklich, sind verzweifelt, müssen aushalten, was nicht sein darf. Wir fühlen eine grausame Leere, drohen in ein tiefes Loch zu fallen, in eine seelische Hölle voller Schmerzen. Unser Vertrauen ins Leben ist erschüttert. Nichts ist mehr wie zuvor.

Zum Glück gehen auch die schlimmsten Gefühle nach einem Trauma vorbei. (Die hedonistische Tretmühle, weißt du noch?) Doch Heilung braucht meist Zeit. Die klassischen fünf Phasen der Trauer sind: Leugnung (»Es kann nicht wahr sein.«), Zorn (»Es darf nicht wahr sein!«), Verhandeln (»Es sollte weniger wahr sein.«), Depression (»Es ist schrecklich, dass es wahr ist.«) und schließlich Akzeptanz (»Es ist, wie es ist. Ich kann und werde damit leben.«). Leider gibt es durch diesen Prozess hindurch keine Abkürzung, je nach Schwere des Traumas kann er Jahre dauern. Allerdings können wir ihn konstruktiv oder destruktiv angehen, was einen großen Unterschied ausmacht – qualitativ und zeitlich.

Heilungsprozesse

Der konstruktive Weg führt mitten durch den Prozess hindurch, in welchem wir unsere Gefühle vollständig akzeptieren müssen, so schmerzhaft sie sein mögen, weil das zur Heilung dazugehört. Wir müssen fühlen, was geschieht, um es zu verarbeiten. Aber: Wir dürfen den Schmerz nicht unser Leben bestimmen lassen.

Generell gilt: Sofern wir keine Psychopathen sind, haben wir nun mal Gefühle. Sie beeinflussen uns. Sie kommen und gehen. Mal mögen wir sie, mal nicht. Wie Wellen tragen sie uns mal nach oben, mal nach unten oder schwappen über uns hinweg. Sie sind sozusagen unser inneres Wetter. (Hast du schon mal versucht, dich gegen Wetter zu wehren?) Wir alle sind mal traurig, ängstlich, wütend, verletzt, frustriert, hilflos oder emotional verwirrt. Doch das sind vorübergehende Erscheinungen. Jedes Gefühl verschwindet mit der Zeit, außer man stimuliert es erneut. Und genau darin liegt der Schlüssel: Statt zu versuchen, unsere Gefühle zu steuern, sollten wir unser Verhalten steuern. Denn das, womit wir uns beschäftigen, beeinflusst indirekt, wie wir uns fühlen. Klar: Mitten im Sturm ist es sinnlos, sich gegen ihn zu wehren. Wir müssen ihn annehmen und irgendwie aushalten. Doch irgendwann versiegen die Tränen, wir sind bis zum nächsten Mal leergeweint. (Trauer kommt oft wellenförmig, zunächst in kurzen Abständen und hoher Intensität, dann immer seltener und schwächer.)

Nun kommt es darauf an, womit wir uns beschäftigen. Erneut mit dem Trauma? Immer wieder mitten rein? Keine gute Idee. Denn statt weiterzugehen, uns wieder mit guten Gefühlen zu befüllen und den Prozess der Heilung zu durchlaufen, baden wir dann in unserem Leid und bleiben am Trauma haften. Wir vermeiden den Prozess und bleiben darin stecken, was sich, wie bereits gesagt, vertraut und sicher anfühlen kann. Hallo, süße Schwermut! Doch die Weigerung, nach vorne zu gehen, mündet in Destruktivität. Wir zementieren den Schmerz, statt ihn loszulassen. Er bekommt so viel Raum, dass er ein Teil unserer Identität wird. Wir werden buchstäblich selbst zu Trauer, Liebeskummer, Hilflosigkeit, Angst oder Depression, statt sie als einen vorübergehenden Gast zu betrachten.

Reife Persönlichkeiten und, formulieren wir es mal pathetisch, weise Seelen können es übrigens sehr schnell schaffen, selbst schwerste Verluste zu überwinden. Dahinter steht, neben einem hohen Urvertrauen, eine grundsätzlich annehmende, konstruktive, demütige und dankbare Sichtweise aufs Leben: »Es ist, wie es ist. Wer weiß, wofür es gut ist? Der Herr gibt's, der Herr nimmt's. Danke, dass ich es erleben durfte.« Das bedeutet nicht, dass Trauer dadurch weniger echt ist, aber die Möglichkeit eines Verlustes ist von vornherein ins Leben integriert. Nichts muss bleiben, alles kann geschehen. (Und seien wir ehrlich: Es bleibt sowieso nichts und es geschieht alles Mögliche.) Dieser Rahmen schafft Resilienz: Eine schmerzhafte Pleite erlebt, eine Trennung oder einen Todesfall? Wir haben etwas Wertvolles gelernt, können unserem Verflossenen Glück wünschen und dankbar sein, dass der Verstorbene gelebt hat. Und dann gehen wir weiter.

Im Leid baden?

Viele gut gemeinte Therapieansätze haben daher ihre Schattenseiten: Psychologische Betreuung nach Unfällen kann die Heilung bremsen, wenn sie, statt vom Trauma abzulenken, in selbigem herumstochert. Aufdeckende Psychotherapie kann Depressionen verschlimmern, wenn eigentlich stabile und funktionale Anteile des Selbst hinterfragt und geschwächt werden. Trauergruppen können Trauer vertiefen, wenn der Verlust vergötzt wird. Natürlich dürfen und sollen wir über ein Trauma reden, um es zu verstehen, zu verarbeiten und letztlich damit fertigzuwerden. Es hilft sehr, mit seinem Leid nicht alleine zu sein und sich mit verständnisvollen Menschen auszutauschen, die ähnliche Erfahrungen gemacht haben, neue Sichtweisen beisteuern oder gute Tipps geben können. Doch wir dürfen unserem Schmerz keinen Schrein bauen, um dauerhaft im Leid zu baden. Der Verlust darf nicht zum Zentrum des Lebens werden.

Allerdings können wir Leid in einen inneren Antrieb transformieren, wenn es so fundamental ist, dass es uns einen tieferen Sinn gibt: Der Partner stirbt in jungen Jahren an Krebs, was in eine Existenz als Onkologe mündet, um fortan Krebs zu heilen. Eine hässliche Scheidung führt dazu, sich nur noch passenden Partnern zu öffnen und gesunde Beziehungen zu akzeptieren. Aus dem erlittenen Burn-out wird eine Lebensaufgabe als Achtsamkeitscoach. Eine schmerzhafte Pleite führt in eine Karriere als

Finanzberater. Alles sinnvolle Verarbeitungsstrategien, die den inneren Kompass ausrichten. Ich selbst versenke mich immer wieder gezielt in dunkle Erinnerungen, um meiner Arbeit bewusst Tiefe zu geben. In solchen Fällen ist die Stimulation negativer Gefühle konstruktiv. Sie dient der Ausrichtung des inneren Kompasses.

Gesunde Heilung, kranke Heilung

Ansonsten aber gilt: Füllen wir uns nach einem Trauma – zwischen den Wellen des Schmerzes – gezielt mit guten Gefühlen! Tun wir, was uns guttut! Gönnen wir uns Genuss, Spaß und schöne Momente! Pflanzen wir Blumen, statt Unkraut zu jäten! Und widmen wir uns Aufgaben, die uns fordern. Wer intensiv beschäftigt ist, lässt sich nicht von negativen Gefühlen herunterziehen. Dazwischen lassen wir immer wieder unseren Schmerz zu, gehen liebevoll und wertschätzend mit uns um – und heilen. Eines Tages ist der Schmerz Vergangenheit, er ist einfach weg. Es bleibt vielleicht eine Narbe, aber keine Wunde mehr.

Vorsicht allerdings vor Überreaktionen: Wer vor Schmerz nur wegläuft, statt sich ihm zu stellen, gerät in eine Verdrängungsspirale. Ablenkung als einzige Abwehrstrategie, verhindert das Heilen. Sie ist Aktionismus, der sich oberflächlich gut anfühlen mag, aber vermeidet, den Stachel zu ziehen. Dieser bleibt dann in der Seele stecken und öffnet neue Schleifen im Leben unseres Avatars. »War mal was? Ach, dieser Schmerz früher! Halb so wild.« Bis es wieder höllisch wehtut. Völlig überraschend in ganz anderen Situationen. Und wieder flüchten wir in Selbstschutzmechanismen, die das Problem vermeiden, statt es zu lösen: Alkohol, Zucker, Drogen, Gefühllosigkeit, innere Abspaltungen, exzessiver Sport, Arbeitssucht, Perfektionismus, Streitlust, Harmoniesucht, Adrenalinräusche, Essstörungen, wilde Beziehungen, Bindungsängste, Flucht vor Nähe, Esoterik, Dramen. Es läuft mal wieder unrund im Leben. Wir finden keine Ruhe und meiden die Stille. Denn dort wartet immer noch: der Dämon.

Innere Wächter

Kein Wunder, dass es so nicht klappt mit dem stimmigen Leben. Auf einem weichen Boden lässt sich keine stabile Torte bauen. (Der ist gut, oder?) Ein weiteres Zitat von Seneca: »Du magst zuschütten, so viel du willst, wenn kein Untergrund da ist, der auffängt und festhält.« Wieder also läuft es auf die gleiche Lösung hinaus: hinschauen statt wegsehen. Fühlen statt verleugnen. Heilen statt betäuben. Aber warum fällt das so schwer? Weil es wehtut, sich Schmerz zu stellen. Unsere psychische Abwehr funktioniert wie innere Wächter. Ihre Aufgabe: uns vor den Gefühlen beschützen, die uns traumatisiert haben. Kommen wir in deren Nähe, bauen sich die Wächter vor ihnen auf und verhindern, dass wir uns den Gefühlen stellen. Sie lassen sie nicht zu oder lenken unsere Aufmerksamkeit geschickt um.

Dabei treten innere Wächter zum Beispiel als Richter auf, als Krieger, Angstmacher, Moralapostel, Beschwichtiger, Skeptiker, Zyniker, Clowns oder vermeintliche Stimme der Vernunft. Irgendwie schaffen sie es immer wieder, uns genau damit zu packen, worauf wir reflexartig einlenken. »Tu das nicht, sonst wird es schrecklich!« Danke, Angstmacher. »Beruhige dich, so schlimm ist es gar nicht.« Danke, Beschwichtiger. »Wer weiß, ob stimmt, was der Typ hier schreibt?« Danke, Skeptiker. Und schon landen wir wieder in unserer ungelösten Schleife. Oder in scheinbarer Bedürfnislosigkeit, hinter der so manches unbefriedigte Bedürfnis schlummert, welches wir weiterhin verleugnen.

Motto: Lieber unbewusst unbefriedigt als bewusst frustriert.

Was können wir gegen unsere inneren Wächter tun? Recht wenig. Sie sind wie autonome innere Wesen, die sich unserer Kontrolle entziehen. Ihr Wunsch, uns vor Schmerz zu schützen, erscheint liebevoll, ihr ständiges Misstrauen plausibel. Damit sind wir ihrem Kampf gegen unser Wachstum ausgeliefert. Und weil sie sich so geschickt maskieren, können wir sie nur schwer erkennen. Nur geht es beim Heilen nicht ums Denken und Festhalten, sondern ums Fühlen und Loslassen. Intellektualisierung verhindert Emotionen, die durchlebt gehören. Je verkopfter und theoretischer wir es angehen, desto länger und verworrener werden unsere Irrwege und Umwege. Auch wenn wir bockig reagieren und vor unseren wahren Gefühlen weglaufen, drehen wir uns im Kreis. Immer wieder treffen wir an entscheidenden Abzweigungen die falsche Wahl und landen in der nächsten Schleife, weil uns ein mächtiger Wächter scheinbar zu Recht den Weg blockiert: »Hier darfst du auf keinen Fall durch!« Wir können so jahrelang vor uns selbst flüchten.

Die Lösung ist paradox: Wir müssen den Wächter würdigen (»Danke, dass es dich gibt!«) und unsere Unterlegenheit anerkennen (»Ich habe keine Chance gegen dich.«). Erst durchs Verlassen unserer Deckung und durch unsere bedingungslose Kapitulation geben wir den inneren Kampf auf. Der Wächter braucht seine Macht nicht mehr zu demonstrieren und gibt den Weg zu unseren Gefühlen frei. Die Schleusen öffnen sich, die Tränen fließen. Wir haben unser Ego losgelassen, Kopf und Bauch verbinden sich, wir werden wieder ganz. Durch das unterdrückte Gewitter des vermeintlich Unaushaltbaren hindurch gelangen wir in unsere Freiheit. Rotz und Wasser spülen den Müll weg, unsere Seele ist wieder sauber. (Die Vorstellung zu weinen ist für viele schrecklich. Von Zeit zu Zeit aber kommen Umbrüche, in denen intensivste Emotionen einfach dazugehören und bei der inneren Ausrichtung helfen, so undenkbar das emotional stabilen oder kontrollierten Menschen auch erscheinen mag.)

KNOTEN UND KONTROLLVERLUST

Puh, ganz schön anstrengend, so eine Heilung, oder? Und ob. Aber nicht zu heilen, ist noch anstrengender. Wer ständig wegdrückt oder nur funktioniert, gerät in eine offene Schleife nach der anderen, hinter denen lauter Pseudolösungen stecken. Die vermeintlichen Lektionen verselbstständigen sich und bald reagieren wir stereotyp, anstatt uns den jeweiligen Situationen anzupassen. Zwar mag das ursprüngliche Verhalten in der konkreten Situation noch einen Sinn ergeben haben, dennoch behindert es uns später. Aus den Schleifen werden Knoten, die wir, um die Kontrolle zu behalten, immer fester zuziehen.

Wobei das genau das Problem ist: Kontrolle ist nur eine Illusion. Im Leben geschieht, was nun mal geschieht. Du magst es beeinflussen, kannst es aber nicht steuern. Alles zu komplex. Auch deine Gefühle machen immer wieder, was sie wollen, selbst wenn du sie in eine gewünschte Richtung stimulierst. Dafür bist nicht du verantwortlich. Das Einzige, was du wirklich verantworten kannst, ist deine Reaktion. Sie liegt in deinem Einflussbereich. Also: Welche Bedeutung gibst du den Dingen? Durch welche Rahmen schaust du? Wo ist die Sicht klar und konstruktiv? Wo verzerrt und schädlich? Wieder also: hinschauen statt wegsehen. Fühlen statt verleugnen. Heilen statt betäuben. Du musst dich letztlich um dich selbst kümmern, um dein Innenleben statt um die Außenwelt.

Also: Was ist los in dir drin? Fühle, was du fühlst. Tu, was du brauchst. Sei, wer du bist. Und dann lebe hingebungsvoll im Rahmen deiner Möglichkeiten. Auf diese Weise folgst du flexibel dem Fluss deines Lebens, egal wohin er dich führt und wie. Du sitzt dabei in deinem eigenen Schlauchboot und steuerst es, so gut du kannst. Mehr nicht. Also kümmere dich um dein Boot: Wo hat es Schlagseite? Braucht es mehr Luft? Muss ein Loch geflickt werden? Dann tu genau das. Der Fluss jedenfalls bleibt der Fluss. Er macht, was er will. Nimm ihn nicht persönlich.

Zu viel Ich

Apropos: Dinge persönlich zu nehmen ist ein häufiger Knoten, unter dem viele leiden. Sie gehen von der Annahme aus, dass sich alles um sie dreht. Das aber ist ein Ausdruck von Egozentrik, wenn nicht gar Egoismus. Sieh es mal so: Niemand ist auf die Welt gekommen, um deine Bedürfnisse zu befriedigen. Außer dir selbst. Wenn du erwartest, dass dir alles zufliegt und mühelos gelingt oder du sogar ein Recht hast auf Erfüllung, perfekte Liebe, Glück und Erfolg, kann dieser Anspruch nur enttäuscht werden. Er macht dich verletzlich. Du verwundest dich selbst, obwohl du genau das zu vermeiden versuchst. Vielleicht haben dich deine Eltern zu sehr betüddelt? Oder du hattest Zeiten, in denen du dich in Bewunderung sonnen durftest? Dann fühlt es sich kalt an, wenn die Sonne mal hinter Wolken verschwindet. Du leidest unter einem Verlust, der nur in deinem Kopf existiert. Der Unterschied zwischen Soll und Ist macht dich fertig. Weil du dich zu wichtig nimmst.

Doch anstatt dir deine Verwundbarkeit einzugestehen und als Lernchance anzusehen, schimpfst du über Ungerechtigkeit. Das ist eine Weigerung, erwachsen zu werden, dein Leben zu verantworten und dein Schlauchboot selbst zu steuern. Es ist eine Regression in einen kindlichen Zustand. Immer noch sollen Mama und Papa deine Probleme für dich lösen. Wobei es heute in der Regel nicht mehr deine Eltern sind, sondern dein Partner, deine Freunde, Kollegen oder Vorgesetzten, auf die du diese Erwartung überträgst. Dein wundes inneres Kind ruft wütend: »Kümmert euch um mich!« Aber: Da kann es lange rufen. Du wirst dich schon um dich selbst kümmern müssen.

REAKTANZ UND FESTHALTEN

Das Dümmste, was du nun tun kannst, ist, trotzig zu werden. Man löst Knoten nicht, indem man stärker an ihnen zieht. Das psychologische Phänomen dahinter nennt man Reaktanz: Wird der eigene Freiheitsspielraum eingeschränkt, will man genau das, was man nicht haben kann. Das Leben aber verhandelt nicht. Es ist, wie es ist. Wir tun gut daran, es genau so zu nehmen, anstatt krampfhaft am Unerfüllbaren festzuhalten, denn das Leben kann hart sein, wenn wir nicht hin und wieder weich werden.

Womit wir beim nächsten häufigen Knoten wären: dem Festhalten an Dingen, die wir besser loslassen sollten. Was wir wollen, wollen wir nun mal. »Ach, wird schon!« Optimismus ist eine feine Sache. Optimistischer Masochismus hingegen eine unfeine. Wer auf Schmerzen steht – okay. Wer aber darunter leidet, kann sich bis zur Depression peitschen: »Es muss, es muss, es muss einfach so werden, wie ich will!« Und was, wenn nicht? Dann wird über unlösbaren Gleichungen gegrübelt. Wo ist die Lösung? Natürlich in der Loslösung. Grübeln ist Festhalten am Problem, es widersetzt sich dem Fluss des Lebens.

TANZEN STATT AUSZEITEN?

Ebenfalls schwierig ist der Anspruch, die Ereignisse immer wieder anhalten und sich sortieren zu wollen, um ja keine Fehler zu machen. Klar sind Auszeiten hilfreich, um sich innerlich zu justieren und Kraft zu tanken. Aber: Der Fluss ist ein Fluss. Er bleibt nicht stehen. Wir brauchen also die Einsicht, dass wir fehlbar sind und sein dürfen. Wir sind Menschen und keine Vulkanier. Insbesondere bei Konflikten ist diese Erkenntnis wichtig. Wer immer erst mit sich ins Reine kommen will, hält Konflikte geheim. Sie stauen sich innerlich auf und werden giftig. Statt Emotionen zuzulassen, sie zu zeigen und auszuleben, packt sie ein innerer Wächter erst mal weg, weil er Angst vor ihren Konsequenzen hat. So aber unterdrücken wir unsere Lebendigkeit, werden quasi autistisch und machen die Dinge unnötig kompliziert. Hinter unserem Pokerface knüpfen wir neue Knoten.

Wie geht es besser? Wieder: Einfach raus mit den Impulsen! Sei offen! Spüren, zulassen, leben. So wie Kinder es können.

Die lachen laut, wenn ihnen danach ist, weinen, wenn es ihnen schlecht geht, oder sie wüten auch mal. Aber nach dem Gewitter ist die Luft wieder rein. (Und keine Sorge: Du wirst schon nicht mit Bauklötzen oder Küchenmessern um dich werfen, oder?) Kinder tanzen sozusagen mit dem Leben. Knoten knüpfen sie keine, obwohl sie jede Menge fühlen. Konflikte lösen sich auf, unmittelbar nachdem sie entstanden sind.

FÜHLEN UND FLUCHEN: MASKEN RUNTER!

Wer innere Anspannung hingegen unterdrückt oder sich weigert, sie wahrzunehmen, verstärkt sie nur. Das ist neurotisch, denn Gefühle sind ein wichtiger Teil von uns. Wir tun so, als gäbe es die Wellen nicht, und gehen immer wieder in ihnen unter. Dabei müssen wir negative Empfindungen nicht einmal verstehen oder kategorisieren in Frustration, Wut, Hass, Eifersucht, Schmerz oder was auch immer, damit wir sie verarbeiten. Wir müssen sie einfach nur fühlen. Und schwupps, schon ist die Empfindung weitergezogen! Ohne dass sich etwas aufgestaut hätte.

Wir sollten auch keine Probleme beschönigen, sondern sie klar ausdrücken, ja sogar Kraftausdrücke benutzen und übel fluchen. Ich zitiere einen Post des Wissenschaftskanals Quarks auf Social Media: »Wer flucht, hat weniger Schmerzen und kann sie länger aushalten. Wichtig: Es müssen echte Schimpfwörter sein, zeigt eine Studie. Probanden mussten dazu ihre Hand in ein Eisbad legen. Riefen sie dabei alle drei Sekunden ›fuck‹, hielten sie den Kälteschmerz rund 20 Sekunden länger aus. Erfundene Schimpfwörter (…) hatten keinen Effekt. Es reicht also nicht, sich einfach vom Schmerz abzulenken. Die emotionale Erregung scheint ausschlaggebend zu sein. Der Umstand, dass böse Fluchwörter eigentlich tabu sind, könnte die emotionale Auswirkung erhöhen. (…) Wenn du also willst, dass der Schmerz schnell nachlässt, dann hau die schlimmsten Schimpfwörter raus, die du kennst.« Beispiele für mein eigenes Repertoire übler Flüche erspare ich der geneigten Leserschaft an dieser Stelle.

Also: Nehmen wir unsere Masken ab, seien wir echt und seien wir kraftvoll! Weichgespültes Dutzidutzi mag sozialverträglich rüberkommen, verfälscht aber auch Gefühle und verleugnet Bedürfnisse. Außerdem vernebelt es unsere Positionen, was alles andere als sozialverträglich ist, weil wir dann nur mutmaßen, was in anderen vorgeht. Das ist der direkte Weg in verknotete Konflikte. Mit allen anderen und mit uns selbst. Sagen wir also, was Sache ist! Wir dürfen Anteile in uns zu Gast haben, die wir nicht mögen. Denn wie alle Gäste gehen sie auch wieder.

GÄSTE, DIE BLEIBEN WOLLEN: SÜCHTE

Moment, Korrektur! Eine Art von ungebetenen Gästen will es sich bei uns gemütlich machen und bleiben: Süchte. Sie müssen wir aktiv aus unserem Leben schmeißen, um frei zu sein. Woher kommen Süchte? Und wie funktionieren sie?

Als ehemaliger starker Raucher, der unzählige Nichtraucherseminare gehalten hat, erkläre ich die Dynamik am besten anhand von Zigaretten: Niemand braucht sie, bevor er anfängt zu rauchen. (So wie niemand Drogen braucht, Alkohol, toxische Beziehungen.) Die ersten Zigaretten schmecken sogar scheußlich und verursachen Übelkeit und Schwindel. Aber weil junge Menschen glauben, dadurch cooler zu wirken, gewöhnen sie sich mühsam ans Nervengift Nikotin. Mit der Zeit werden sie dagegen unempfindlich, das starke Zeug fühlt sich normal an.

Pegel und Psyche

Nebeneffekt: Sobald der Nikotinpegel im Körper wieder sinkt, und das tut er nach jeder Zigarette, rufen die Nerven nun: »Hey, uns fehlt was!« Also wird der nächste Krebsstängel gequarzt. Dieses Gefühl des Fehlens ist wie ein Loch im Bauch, ähnlich einem unterbeschäftigten Staubsauger, der befüllt werden will – mit Zigaretten. Doch weil die nächste auch wieder ein Loch hervorruft, entsteht eine Kettenreaktion: Nikotin rein, Nikotin raus. Zwanzig, dreißig Mal am Tag. Jahrelang. Nur um das blöde Loch zu stopfen, welches Nichtraucher gar nicht haben. Es ist wie bei einem Mückenstich, den wir eigentlich ignorieren sollten. Kratzen wir ihn aber, juckt er immer wieder.

Weil Raucher ihre Zigaretten (das Jucken und Kratzen) zudem noch mit allerlei typischen Situationen verknüpfen (die Zigarette bei Stress, zum Kaffee, in der Pause, auf dem Klo), entsteht eine Zange aus Biologie und Psychologie: Biologisch wird der Pegel aufgefüllt, psychologisch gehört die Kippe irgendwann zur Situation. Hallo, Sucht! Damit aufhören? Unmöglich. Doch das ist ein Trugschluss, denn es ist tatsächlich einfacher, als die meisten Raucher glauben: Der körperliche Entzug ist schwach und schnell vorbei, die Nerven werden wieder empfindlich, das Loch im Bauch verschwindet. Und der psychische Entzug läuft auf ein Umlernen hinaus: Nach zwei, drei Kaffee ohne Zigaretten ist der vierte schon kein Problem mehr. Rauchen? War mal was?

Psychische Abhängigkeit

Wahrscheinlich wundern sich nun manche: Geht Sucht wirklich so leicht weg? Was ist mit dem inneren Verlangen, das man unterdrücken muss, um nicht rückfällig zu werden, oft jahrelang? Genau das ist der Punkt: Die psychische Abhängigkeit kann hartnäckig sein. Allerdings ist sie eine Frage der Perspektive: Wer sich auf einen Verlust fokussiert, kann schier ewig unter ihm leiden. Auch wer sich etwas krampfhaft verbietet, kämpft unnötig mit sich selbst. »Ich darf nicht mehr rauchen – wie schrecklich!«, ist schlimm. »Ich will nicht mehr rauchen – ein Glück, dass ich das Zeug los bin!«, ist einfach und fühlt sich wundervoll an, oft vom ersten Moment nach der Entscheidung loszulassen. Es ist eine

Frage der inneren Ausrichtung. Dauerhaft eine Sucht zu beenden, kann nur eine Sekunde dauern. Und je besser die Entscheidung vorbereitet ist, desto leichter gelingt die Umsetzung. (Wer tiefer ins Thema eintauchen will, darf gerne bei YouTube nach »Nichtraucher« in Verbindung mit meinem Namen suchen. Mein bis dato erfolgreichstes Video »Nichtraucher in 20 Minuten« wurde bereits ein paar Millionen mal angeschaut.)

Übertragen wir die geschilderten Mechanismen auf andere Süchte: Alkohol, Drogen, Essen, Sport, Sex, Arbeit, Beziehungen, Social Media, Adrenalin – alles Mögliche kann zur Sucht werden, wenn wir uns daran gewöhnen. Streng genommen ist jedes Verhalten, welches uns fehlt, sobald wir es nicht ausüben, eine Art Sucht. Schon mal probiert, aufs Zähneputzen zu verzichten? Igitt. Wir werden von dem abhängig, was wir immer wieder tun. Unsere Nerven bauen Netze auf, die regelmäßig aktiviert werden wollen.

Wir tun etwas einmal, zweimal, hundertmal. Und dann können wir nicht mehr ohne sein. Dafür ist unsere Persönlichkeit zu schwach. Doch das ist ein Trugschluss: Wir sind nicht süchtig, weil wir schwach sind, sondern wir sind schwach, weil wir süchtig sind.

Die Frage ist also: Schadet ein Verhalten oder ist es hilfreich? Schädliches müssen wir aktiv verlernen, indem wir bewusst aus der Kettenreaktion aussteigen und neue Erfahrungen machen. Hilfreiches Verhalten können wir uns auf die gleiche Weise beibringen: Etwas Gutes immer wieder tun, bis es zu uns gehört. Also: Welche Menschen lässt du in dein Leben? Welche Beschäftigungen? Welche Genüsse? Je bewusster wir solche Entscheidungen treffen und beibehalten, desto besser.

Gefühlssucht und Obsessionen

Ein besonders spannendes Phänomen ist die Abhängigkeit von Gefühlen selbst, positiven wie negativen. Dann übertreiben wir es mit der Emotionalität, die ja an sich eine gute Sache ist. Wir fühlen uns nur noch normal, wenn wir intensiv fühlen. Einfach so funktionieren? Geht nicht mehr, es fehlt der Kick. Brauchst du zum Beispiel immer besonders viel Motivation, um deinen Hintern hochzukriegen und deine Pflichten zu erledigen? Oder immer wieder positive Stimulation, um schlechte Gefühle loszuwerden? Oder ständige Verliebtheit, um eine Beziehung zu führen? Oder tägliche Begeisterung, um deinen Job zu machen? Dann bist du abhängig von guten Gefühlen. Lerne besser, deinen Kram zu machen, egal wie du dich fühlst: »Aha, mir fehlt gerade Motivation. Macht nix, weiter mit den E-Mails!«

Wir können auch von toxischen Gefühlen abhängig werden. Dann tun wir alles, um sie immer wieder hervorzurufen, inszenieren wilde Dramen. Hauptsache wir erleben wieder Hass, Wut, Kleinheit, Trauer, unabhängig davon, ob sie uns guttun. Auch das Gefühl, etwas einfach haben zu müssen, was wir nicht bekommen können, vergiftet uns auf Dauer, denn es ist kein freies Wollen mehr, sondern eine zwanghafte Obsession. Wir sind wie ein Junkie, der unter Craving leidet. Wir brauchen den nächsten Schuss und würden alles tun. Solche Obsessionen kommen meist von Zurückweisungen, auf die wir reaktant reagieren. Etwas Schönes kann oder soll nicht sein. Also machen wir es in unserer Vorstellung noch schöner. Was wir nicht kriegen können, wird vergötzt, statt es loszulassen.

SELBSTWERT UND SOLLSTANDARDS

Was bedeutet es aber, wenn du unbedingt etwas Bestimmtes brauchst? Wieder: Abhängigkeit. Sie zeigt dir nur, dass in dir drin etwas fehlt. Doch nur wer sich selbst genug wert ist, braucht nichts von außen zu wollen. Er ist äußerlich genügsam, weil innerlich reich. Kein Loch muss gestopft werden, alles ist schon

Wer zu viel will, dem fehlt immer etwas zum Glück, es kann niemals genug sein.

da. Womit wir beim nächsten hinderlichen Programm im Kopf wären: zu hohen Sollstandards.

Woher kommt das? Zum einen von scheinbar allgemeingültigen Idealvorstellungen anderer, die ungefiltert übernommen werden: Männer müssen beruflich erfolgreich sein, groß und stark, einen Baum gepflanzt und einen Sohn gezeugt haben. Und Frauen müssen super aussehen, Mutter sein, stets liebevoll, charmant und natürlich eine temperamentvolle Liebhaberin. Doch was, wenn davon etwas nicht klappt? Was wäre der Ausweg? Verzweiflung? Selbstmord? Schwachsinn! Eine so enge Sichtweise aufs Leben führt zwangsläufig zu Frust – und in die Abhängigkeit von stereotypen Idealen. Doch wir haben nun mal genau die Karten, die uns ausgeteilt wurden, und keine anderen. Also brauchen wir auch kein schlechtes Gewissen zu haben, wenn wir bestimmte von außen vorgegebene Sollwerte nicht erfüllen. Wir sind, wer wir sind. Wir fahren mit unserem eigenen Schlauchboot auf dem Fluss.

»Haste was, biste was?«

Ich mache übrigens immer wieder folgende Beobachtung: Vor allem kritische Menschen reagieren oft neidisch auf andere, die mit scheinbar weniger Qualifikationen mehr erreichen als sie. Wie können die es wagen? Sehen die denn nicht, dass sie zu schlecht sind? Doch wer nicht gönnen kann, hat meist Selbstwertprobleme. Und wenn Sollstandards unerfüllbar hoch sind, führt das zu perfider Selbstsabotage, weil mal sich nie als gut genug erachtet: Solche Menschen lassen Berufschancen aus, verlangen weniger Geld, als sie könnten, arbeiten härter als die anderen, brauchen mehr Anerkennung und betrachten Glück nur als vorübergehende Erscheinung, die sie sich hart erarbeiten müssen. Ihr ganzes Weltbild ist geprägt von Mangel, irgendwas fehlt immer für sie, was sie vermeintlich klug begründen können. Doch die Welt ist auch Überfluss: Sie quillt über vor Reichtum, Chancen und Möglichkeiten, für die wir nicht perfekt sein müssen. Wir dürfen genussvoll aus dem Vollen schöpfen. Wer das nicht tut, verhält sich wie eine Spaßbremse, die sich bei Freibier höchstens ein Schnapsglas gönnt. Na denn, prost!

Das Sabotageprogramm hinter solcher Kleinheit kennen wir als Sprichwort: »Haste was, dann kannste was, dann biste was.« Wir sollen also unseren Selbstwert über Leistung und Errungenschaften definieren, womit wir wieder mitten im ursprünglichen Ziele-Problem stecken: Ziel setzen, hart arbeiten, durchhalten und so weiter. Dass das unsinnig ist, wissen wir. Also drehen wir das Sprichwort besser um: »Biste was, dann kannste was, dann haste was.« Du bist bereits etwas! Dein Wert liegt nicht darin, dass du funktionierst. Nichts, was dir geschieht, könnte dich weniger wertvoll machen. Du hast ein Ziel versemmelt? Hattest einen Unfall? Wurdest verletzt und missbraucht? Du. Bist. Wertvoll.

FEHLENDE SELBSTLIEBE

Wem es schwerfällt, diese Gedanken anzunehmen, leidet oft unter zu wenig Selbstliebe. Man ist es sich nicht wert, gut behandelt zu werden. Man ist dankbar für jeden Krümel Dreck, der einem zugeworfen wird. Man freut sich selbst über Erniedrigung, weil einem andere immerhin Aufmerksamkeit schenken. Man fühlt sich ständig schlecht, schuldig, nicht liebenswert. »Ist das nicht zu gut für mich?« Doch, viel zu gut. Also weiter mit dem Selbstmissbrauch, man ist noch nicht perfekt.

Aber: Niemand ist perfekt. Also hör damit auf, dich fertigzumachen! Alles, was du gegen dich selbst richtest, jeder negative Gedanke, jedes gemeine Wort, jede schädliche Handlung, ist falsch und schlecht. Du lehnst dein Innerstes ab, anstatt dich und deinen Wert anzunehmen. Du sagst zu allem Ja, selbst wenn es dir schadet. Doch solange du dir nicht die Freiheit nimmst, auch mal Nein zu sagen, sagst du nicht wirklich Ja, sondern stopfst nur ein inneres Loch. Und du hältst an falschen Entscheidungen fest, die dir schaden. Das begründest du vermeintlich sinnvoll, bist aber in Wahrheit gefangen – in einer toxischen Beziehung, einem miesen Job, in irgendeiner Sucht oder schrulligem Zwang. Die Frage ist: Würdest du dich jeden Tag erneut freiwillig für deinen Partner entscheiden? Den Anstellungsvertrag unterschreiben? Raucher sein wollen? Dir den Finger in den Hals stecken, um zu kotzen? Nein? Dann hör auf damit. Oder, um es mit Bob Newhart zu sagen: »Stop it!«

EINE PERSÖNLICHE FRAGE

Wer bist du unter der Oberfläche? Was verbirgt sich da? Wo tut es weh? Welche Stacheln stecken in dir? Welche Trigger machen dich schier wahnsinnig? Wann quiekst du vor Schmerz oder brüllst vor Wut und Empörung? Warum? Bevor du dich diesen Fragen nicht gestellt hast, ist deine Sinnsuche noch zu flach. Du bleibst unter deinen Möglichkeiten und lässt versteckte Reaktanzen die Richtung bestimmen. Deine Schleife ist noch nicht geschlossen.

Wenn dich Teile dieses letzten Kapitels berührt haben, lohnt es sich, hinzuschauen. Selbst wenn dir das unangenehm ist oder du Angst davor hast. Denn es macht dich echter, klarer und stärker, zu wissen, wer du bist, zu wollen, was du wirklich willst, und nicht nur zu vermeiden, was du nicht willst. Und Mut bedeutet nicht, keine Angst zu haben, sondern keine Angst mehr vor der Angst. Nach einem solchen Trip in deinen Schmerz hinein kannst du ihn wie eine Eiterblase ausdrücken und heilen lassen. Er wird dir vielleicht in Erinnerung bleiben, aber nicht mehr deine Gegenwart und Zukunft bestimmen. Wie heißt es so schön? Wer auf dem Meer war, scheut keine Pfützen mehr.

KEINE ANGST!

Vielleicht hast du nun Bammel: Was könntest du entdecken? Dich wovon runterziehen lassen? Wo du doch eigentlich gut funktionierst. Genau das ist der Punkt: Es geht nicht ums Funktionieren. Das tust du sowieso. Es geht darum, deinen Ballast loszuwerden und deine innersten Kräfte zu entfesseln. Erst wenn du weißt, was dir schadet, kannst du genau diese Menschen, Gegenstände, Gespräche, Dinge oder Handlungen aus deinem Leben entfernen, denn sie gehören nicht hinein. Bald lässt du nur noch an deinem Leben teilhaben, was dir guttut.

Den Schmerz deiner Wunden wirst du nicht rückgängig machen. Aber du wirst damit aufhören können, in den Wunden zu stochern, denn sie heilen, nachdem der Eiter draußen ist. Und du wirst keine Angst mehr davor haben müssen, wieder plötzliche Stiche zu spüren, obwohl du äußerlich okay erscheinst. Betrachte die Dramen deines Lebens doch als Möglichkeiten zum Erleben! Sie sind echt und intensiv. Sie sind Ausdruck einer Realität, in der dein Avatar erfährt, wer er wirklich ist. So wird dein Drama zu einer Szene in deinem Lebensfilm, in welchem der Held an der Herausforderung wächst. Dass er dabei auch leidet, gehört zur Story, die nun aber zum Happy End führt.

TRAGÖDIEN ZU TRIUMPHEN MACHEN

Nimm doch mal an, das Schicksal wolle stets nur das Beste für dich. Auch alle Menschen meinten es gut mit dir. Und dann fühl in dich hinein! Was spürst du nun? Dankbarkeit? Freiheit? Stärke? Liebe? Dann nimm dieses Gefühl an und nutze es! Es ist das Flickzeug für dein ramponiertes Schlauchboot. Also mach dir klar: Alle Umstände sind vorübergehend. Sie waren und sind Instrumente, um Erfahrungen zu schaffen. Ungenutzt sind die Erfahrungen sinnlos oder schädlich. Du wehrst dich gegen sie und hättest auf sie verzichten können. Aber genutzt, sind sie deine wertvollsten Lehrer. Sie geben dir mehr Größe und Stärke als jede Theorie. So kannst du in fast jeder Lebenssituation und jedem Leid einen Sinn finden. Und sei es, dass du ihn nur darin findest, dich selbst zum Wachstum herauszufordern. So verwandelst du persönliche Tragödien in Triumphe.

Auch weiterhin schuldet dir die Welt nichts, jegliche Anspruchshaltung wäre falsch. Auch brauchst du deinen Eltern keine Schuld zu geben für ihre Macken, denn sie haben dich zu dem gemacht, was du heute bist – samt deinem Drive. Und du wirst auch weiterhin Verluste erleben, dich ins Unbekannte fallen lassen müssen und allerlei Gefühle fühlen. Doch wenn du bereit bist, dich als Schöpfer deiner Realität zu betrachten statt als ihr verbitterter Richter oder armes Opfer, nutzt du deinen Spielraum. Dafür musst du nicht vollkommen sein, sondern bewusst unvollkommen. Dein Ziel darf also nicht Unverletzlichkeit sein, sondern Verletzlichkeit. Erst mit dieser inneren Offenheit wirst du zu einem ganzen Menschen. Und du kannst der Welt das Wertvollste schenken, was du hast: dich selbst.

GEH DEINE DUNKELSTEN MOMENTE DURCH

Welche haben dir besonders wehgetan? Wozu haben sie geführt? Was haben sie dich gelehrt? Wie beeinflussen sie dich noch heute? Welche Stärken sind daraus erwachsen? Wobei musstest du dich beweisen? Was hast du bereits alles geschafft? Wie kannst du deinen Schmerz in Liebe und Kraft verwandeln? Na also, geht doch.

Oder, um es mit Leonard Cohen zu sagen: »There is a crack in everything. That's how the light gets in.«

ERWEITERE DEIN BEWUSSTSEIN

Eine der größten Herausforderungen beim Finden seiner selbst besteht in der zunehmenden kognitiven Enge, die wir im Laufe unseres Lebens erwerben.

Der Kernspintomograf knattert. Ich liege in der Röhre, glotze auf einen Bildschirm und löse psychologische Tests. Dabei würde ich viel lieber auf mein Innenleben achten, denn ich bin auf Droge. Diese trägt den biblischen Namen »Eve« und ist eine Variation der Partydroge Ecstasy. Wir wollen wissenschaftlich herausfinden, wie die Substanz im Gehirn wirkt. Ich fühle mich unfassbar wohl, habe die wildesten Gedankensprünge und sehe wunderschöne Farbenspiele, wenn ich die Augen schließe. Die Leistungsfähigkeit meines Gehirns scheint sich verdoppelt zu haben. Beate, die Versuchsleiterin, nennt mir eine Reihe von acht Zahlen, die ich rückwärts wiederholen soll: »1, 5, 3, 2, 7, 9, 8, 6.« Kein Problem, wie aus der Pistole geschossen sage ich: »6, 8, 9, 7, 2, 3, 5, 1.« Dann beginne ich, mit Beate zu flirten. Sie hat die schönsten Lippen, die ich jemals gesehen habe.

Das böse Erwachen folgt die nächsten beiden Tage. Ich bin so depressiv, dass ich kaum aus dem Bett rauskomme. Offensichtlich sind sämtliche Serotoninspeicher im Hirn leer und müssen sich erst langsam wieder füllen. So ein Teufelszeug! Ich treffe die Entscheidung, nie wieder Drogen zu nehmen. Vermutlich ahnst du bereits: Es ist nicht bei dieser Entscheidung geblieben.

KOGNITIVE ENGE UND DEFAULT MODE NETWORK

Wie jetzt, ein Kapitel über Drogen? Nein, eines über Bewusstseinserweiterung. Denn eine der größten Herausforderungen beim Finden seiner selbst besteht in der zunehmenden kognitiven Enge, die wir im Laufe unseres Lebens erwerben. Das Gehirn unseres Avatars gleicht einer sich selbst verfestigenden Maschine mit der Aufgabe, innerhalb unserer jeweiligen kleinen Welt automatisch Vorhersagen zu treffen, damit wir uns orientieren können. Im Grunde ist es so: Bis wir etwa Mitte dreißig sind, stehen wir Neuem noch offen gegenüber. Danach erstarren unsere Verdrahtungen im Hirn, unsere Regeln stehen fest. Dann schauen wir nur noch durch eine erworbene Brille, die zwischen Richtig und Falsch unterscheidet – für den Rest unseres Lebens. Nur wenige Menschen fordern sich regelmäßig heraus und sind bereit, sich grundlegend neuen Erfahrungen zu öffnen.

Doch ehrliche innere Ausrichtung kommt nicht umhin, das eigene System in Frage zu stellen: Wo liegen wir falsch? Was sehen wir nicht? Insbesondere bei Chaos und Krisen sollten wir nicht auf alte Muster zurückgreifen, sondern auch mal völlig neue knüpfen. Das aber fällt umso schwerer, je verzweifelter wir um uns selbst kreisen. Das liegt am sogenannten Default Mode Network, einer eigentlich sehr praktischen Gruppe interagierender Hirnstrukturen, die in Ruhe am aktivsten ist und uns bei der Selbstbetrachtung hilft, beim gedanklichen Vorstellen, bei Tagträumereien oder beim Einordnen mentaler Zustände. Das Default Mode Network, kurz DMN, ist sozusagen der Wohnsitz unserer Identität, unseres Ichs.

Gehen wir intensiv in einer Aufgabe auf, sind also nicht mit uns selbst beschäftigt, fährt das DMN seine Aktivität herunter, wir vergessen uns und fühlen uns wohl. (Das Flow-Phänomen, erinnerst du dich?) Grübeln wir hingegen über ein Problem, leiden oder sind depressiv, ist das DMN hochaktiv. Wir sind in uns selbst gefangen. Statt Introspektion bräuchten wir eigentlich Abstand von uns, Lockerheit und neue Sichtweisen. Geht aber nicht: zu viel Ego, Enge und Kontrolle. Loslassen unmöglich. Wir wollen aus uns heraus und schaffen es nicht.

Bitte locker machen!

Kein Wunder, dass wir in solchen Situationen oft zu einer sehr gefährlichen Droge greifen: Alkohol. Laut WHO, der Weltgesundheitsorganisation, geht jeder 20. Todesfall weltweit auf Alkoholkonsum zurück. Er tötet jährlich drei Millionen Menschen, weil er mit etwa 200 Krankheiten in Verbindung steht wie etwa Leberzirrhose oder diversen Krebsarten. Prösterchen! Na, erschrocken? Nicht so zimperlich: Rauchen ist noch schlimmer. Das tötet weltweit jährlich über sieben Millionen Menschen, was stolzen dreizehn Prozent aller Todesfälle entspricht – alleine in Deutschland 140 000 Toten. Doch während Rauchen keine Bewusstseinsveränderung bewirkt, sondern nur kurz das lästige Loch im Bauch stopft, hat Alkohol echte Effekte: In entsprechender Dosierung werden wir lustig, locker, offen und redselig. Das Default Mode Network fährt runter, unsere Probleme halten die Klappe. Im Gegensatz zu uns: Stille Menschen werden laut, schüchterne mutig, Hopfen und Malz erleichtern die Balz. Wir trauen uns zu sagen, was Sache ist: In vino veritas, wie es so schön heißt. Masken abzusetzen tut bekanntlich gut.

Doch wie kriegen wir Glück auch ohne Saufen hin? Wie machen wir uns locker und finden wir unser inneres Om? Zum einen, indem wir uns ein Leben aufbauen, das zu uns passt. Dann haben wir keinen Grund, ständig zu grübeln, sondern können uns den Aufgaben widmen, in denen wir aufgehen. Wer sich selbst findet, seinen Weg geht und seine Ziele erreicht, lebt stimmig und landet automatisch seltener in emotionalen Nöten. Dafür ist

Danke, Default Mode Network, gut, dass es dich gibt!

regelmäßige Selbstreflexion wichtig, weil sie den inneren Kompass nachjustiert.

Wer hingegen ständig im Action-Modus durchs Leben rennt, ohne innezuhalten und in sich hineinzufühlen, landet häufiger in Krisen, Chaos und Ablenkungen. Er ist zu oft draußen statt drinnen, was zwar ebenfalls das DMN zum Schweigen bringt, allerdings immer wieder zu schmerzhaftem Erwachen führt: Er verirrt sich, weil ihm der Kompass fehlt.

Das innere Om finden

Meine persönlichen Rituale, um mein inneres Om zu finden, reichen von Joggen über Spaziergänge und Wanderungen, Fahrradtouren, Gitarre oder Schlagzeug spielen, Saunagängen, Massagen, Musik hören, langen Autofahrten, Trips alleine mit dem Wohnmobil, Bücher lesen, Hörbücher hören, Vorträge und Seminare konzipieren und halten bis hin natürlich zum Schreiben und zu tiefen Gesprächen. Dabei erlebe ich zwei Arten von Zuständen: Im einen gehe ich in die Introspektion, beschäftige mich also mit mir selbst und meinen derzeitigen Lebensumständen. Das DMN fährt hoch. Im anderen sind mir diese egal, weil mich die Tätigkeit selbst trägt. Ich bin, was ich tue, ohne dabei bei mir sein zu müssen. Das DMN ist heruntergefahren, ich erlebe Glück und Zufriedenheit. Was äußerlich gleich aussieht, kann also innerlich zwei unterschiedlichen Zuständen entsprechen: Ich kann beim Wandern reflektieren, also sehr bei mir sein. Oder aber ich bin mir währenddessen egal, weil ich atme, rieche, sehe, fühle, Gedanken kommen und gehen lasse, ohne ihnen eine Bedeutung beizumessen. Ich spüre meine Schritte, meinen Atem, sehe die Schönheit des Lichtspiels der Sonnenstrahlen, die durch Blätter in den Bäumen scheinen. Und irgendwie tue ich das alles auch nicht, weil ich in gewisser Weise gar nicht da bin. Im zweiten Zustand öffnen sich innere Räume, in denen ich Teile von mir finde, die größer, weiter und tiefer sind als das Korsett meiner jeweiligen Lebensumstände. Ich lasse los, fühle mich frei, Gegenwart, Vergangenheit und Zukunft werden eins, Grenzen verschwinden, Intuition und innere Schatzkammern öffnen sich. Ich staune über die Natur, bin mit allem verbunden, sehe die verrücktesten inneren Bilder, bin nur ein kleiner Punkt im Universum und dankbar dafür. Ich bin in einer Art Trance, die meinem Drogenrausch im Kernspintomografen ziemlich nahe kommt.

Meditation and more

Können wir also innere Räusche ohne Drogen erleben? Wer regelmäßig ernsthaft meditiert, Yoga oder autogenes Training macht, wird mir zustimmen. Sich durch Achtsamkeitsrituale aus dem Alltag auszuklinken, kann in erweiterte Bewusstseinszustände führen, in denen wir uns von uns selbst entfernen und als mehr erfahren als unser enges in Pflichten eingebundenes Selbst. Atmung, Mantras, bewusste Bewegungen, Rituale, meditative Musik, Affirmationen – all das kann tranceähnliche, ja fast Rauschzustände hervorrufen, in denen wir uns innerlich weiten. Ich selbst meditiere übrigens nur selten und mache nur hin und wieder Yoga, weil ich ohnehin ständig Achtsamkeitstrips in mein Leben einbaue, ja oft sogar den Eindruck habe, mitten in einer einzigen Trance zu leben. Ich bin oft tagelang alleine auf Reisen mit meinem Wohnmobil, wandere oder schreibe. Dabei halte ich meine Klappe, bin bei mir und schalte die meiste Zeit mein Handy aus. Es kommt vor, dass ich so eine Woche lang höchstens per knapper WhatsApp-Sprachnachrichten mit anderen kommuniziere. Schweigeseminare? Pfft, Kinderkram.

Zum anderen erscheint mir so manche angeleitete Meditation oberflächlich, suggestiv und (sorry!) stinklangweilig. Ich brauche keine anderen, um mich von mir selbst wegzubeamen. (Da ist es wieder, das Lebensmotiv Unabhängigkeit.) Und Yoga? Ganz ehrlich: So manche Session erinnert mich eher an Gymnastik als an Achtsamkeit. Zu laut, zu gehetzt, zu fremdgesteuert, zu unachtsam – und damit zu sehr im Außen, was meines Erachtens dem eigentlichen Wesenskern widerspricht. Und wenn schon Gymnastik, dann doch bitte mit klaren Ansagen in normaler Sprache und nicht im gekünstelten Singsang des Yoga-Slangs. (Wenngleich ich zugeben muss, den Reizen der oft attraktiven teilnehmenden Damen gegenüber nicht unempfänglich zu sein. Aber dieses Thema möchte ich hier nicht vertiefen.) Oft habe ich daher den Eindruck, dass Meditation und Yoga für viele Extravertierte gute Einstiegsmöglichkeiten in den zeitweiligen Ausstieg aus ihrem wuseligen Leben sind. Gäbe es die wöchentlichen Termine nicht, würden sie niemals auf Pause drücken.

Ich glaube deshalb, dass jeder seinen eigenen meditativen Zugang nach innen finden kann und sollte. Etwa durch Spaziergänge, Gebete, intensives Tanzen, Drinks alleine an der Bar oder relaxtes Dösen auf der Couch – Trance hat viele Gesichter. Und wenn es eine Weile hoch hergeht im Leben, helfen danach ein paar Tage in einer Hütte oder ein Schweigewochenende im Kloster. Wobei ich es am klügsten finde, das regelmäßige Om einfach in den Alltag einzubauen. Zudem möchte ich in keiner Weise Meditation oder Yoga diskreditieren, denn ich kenne und schätze einige Menschen sehr, die es ernsthaft betreiben und mir in der Wahrhaftigkeit und Tiefe ihrer Innenschau voraus sind. Von ihnen lasse auch ich mich gerne anleiten.

Rausch, Erweiterung und Heilung

Zurück zum Rausch: Tatsächlich können tiefe Meditationen auch echte Rauschzustände hervorrufen. Dafür braucht es freilich viel Übung und gute Anleitung. Auch bestimmte Atemtechniken schaffen es, die Wahrnehmung der Realität so sehr zu erweitern, dass sich Drogen erübrigen. Beim Holotropen Atmen etwa, einer Art ritualisierter Hyperventilation, kann es zu psychedelischem Erleben kommen: dem Sehen intensiver Farben und sich bewegender Formen, dem Gefühl des Einsseins mit allem. Das Default Mode Network fährt herunter, das Ich löst sich auf. Wir befreien uns aus unserer kognitiven Zwangsjacke, fühlen uns wohl, sehen neue Perspektiven und lösen so indirekt und intuitiv Knoten und Probleme. Wir docken uns an eine innere Weisheit an, die größer ist, als wir im Zustand der Kontrolle glauben.

Womit wir beim Kern dieses Kapitels wären: Trance und Rausch können nicht nur bei der inneren Ausrichtung helfen, indem sie unsere enge Realität erweitern. Sie können auch Wunden, Knoten und Süchte heilen. Gehen wir noch mal ins ursprüngliche Setting so mancher Wunden und Traumata zurück. Es tut weh, wir reagieren, vermeiden und können entlang unserer persönlichen Storys auf Irrwege geraten. Wäre es nicht interessant, sich im geweiteten Zustand eines Rauschs oder einer Trance einem Trauma zu widmen, es emotional sicher erneut zu durchleben, zu lösen und sich dann neu auszurichten? Genau das kann geschehen.

Suggestive und regressive Hypnose

Die meisten denken beim Begriff Trance wahrscheinlich an Hypnose. Der Hypnotherapeut bringt seinen Klienten innerhalb eines geschützten Umfelds durch allerlei Techniken dazu, sich zu entspannen und innerlich zu öffnen. Dazu braucht es einen guten Draht zwischen beiden, den sogenannten Rapport. Die inneren Wächter des Klienten lassen ihre Schutzschilde sinken, er gerät in eine Trance, also einen Zustand zwischen Wachsein und Schlaf, in welchem er für das empfänglich ist, wozu ihn der Hypnotiseur anleitet. Dafür braucht es Suggestibilität, also die Bereitschaft, sich etwas einreden zu lassen. Dies ist psychologisch völlig normal. Die Gedanken unseres Umfelds bestimmen darüber mit, was wir denken und fühlen.

Im Prinzip lassen sich zwei Arten von Hypnose unterscheiden: die suggestive und die regressive. Die suggestive Hypnose ist die häufigste. Hierbei dreht der Therapeut durch positive Suggestionen negative Selbstannahmen um. Was wir glauben zu sein, ist nun mal häufig nur eine Geschichte, die wir uns selbst erzählen. Und wer sich erzählt, ein ängstlicher Mensch zu sein, süchtig oder unfähig, dem tut es gut, gedanklich das Gegenteil eingepflanzt zu bekommen: »Du bist mutig!«, »Du kannst deine Sucht loslassen!« und »Du hast es voll drauf!« (Und ja, in Showhypnosen krabbeln Hypnotisierte auch mal über den Boden und bellen wie ein Hund, weil sie eingeredet bekommen, einer zu sein.) Die positive Umprogrammierung führt im Idealfall zu Mut, Abstinenz und Erfolg. Insofern ist suggestive Hypnose eine Art Kommunikationsdienstleistung.

Nun zum Knackpunkt: Seelische Wunden heilen nicht, wenn man nur Pflaster drüberklebt und so tut, als wären sie nicht da. Ihre Auswirkungen kommen immer wieder zum Vorschein, wenn wir uns ihrer nicht annehmen. Daher hat die regressive Hypnose einen anderen Ansatz: Der Therapeut reist mit seinem Klienten innerhalb der Trance in dessen Vergangenheit. Wann hatte er zuletzt seine schreckliche Angst? Wann davor? Und wann davor? Wie Perlen an einer Schnur reiht sich dabei Ereignis an Ereignis. Ziel ist idealerweise, den ursprünglichen Auslöser zu finden. Vielleicht war der Klient als Kind alleine und bekam Panik? Nun spricht der erwachsene Klient in Trance mit seinem hilflosen damaligen Kind und beruhigt es: »Alles ist gut.« Dann geht es Perle für Perle zurück in die Gegenwart. Ereignis für Ereignis werden nun von einem gestärkten inneren Kind besucht und bewältigt. Am Ende ist der Knoten gelöst, die Angst ist weg und muss auch nicht wiederkommen. (Auch gute Coachings können ähnlich funktionieren, wenngleich dabei die innere Abwehr aktiver ist und manche schmerzhaften Ereignisse eher verdrängt, verleugnet oder nicht erinnert werden.)

Die Wunderpille

Nun ein radikaler Gedanke: So sinnvoll Meditation, Yoga, Achtsamkeit, Tancerituale oder Hypnose für unser Leben auch sein mögen, sind sie alle doch mit Aufwand verbunden. Was wäre, wenn wir stattdessen einfach eine Tablette schlucken könnten und sofort mittendrin wären im Zugang zu uns selbst? Stell dir mal vor, du schluckst eine solche Wunderpille und schwebst in eine parallele Welt, in der sich Schmerz, Konflikte und Widersprüche auflösen, Raum und Zeit verschwinden, alles eins wird, du dich als einen kleinen Teil eines großen Ganzen verstehst, Zugang zu deinen tiefsten Empfindungen bekommst, schönen wie traurigen Erinnerungen, Liebe fühlst, allerlei seltsames Zeug siehst, Bäume lebendig werden, Blumen mit dir sprechen, du Gott begegnest und dein Denken in völlig unbekannten, scheinbar verrückten Bahnen verläuft, die auf einer höheren Ebene allerdings Sinn ergeben. Die Fliege im Zug versteht plötzlich, wohin er fährt und warum. All das erlebst du wie in einem Traum, mit dem Unterschied, dass du dich hinterher erinnern kannst, was du geträumt hast. Übrig bleibt außerdem ein Gefühl, das du nie zuvor in der gleichen Intensität hattest: die Zuversicht, dass alles gut ist. Pures Urvertrauen. Nachdem du von deinem Psychonautentrip wieder gelandet bist, bist du – heil.

Klingt das unrealistisch? Nach naiver Wunschvorstellung? Zu romantisch, um wahr zu sein? Um es kurz zu machen, solche Wunderdrogen gibt es tatsächlich: Psychedelika, also Substanzen, deren Einnahme neben häufigen Halluzinationen oft zur Auflösung des Ichs führen, sowie zu mystischen Erfahrungen und einem Gefühl der Verbundenheit mit der Natur oder dem Universum. Doch bevor du mich nun reflexhaft verdächtigst, nicht mehr alle Tassen im Schrank zu haben, halte bitte kurz inne: Sind dir meine Gedanken bislang wirr erschienen? Ich hoffe nicht, immerhin hast du bis hierher gelesen. Und nein, ich gehe auch keinem modischen Drogen-Hype auf den Leim, denn die Menschheit nutzt Psychedelika bereits seit Jahrtausenden in schamanischen Ritualen. Schon in Höhlenmalereien finden sich Darstellungen von Pilzen samt allerlei ungewöhnlichen Realitäten, die sie hervorbringen. Magic Mushrooms sind definitiv keine Drogen der Neuzeit.

Mundtote Wissenschaft

Übrigens hätte der skeptische akademische Teil meiner Persönlichkeit (ein innerer Wächter?) diese Gedankengänge noch bis vor Kurzem abgelehnt. Drogen, die so etwas können sollen? Alternative Realitäten? Heilung auf Knopfdruck? Lächerlich. Wo sind die wissenschaftlichen Beweise? Jetzt wird es spannend: Die gibt es! Bereits in den 1950er und 60er Jahren zeigte die Psychedelikaforschung unter anderem eine hohe Wirksamkeit halluzinogener Drogen gegen Depressionen und Süchte. Damals war die Zeit der Hippies, von denen viele LSD nahmen und das Verlassen enger gesellschaftlicher Konventionen als zentrales Lebensthema verstanden. Doch gerade das Gefühl inniger Verbundenheit mit anderen Lebewesen und der ganzen Natur, welches sich bei LSD-Trips häufig einstellt, machte dem damaligen Hype den Garaus: »Love and Peace!« Es gibt keinen Grund, gegeneinander zu kämpfen, denn wir sind alle eins. Diese Haltung mit Nachdruck öffentlich zu demonstrieren, ist eine komplizierte Sache, wenn die Politiker eines Landes ihre jungen Leute zeitgleich in den Krieg schicken: Vietnam. Es ruft, nun ja, Reaktanz hervor. Dass schillernde Persönlichkeiten wie der umstrittene damalige Drogenpopstar Timothy Leary (1920–1996), ein zeitweise in Harvard tätiger Psychologieprofessor, zudem den Massenkonsum von Halluzinogenen wie LSD, Mescalin und Psilocybin propagierten und eine neue Gesellschaftsordnung prophezeiten, tat ihr Übriges: 1966 wurden LSD & Co. in den USA verboten, später fast überall auf der Welt – und damit sämtliche Forschung über die heilsamen Drogen.

Renaissance der Psychedelikaforschung

Erst 1990 wurde die Psychedelikaforschung langsam wieder zum Leben erweckt (1) und erfährt seit 2006 eine vielversprechende Renaissance (auf Seite 286 findest du aussagekräftige Literatur- und Videohinweise sowie Quellen zum Gesamtkontext und aktuellen Stand der Wissenschaft – die hier im Kapitel angegebenen Zahlen beziehen sich darauf): Die Probanden einer Studie stuften ihre Erlebnisse nach der Einnahme von Psilocybin (dem Wirkstoff von Magic Mushrooms, also psychedelischen Pilzen) als eine der bedeutendsten Erfahrungen ihres Lebens ein. Sie berichteten von dauerhaften erheblichen Verbesserungen ihres Wohlbefindens, ihrer Lebenszufriedenheit und positiven Verhaltensveränderungen. (2, 3) Auch scheint die Einnahme halluzinogener Drogen körperlich ungefährlich zu sein, nicht süchtig zu machen und allenfalls zu Gewöhnungseffekten zu führen (4).

Mittlerweile wird wieder die Behandlung verschiedenster psychischer Störungen untersucht, darunter von Depressionen (5), Clusterkopfschmerz (6), Zwangsstörungen (7), Nikotin- (8) und Alkoholabhängigkeit (9). Die Erfolge sind vielversprechend. Krebspatienten berichten sogar, sich mit ihrer Erkrankung zu versöhnen und die Angst vor dem Tod zu verlieren (10). Das Erstaunlichste aber ist der offensichtliche Wirkmechanismus der Psychedelika: Nicht ihre pharmakologische Wirkung sorgt für Heilung, sondern die Art der ausgelösten geistigen Erfahrung und wie sie das Denken und Fühlen verändert. Gemeinsamer Nenner scheint zu sein: »Hab Vertrauen! Sei offen! Lass los!« Oder: »Du kannst dich locker machen.« (1, 11)

AUF DER SUCHE

Wie bin ich auf dieses Thema gekommen? Wie sooft im Leben: durch eine Krise. Die Sinn-Kompassnadel verschiebt sich, das eigene System wird durchgerüttelt, der Leidensdruck ist da –

und das bei mir, einem emotional stabilen Menschen und professionellen Coach. Ich musste mich selbst hinterfragen: Was sehe und verstehe ich noch nicht?

Zufällig stieß ich online auf Berichte über Therapien unter dem Einfluss von MDMA (Methylendioxymethylamphetamin), also des Wirkstoffs in Ecstasypillen. Ausgerechnet. Diese schienen in der Lage zu sein, Posttraumatische Belastungsstörungen zu heilen (12). Zu heilen! Für einen, der mal Psychiater werden wollte und um die Langwierigkeit psychischer Störungen weiß, ein schier unglaublicher Gedanke. Auch Blogbeiträge ohne klinischen Bezug ließen mich staunen: Psychisch gesunde Menschen berichteten von enormen positiven persönlichen Veränderungen nach einem Coaching während eines MDMA-Trips. Außerdem erzählte mir eine sehr gute Freundin, wie ihr DMT (Dimethyltryptamin, ein sehr starkes Psychedelikum) geholfen hat, ein schweres Trauma zu verarbeiten. War ich in meiner Skepsis also zu verbohrt? Ich wurde neugierig.

ILLEGAL ODER NICHT?

Spätestens an dieser Stelle sollte ich darauf hinweisen, dass die genannten Psychedelika in Deutschland bislang allesamt verboten sind. Ich möchte hiermit also ausdrücklich keine Empfehlung abgeben, etwas Illegales zu tun. Allerdings sind sie nicht überall auf der Welt verboten. Im Gegenteil: Viele werden nach und nach wieder legalisiert – welche und wo, darfst du gerne selbst recherchieren. (Nur dass man in den Niederlanden Magische Pilze einfach im Laden kaufen kann, verrate ich hier gerne, denn das ist ohnehin allgemein bekannt.) Ich jedenfalls begab mich auf die Reise in ein anderes Land zu einem Coach, der mit MDMA arbeitet. Es wurde Zeit, meine Realität umzusortieren.

MEINE ERSTE REISE: MDMA

Was soll ich sagen? Es hat geklappt. Einmal alles auseinandergebaut und neu zusammengesetzt: Kindheit, Sichtweisen, Erleben. Mein gegenwärtiges Mimimi war (wie es häufig so ist) Resultat viel älterer noch offener Schleifen und Wunden, die ich erneut durchleben, schließen und heilen durfte. Neben der Geburt meines Sohnes erlebte ich den schönsten Tag meines Lebens.

Aber der Reihe nach: Zunächst muss ich erläutern, dass MDMA kein Psychedelikum im engeren Sinne ist, sondern ein sogenanntes Empathogen oder Entaktogen (1, 11). Diese Substanzen bewirken weniger Halluzinationen als vielmehr innere Offenheit, emotionale Verbundenheit und Mitgefühl – auch mit sich selbst (12). Es war, als stiege ich in eine warme Badewanne voller positiver Emotionen. Ich fühlte mich sicher und geborgen. Zudem war mein Denken klar und scharf, wenngleich ich mehr Blickwinkel einnehmen konnte und Zusammenhänge verstand, die ich zuvor nicht gesehen hatte. Außerdem löste sich das Zeitgefühl auf. Sobald die Droge zu wirken begann, stürzte sich mein Bewusstsein zielstrebig auf wesentliche Lebensereignisse, die ich nun von der Kindheit an episodisch durchwühlte. Ich war sofort an der »Essenz«, wie es mein ultrasympathischer, energischer und gut gelaunter Coach ausdrückte, der mir in den folgenden Stunden als (nüchterner!) Reisebegleiter zur Seite stand und mit mir Szene um Szene durchlebte.

Es war unglaublich, wie zielstrebig, schnell und ergiebig ich ein schwieriges Thema nach dem anderen angehen konnte. Zwei Minuten in Thema eins eintauchen, es verstehen und verarbeiten, dann fünf Minuten ins Thema zwei rein, verstehen, verarbeiten, nun eine Minute ins Thema Nummer drei, verstehen, verarbeiten und so weiter. Ich hatte das Gefühl, fünf Jahre Psychotherapie komprimiert in einer halben Stunde zu erleben. Hinzu kamen intensive körperliche Phänomene: Mal lief ich herum, mal verkrampfte ich mich, mal wand ich mich auf dem

Boden, was sich aber in jeder Sekunde gut anfühlte. Ich spürte die Emotionen der jeweiligen Szenen nach und ließ sie dann los.

Übrigens war mir keines meiner Themen neu. Dennoch veränderte sich danach so manche Sichtweise und Bewertung dauerhaft. Es war ein bisschen wie neu geboren zu werden. Und weil meine Neigung zur Psychochirurgie auch vor mir selbst keinen Halt macht, filmte ich den insgesamt siebenstündigen Trip mit dem Handy. Ich wollte keine einzige Erkenntnis verpassen. Daraus habe ich hinterher einen 45-minütigen Film mit den wichtigsten Szenen zusammengeschnitten. Den schaue ich mir nun von Zeit zu Zeit an. Er enthält eine ehrliche und klare Gebrauchsanleitung für mich selbst. Ich konnte etliche Knoten lösen.

Würdest du einen MDMA-Trip ähnlich erleben? Keine Ahnung. Mein Coach jedenfalls erklärte mir, die Reisen seien sehr individuell. Es gehe mal lauter zu, mal leiser, mal offener, mal verschlossener. Jeder hat nun mal sein eigenes Leben, seine eigenen Knoten und sein eigenes Wesen. Eines aber sei fast immer gleich: Man lande sofort bei seiner »Essenz«, also den inneren Themen, die einem am wichtigsten sind.

MEIN ZWEITER TRIP: AYAHUASCA

Mein erster Ausflug in neue Bewusstseinssphären war also ein voller Erfolg gewesen. Natürlich machte ich deshalb weiter. Was gab es noch zu entdecken? Als Nächstes stand Ayahuasca auf dem Programm, ein widerlich schmeckender Sud aus Pflanzen des Amazonasbeckens, der von indigenen südamerikanischen Völkern zu rituellen Zwecken verwendet wird. Er enthält das bereits genannte DMT, eine heftig psychedelisch wirkende Substanz. Wieder verreiste ich, also physisch, und saß nun in einem wundervoll gestalteten Raum inmitten einer Gruppe Mitreisender, die alle ihr jeweiliges Lebenspäckchen trugen: eine junge Mutter, die sich keine Zeit mehr für sich nahm, ein verkopfter

Akademiker ohne Zugang zu seinen Gefühlen, ein schüchterner Techniker, der sich mehr Mut wünschte, und so weiter. Kein einziger der Anwesenden erschien mir psychisch auffällig, es sei denn, man betrachtet die Bereitschaft, an einem solchen Ritual teilzunehmen, bereits als Auffälligkeit. Jeder hatte ganz normale Lebensthemen, denen er sich unter der Droge stellen wollte.

Wieder erlebte ich Erstaunliches. Jeder der Teilnehmer stellte »Mama Ayahuasca«, der allmächtigen mystischen (eingebildeten?) Mutter, die von irgendwo innerhalb oder außerhalb der Matrix unseren Trip gestalten würde, seine persönliche Lebensfrage. Dann ging es los: Wir schluckten zuerst einen Monoaminooxidase-Hemmer, damit keine Verdauungsenzyme die Droge inaktivierten, und kurz darauf den Ayahuasca-Sud. Jeder legte sich auf eine Matratze und nach etwa einer halben Stunde begann die Reise, begleitet von wunderschöner psychedelischer Musik.

Eine Reise ins Mystische

Im Gegensatz zu meinem MDMA-Trip zeigte sich schnell, dass ich die Grenzen des logischen Denkens dieses Mal verlassen würde. Zwar kam mir zunächst ebenfalls wieder Erkenntnis über Erkenntnis, aber mein Versuch, diese zu notieren (eine Selfie-Videodokumentation verbot sich aus Gründen der Höflichkeit), scheiterte kläglich. Jedes Mal wenn ich etwas auf den bereitgelegten Notizblock schrieb, verschwand meine Schrift sofort wieder. (Das stellte sich hinterher als Halluzination heraus, denn mein Gekritzel war sehr wohl noch da.) Ich schrieb also: gar nichts. Dann die große Erkenntnis: »Stefan, du musst nicht immer alles analysieren! Erleb es doch einfach!« Ich gab mir die Erlaubnis, mich fallen zu lassen. Und das tat sehr, sehr gut.

In den kommenden etwa sechs Stunden löste sich die Welt auf. Ich sah Formen und Farben, tauchte in die Musik ein, ja wurde selbst zur Musik und genoss jede Sekunde. Ich spürte unendliche Liebe und Vertrauen, mein ganzer Körper fühlte stundenlange orgiastische Zustände, intensiver als Sex. Und dann geschah das Unglaubliche: Ich sah mich selbst in meinem Konflikt. Dann schwebte ich aus meinem Körper heraus und blickte plötzlich von oben auf mich. War mein Konflikt also gar nicht real, sondern nur eine Rolle, den mein Avatar zu spielen hatte? Wieder schwebte ich aus der Perspektive heraus. War selbst die Betrachtung meines Konflikts nur eine sinnlose psychologische Illusion? Ebene für Ebene schwebte ich höher. Keine der Schichten meiner Realität war echt, sie waren alle nur Hüllen eingebildeten Bewusstseins. Je höher ich aufstieg, desto klarer wurde mir, wie unwichtig unsere Dramen und Szenen eigentlich waren. Sie gehörten alle zum jeweiligen Lebensspiel, das wir nicht zu verstehen brauchen, sondern zu durchleben haben.

Ich war nur eine Seele unter vielen und besaß wie diese zeitweise einen Körper, der seine Erfahrungen zu machen hatte. Um mich herum nahm ich weitere Seelen wahr, die einer gigantischen blauen Kuppel entgegenschwebten. Wir alle spielten nur ein Spiel! Jeder lebte so, wie er konnte und musste. Gegensätze, Widersprüche und Konflikte lösten sich auf. Wir waren alle eins, wir waren alle Gestalter mit einem zeitweiligen Auftrag, wir waren alle unsere eigenen Götter, auch ich selbst war ein – Gott!

Und dann tauchte ich auf: in die eigentliche Realität, die außerhalb der Kuppel lag. Ich war zu Hause. In einer wunderschönen Welt jenseits der unseren. Um mich herum lauter gut gelaunte Seelen in der schönsten, wachsten, friedlichsten und klarsten Atmosphäre, die ich je »erlebt« hatte. Eine gechillte Gruppe von Freunden beim gemeinsamen Zocken eines coolen Games. Man kennt sich, man liebt sich, man schlüpft in zeitweilige Rollen. Alles ist gut.

Nach der Landung

Am nächsten Morgen saß unsere Gruppe Ayahuasca-Reisender beim Frühstück zusammen und wir teilten unsere Erfahrungen. Wieder zeigte sich: Jeder hatte seine ganz eigenen Erlebnisse gehabt, die aber allesamt zur Lösung der jeweiligen Konflikte führten. Die junge Mutter, der verkopfte Akademiker, der schüchterne Techniker, alle saßen sie wieder nüchtern, aber selig lächelnd beisammen und wirkten – gelöst. Jeder, inklusive mir selbst, wusste, was er zu tun hatte. Nein, wir wussten es nicht nur, wir spürten es. Wir hatten Zuversicht und Gewissheit. Knoten gelöst, Wunden geschlossen, wenngleich bei keinem auf die erwartete Weise. »Mama Ayahuasca« hatte uns nicht unbedingt gegeben, was wir gewollt, aber was wir gebraucht hatten. Einige hatten sich erbrochen, was bei Ayahuasca-Trips häufig vorkommt. Man kotzt gewissermaßen seinen Konflikt aus.

Wie bewerte ich meine Erfahrungen heute mit zeitlichem Abstand? Nun, ich möchte sie nicht bewerten. Ich halte es für möglich und wahrscheinlich, dass mir mein entfesseltes Gehirn im Rahmen seiner Prägungen einfach eine fantastische Geschichte erzählt hat. Zumal ich ohnehin davon überzeugt bin, dass es unsere jeweilige Aufgabe im Leben ist, aus unseren Anlagen das Beste zu machen. Wenn das jeder auf seine Weise tut, leben wir alle glücklich und erfüllt. Und wir helfen und unterstützen einander – als Menschheit insgesamt, deren Aufgabe es ist, sich zu entfalten. Für diese innere Haltung muss man nicht gläubig sein oder spirituell. (Oder es so nennen.) Aber es hilft dabei. Und seit meinem Trip verstehe ich das Bedürfnis danach viel besser. Albert Hofmann, der Entdecker des LSD, sagte einmal: »Wer Naturwissenschaft und die Wunder der Schöpfung studiert und dabei nicht zu einem Mystiker wird, ist kein Naturwissenschaftler.« So extrem würde ich es nicht formulieren. Aber ich weiß, was er gemeint hat.

Was mir außerdem geblieben ist, ist ein verstärktes Gefühl von Vertrauen, Sicherheit und Lockerheit. Alles ist gut, selbst wenn es hin und wieder nicht so scheint. Und wer weiß? Vielleicht war ja doch real, was ich erlebt habe? Egal, von der Verantwortung, mich meinen Aufgaben und Herausforderungen zu stellen, entbindet mich das nicht. Im Gegenteil: Ich gehe sie nun umso bewusster an. Sie gehören nun mal zu meinem persönlichen Spiel, ob eingebildet oder nicht. Ich komme nicht um sie herum und will es auch gar nicht.

RECHT AUF RAUSCH?

Ich habe immer noch großen Respekt vor Drogen. Und ich empfehle ausdrücklich niemandem, sie leichtfertig zu nehmen. Aufputschmittel wie Kokain oder Methamphetamin halte ich für sinnlos und potenziell gefährlich. Sie steigern den inneren Antrieb, reduzieren Hemmungen, machen wacher. Doch wozu in höherem Tempo in die sooft falsche Richtung laufen? Außerdem machen sie viele Konsumenten abhängig. Übrigens ist Ritalin, also Methylphenidat, das Kindern gegen ADHS verschrieben wird, auch ein Amphetamin, welches durch einen paradoxen Effekt den gesteigerten Antrieb bei Hyperaktivität dämpft. Hey, wir geben Kindern Crystal Meth!

Auch Opioide wie Heroin machen oft süchtig, ohne die seelisch reinigenden Effekte der Psychedelika hervorzurufen. Man ist eben berauscht. Dann schon lieber hin und wieder ein paar Bier trinken, das ist wenigstens legal. Der französische Schriftsteller Claude Tillier (1801–1844) sagte: »Essen ist ein Bedürfnis des Magens, Trinken ein Bedürfnis des Geistes.« Er starb übrigens an Schwindsucht, also Tuberkulose, die damals nicht heilbar war. Zu leben ist nun mal lebensgefährlich, selbst wenn man nicht an den Folgen eines Drogenkonsums dahinscheidet. Ich selbst jedenfalls habe hin und wieder gerne einen einfachen Rausch, anscheinend ein sehr menschliches Bedürfnis.

Sollten wir also alle ein Recht auf Rausch haben? Eine komplexe Frage. Mir jedenfalls erscheint die Einteilung in legale und illegale Drogen oft willkürlich, kulturell geprägt und politisch gewollt. (In einigen islamischen Ländern kann man fürs Biertrinken sogar ausgepeitscht werden.) Zudem hat die Kriminalisierung vieler Drogen unerwünschte Nebeneffekte: Schwarzmärkte, gestreckte und gepanschte Drogen, Drogenkriege, Kriminalität, Krankheiten, persönliches Leid. Vieles weist darauf hin, dass gerade die Schattenexistenz illegaler Drogen ihr größtes Problem ist, weil sie zu allerlei Kollateralschäden führt. Und Drogen zu verteufeln und gleichzeitig auf Alkohol und Nikotin Steuern zu erheben, ist mindestens staatliche Doppelmoral.

Legale Kartelle

Auch dass die Pharmaindustrie jahrelang einzunehmende Antidepressiva, Beruhigungs- und Schlafmittel, ach, allerlei Psychopharmaka produziert und verschreiben lässt, kann man als legalen (und in vielen Fällen sinnvollen) Drogenhandel betrachten. Dass allerdings nach wie vor die Erforschung und vielversprechenden Ergebnisse von Psychedelikatherapien gebremst oder unterdrückt werden, erscheint weniger sinnvoll, wenngleich wirtschaftlich nachvollziehbar: Wenn sich etwa Depressionen durch nur ein oder zwei Trips auf einer Substanz heilen lassen (5), auf die man nicht mal ein Patent besitzt, bricht der gesamte Markt zusammen. Die größten Kartelle tauchen nicht in Krimis auf.

Richtig kompliziert wird es, wenn man den Einfluss von (legaler!) Werbung für Alkohol und Nikotin berücksichtigt. Diese ist auch nichts anderes als eine geschickte Art der suggestiven Hypnose: »Du willst cool sein? Rauch Zigaretten!« Oder: »Bier gehört zum Fußballschauen.« What? Auch dass die Tabakindustrie Chemikalien in Kippen mischt, damit diese schneller abhängig machen, ist bekannt. Und noch vor hundert Jahren war es üblich, dass allerlei Produkten Kokain oder sogar Heroin beigemischt wurde, die man einfach so im Laden kaufen konnte: Zahnpasta, Schmerztabletten, Säften. Ein bisschen Rausch für alle.

Als ein weiteres absurdes Politikum erscheint die jahrezehntelange Illegalität von Cannabis, einer Droge, deren Gefährlichkeit unterhalb der von Alkohol und Nikotin liegt – zumal ihre medizinische Wirksamkeit immer bekannter wird (13). Die psychische Wirkung? Man wird ein bisschen stoned. Zwar sollten vor allem junge Menschen mit dem Kiffen aufpassen, denn THC (Tetrahydrocannabinol, der Wirkstoff in Haschisch und Marihuana) stört bis zum Alter von etwa siebzehn Jahren die Vernetzung der Hirnzellen, was zu eingeschränkter geistiger Leistungsfähigkeit und psychischen Störungen führen kann. Doch dass bewusster und verantwortungsvoller Konsum wichtig ist, gilt bei Alkohol genauso. In den Niederlanden jedenfalls, wo Cannabis legal ist, laufen keine Horden hirntoter Zombies herum. Ich persönlich mag die Holländer sehr. Sie erscheinen mir insgesamt entspannter und lebensfroher als wir Deutschen. Ob auch wir öfter mal Gras rauchen sollten?

EIN GESCHENK AN DIE MENSCHHEIT?

Zurück zu den Psychedelika. Viele halten sie für ein Geschenk an die Menschheit. Und wenn ihre Einnahme von qualifizierten empathischen Menschen begleitet wird, können sie eine große Hilfe bei der inneren Ausrichtung sein. Die Forschung an ihnen nimmt Fahrt auf und es werden erste Lehrgänge in Psychedelika-assistierter Therapie angeboten. Ein vielversprechender Anfang. Als Party- oder reine Konsumdrogen sehe ich Psychedelika nach wie vor kritisch. Sie einzuwerfen, nur um high zu werden, erscheint mir aufgrund ihrer Möglichkeiten fast frevelhaft. Zumal ich mit 29, als junger Arzt nach meinem eigenen Trip im Kernspintomografen, die Nachwirkungen von Ecstasy erlebt habe. Ich stelle mir lieber nicht vor, mit welchem Mus im Kopf so manche Partygänger in ihre Arbeitswochen starten. Übrigens hatte ich bei keiner meiner neueren Reisen ähnliche Neben- oder Nachwirkungen. Sind psychedelische Drogen also etwas für weiter ausgereifte Gehirne? Finden wir ihren eigentlichen Sinn eher in der zweiten Lebenshälfte, weil sie uns helfen, unsere starren Grenzen zu verlassen?

Sehr wichtig scheint außerdem das richtige Set und Setting zu sein. Unter Set versteht man die innere Einstellung, mit der man sich auf Drogenreise begibt: Was möchte man für sich persönlich klären? Wie offen und bereit ist man für die neue Erfahrung? Und mit Setting ist die Umgebung gemeint, in der die psychedelische Droge genommen wird: Ein geschützter liebevoller Rahmen unter professioneller Begleitung mit viel Zeit und Raum für die tiefe Erfahrung ist unbedingt zu empfehlen. Auch eine intensive Nachbetreuung sollte erfolgen, um die Erlebnisse und Erkenntnisse gut ins »reale« Leben zu integrieren.

Individuelle Wirkungen

Ansonsten lassen sich die Wirkungen von einzelnen Psychedelika nur schwer unterscheiden. Ein Trip auf LSD ähnelt einem auf Psilocybin. Auch wer DMT zu sich nimmt, kann Ähnliches erleben. Gleiches gilt für Mescalin (eine aus Kakteen wie Peyote gewonnene Substanz) oder 5-MeO-DMT (ein Psychedelikum, das unter anderen aus dem Gift der Sonora-Wüstenkröte gewonnen wird). Gemeinsam scheint allen zu sein: Die bestimmende Zutat für den heilsamen Rausch ist die jeweilige Psyche (oder meinetwegen Seele), auf die eine Droge trifft. Denn die Reisen sind so unterschiedlich wie die Menschen, die sie unternehmen. Auch Horrortrips kommen vor, bei denen man sich seinen dunklen Seiten zu stellen hat. Nicht schön, aber ebenfalls einen Blick wert: Unsere inneren Dämonen können uns den richtigen Weg weisen. Angst haben sollte man eher davor, sie unbewusst weiterwirken zu lassen. Doch diese Art innerer Konfrontation kann sich schrecklich anfühlen und führt oft nur dann zu einer psychischen Katharsis, wenn man sie annimmt und durchlebt. Auch kann die Auflösung des eigenen Ichs traumatisch wirken oder der Trip zu einer Retraumatisierung durch eigentlich verarbeitete schlimme Erlebnisse führen. Mitunter kommt es nach Halluzinogeneinnahme auch zu andauernden Wahrnehmungsstörungen wie Flashbacks, Dysphorie, Entfremdungsgefühlen oder verzerrtem Erleben der Sinne, was die »Reise« ungewollt verlängert.

Manche Menschen reagieren übrigens nur wenig auf Psychedelika. Andere wehren sich gegen die Effekte, sobald diese einsetzen. Sie wollen unbedingt die Kontrolle behalten. Wie gesagt: Die Reisen sind unterschiedlich. Beim »Microdosing« ist sogar gewollt, dass es zu keinen spürbaren psychedelischen Effekten kommt. Hierbei nimmt man tageweise nur etwa ein Zehntel der für einen Trip benötigten Dosis zum Beispiel von LSD oder Psilocybin ein. Ziel ist es, das alltägliche Erleben nur unterschwellig zu modifizieren: ein bisschen mehr Coolness, Konzentration oder emotionale Stabilität. Manche schwören auf die Effekte von Microdosing, andere spüren überhaupt keine.

JENSEITS DER INNEREN ENGE

Nochmals: Es ist nicht mein Ziel, hier für Drogen zu werben. Aber nicht auf die Möglichkeiten von Psychedelika hinzuweisen, erscheint mir aus heutigem Kenntnisstand moralisch falsch, wenngleich die Einnahme mit Risiken verbunden ist. Viele würden nie den damit verbundenen Kontrollverlust eingehen. Völlig okay. Jeder soll tun, was ihm entspricht. Das aber sollte er tun dürfen. Ohne ideologische Verbote oder irrationale Verteufelungen. Es geht um die Erweiterung des Bewusstseins, darum, sich Sinnfragen zu nähern, Knoten zu lösen, sich spirituellen Erfahrungen zu öffnen und innere Heilung zu ermöglichen. Ob das durch Meditation, Atmung, beim Joggen oder einem Trip geschieht, ist doch egal. Hauptsache, es geschieht – ohne die kognitive Enge unserer gewohnten Denkmuster, außerhalb unseres viel zu kleinen Ichs. Dein Avatar in der Matrix sollte herausfinden, wer er wirklich ist.

WOLLEN, KÖNNEN, SOLLEN: WOFÜR BIST DU GEMEINT?

»Willst du dich deines Wertes freuen,
so musst der Welt du Wert verleihen.«
JOHANN WOLFGANG VON GOETHE

Kandooma Island, Malediven: 32 Grad, toller Strand, blauer Himmel, noch blaueres Wasser. Der Urlaub ist wunderschön. Nette Leute hier, gute Partys und leckeres Essen. Auch tauche ich. Tag eins: coole Fische. Tag zwei: Fische. Tag drei: wieder Fische, ich weiß jetzt, wie die aussehen. Ich muss mir eingestehen: Mir wird langweilig. Wann ist Abreise?

Wie jetzt: Vom Drogentrip direkt auf die Insel? Zugegeben, ein ziemlicher Themensprung. Doch wir nähern uns dem Ende des zweiten Teils dieses Buches und damit der Frage: Wofür bist du gemeint? Wozu ist dein Avatar, wie er ist? Dass das Leben voller Möglichkeiten steckt, die wir innerhalb unseres engen Rahmens oft nicht sehen, ist mittlerweile klar geworden. Doch: Welche Möglichkeiten passen zu uns, welche nicht? Was sollten wir aus uns machen und was brauchen wir gar nicht erst zu versuchen?

Dass ich ganz offenbar nicht dazu auf der Welt bin, um es mir in einem Urlaubsparadies »schön« zu machen, ja genau das sogar recht schnell ätzend finde, kenne ich von mir. Fällt es dir schwer, das nachzuvollziehen? Falls ja, Überraschung: Ich glaube, bei dir ist es ähnlich. Aber der Reihe nach.

WAS, WENN DU AUSGESORGT HÄTTEST?

Ich finde folgende Frage faszinierend: Angenommen, du hättest finanziell ausgesorgt, was würdest du dann mit dir anfangen? Viele wüssten sofort: nie wieder arbeiten! Stattdessen wollen sie in ein traumhaftes Urlaubsresort, um dort ihre Zeit zu verbringen: in der Hängematte liegend, Drinks schlürfend, zwischen bunten Fischlein schnorchelnd. Sie würden es sich gut gehen lassen. Doch viele, die tatsächlich in den Genuss einer solchen Möglichkeit kommen, machen eine ähnliche Erfahrung wie ich auf den Malediven: Was zunächst schön ist, ist es bald nicht mehr. Irgendetwas fehlt im Paradies: eine Aufgabe. Also formuliere ich um: Angenommen, du hättest finanziell ausgesorgt, was würdest du dann aktiv tun wollen? Welcher Aufgabe würdest du dich widmen? (Und dadurch welcher »Arbeit« nachgehen?)

Ganz ehrlich: Ich verstehe den Wunsch nach Urlaub nur bedingt. Denn eigentlich sagt er aus, dass man ein Leben führt, von dem man sich erholen muss. Im Job Gas geben bis zum Umfallen, den Alltag mit Pflichten vollpacken – bis man endlich in den wohlverdienten Urlaub darf? Hey, das ist ein Konstruktionsfehler! Wir sollten unser Leben so sehr mögen, dass ein paar Tage Urlaub darin zwar eine nette Abwechslung darstellen, aber diese nicht besser sind als der Normalzustand. Sonst läuft etwas schief.

Wir hauen uns doch auch nicht mit einem Hammer auf die Finger, damit der Schmerz nachlässt, wenn wir den Hammer mal weglegen. Was soll denn das?

Der Wert guter Arbeit

Also reich werden, um es uns dann endlich ohne Arbeit gut gehen zu lassen? Schwierig. Zum einen ist es bescheuert zu leiden, um ein Ziel zu erreichen, damit uns dieses vom Leid befreit. Schöner wäre doch, überhaupt nicht zu leiden – egal, ob wir nun im Urlaub sind oder arbeiten. Zum anderen fühlt sich jedes neue Glück nach kurzer Zeit wieder normal an, auch finanzielle Freiheit. Geld kann kein Glück kaufen. Zwar kann es uns Sorgen nehmen und Freiheiten ermöglichen, aber die hedonistische Tretmühle levelt uns rasch wieder aufs vorherige Niveau ein. Das ist besonders für Reiche bitter, denen ein anderer Lebensinhalt fehlt. Was, wenn selbst Luxus nicht glücklich macht? Noch mehr Luxus? Ein weiterer Trugschluss: Selbst der genusssüchtigste Mensch trägt den Wunsch in sich, im Leben eine bedeutsame Rolle zu spielen. Und reiner Hedonismus ist dafür zu flach. Er ist nur Ablenkung von einem tieferen inneren Bedürfnis.

Bereits Carl Gustav Jung (1875–1961, Begründer der analytischen Psychologie) stellte fest: »Ungefähr ein Drittel meiner Patienten leidet an keiner klinisch feststellbaren Neurose, sondern an der Sinnlosigkeit und Leere ihres Lebens.« Meine Diagnose würde lauten: Es fehlt ihnen – tadaa! – Arbeit. Und zwar gute Arbeit. Was natürlich die Frage aufwirft, was gute Arbeit ist. Dass ich damit nicht das bezahlte Durchhalten ungeliebter Pflichten meine, liegt auf der Hand. Vielmehr sollte gute Arbeit aus einer Aufgabe bestehen, die auf einen Menschen speziell zugeschnitten ist, die also nur er erledigen kann und niemand sonst. Daraus erwächst eine Verantwortung der Aufgabe gegenüber – sie bleibt ohne genau diesen Menschen unerledigt. Sie braucht ihn und gibt seiner Existenz damit einen Sinn. Widmet er sich der Aufgabe hingebungsvoll, mag diese ihn zwar fordern, sich also hin und wieder wie Arbeit anfühlen, sie wird ihn aber auch emotional nähren und sättigen. Und damit macht sie ihn reicher und glücklicher, als es reiner Müßiggang je könnte. Widmet er sich der Aufgabe nicht, entsteht eine Lücke in der Matrix. Sein Avatar lebt einen faulen Kompromiss.

Die Festlegungsfalle

Wie aber findet man solch eine Aufgabe? Viele stellen sich diese Frage gar nicht. Sie verfolgen klassische Berufswege, in welchen die Anforderungen des Jobs im Vordergrund stehen: etwa als Ärztin, Polizist, Verkäuferin oder Manager. Alles sinnvolle Tätigkeiten, sofern sie gut zum jeweiligen Avatar passen. Falls jedoch nicht, droht jahrelange Unzufriedenheit, mal unterschwellig, mal schmerzhaft aufbrechend. Und zum Ausgleich geht es in den Urlaub, um dort kurzzeitig die Seele zu streicheln.

Eine große Tragödie im Leben vieler talentierter Menschen ist daher, dass sie so weder entdecken noch erreichen, was sie eigentlich könnten. Sie finden keine eigene Aufgabe, weil die Vorstellung, dass es so etwas gibt, außerhalb ihres Horizonts liegt. Stattdessen spielen sie nach Regeln, wollen brav und nett sein, bleiben innerhalb enger Grenzen und unter ihren Möglichkeiten. Sie haben sich festgelegt, versumpfen im Mittelmaß und – hart ausgedrückt – vergeuden ihr Leben. Sie könnten ein wunderschönes, riesiges Gebäude entdecken und mitgestalten, bleiben jedoch in den ersten Räumen stecken. Irgendwo steht da ein bequemes Sofa.

Doch wer seinen Hintern vom Sofa zur Tür bewegen kann, kommt im Leben fast überallhin! Indem man sich eben: bewegt. Wer also – wie leider viele – innerlich unzufrieden ist und das Gefühl hat, woanders hinzugehören, sollte sich auf den Weg machen. Selbst ohne zu wissen, wo der hinführt. Neue Möglichkeiten ergeben sich unterwegs automatisch. Wir geben dem Leben eine Chance – und irgendwann findet uns genau das, wonach wir suchen: unsere Aufgabe. (Hallo, Zufall, hallo, Serendipität!) Dazu brauchen wir Vertrauen und den Mut, Bekanntes loszulassen.

Die Unverbindlichkeitsfalle

Andere finden ihre Aufgabe im Leben nicht, weil sie ins gegenteilige Extrem abdriften: Sie bleiben niemals bei einer Sache, sondern ziehen immer sofort weiter. Sie könnten etwas verpassen. Doch wer immer erst alle Möglichkeiten ausschöpfen will, bevor er sich festlegt, zieht selbst dann weiter, wenn es ihm gefällt, wo er ist. Er will eigentlich bleiben, traut aber seinem Urteil nicht: Schmecken die Kirschen in Nachbars Garten besser? Doch: Wer aus Prinzip vermeidet sich festzulegen, und sei es nur versuchsweise, wird nirgendwo festwachsen können. Dann wird kein Ort je der richtige sein und keine Aufgabe, weil nichts von vornherein perfekt ist. Wir müssen immer unseren Teil beisteuern, um die Dinge zu unseren zu machen.

Sich also nicht festzulegen, ist genauso falsch wie sich zu früh festzulegen. Alles bleibt unverbindlich und oberflächlich. Tiefe und Verbundenheit entstehen keine, weshalb sie weiter gesucht werden, ohne gefunden werden zu können. In diesem Fall geht es also nicht um Erweiterung und Loslassen, sondern um bewusste Begrenzung und Commitment. Irgendwann ist es besser zu behalten, was du hast und magst, statt deine Ressourcen mit der ständigen Suche nach etwas Neuem zu verschwenden. Denn wenn immer alles möglich ist, ist nichts möglich. Auch Musik entsteht nicht durch viele Töne, sondern durch die richtigen.

WOLLEN, KÖNNEN, SOLLEN

Also, was solltest du tun im Leben? Worin könnte eine auf dich zugeschnittene Aufgabe bestehen? Die Lösung liegt in drei Fragen:

- ◇ Was **begeistert** dich?
- ◇ Was kannst du **besonders gut?**
- ◇ Womit bringst du **echten Nutzen?**

Findest du in den Antworten zu diesen drei Fragen eine gemeinsame Schnittmenge, kann daraus deine Lebensaufgabe werden. Denn die Kombination aus Motivation, Kompetenz und Bedarf ist so wertvoll, dass kaum etwas anderes für dich noch Sinn ergibt, wenn du sie einmal gefunden hast. Was du willst, gut kannst und auch wirklich tun solltest, entspricht deinem persönlichen Sinn-Jackpot. Deine Suche ist beendet, die innere Ausrichtung steht.

Ich zum Beispiel spiele ganz gerne Gitarre. Hin und wieder auch mal fast eine Stunde lang. Sollte ich also Musiker werden und darin meine Lebensaufgabe finden wollen? Nein. Wirklich leidenschaftliche Gitarristen spielen täglich oft viele Stunden. Freiwillig. Ich brenne also nicht genug fürs Gitarrenspiel, um es für mehr als ein nettes Hobby zu halten. Auch würde meine Kompetenz nicht ausreichen, dafür habe ich tausende Stunden zu wenig geübt. Und einen echten Nutzen brächte mein Geschrammel niemandem. Mir also einen tieferen Sinn im Gitarrenspiel einzureden, wäre kaum mehr als ein romantischer Hirnfurz. Anderes Beispiel: Ich finde Medizin nach wie vor interessant. Ab und zu lese ich medizinische Fachartikel und freue mich darüber, noch grobe Zusammenhänge zu begreifen. Und wenn mir nahestehende Menschen eine medizinische Frage haben, recherchiere ich gerne, um ihnen verständliche Antworten zu geben. Sollte ich also doch wieder als Arzt arbeiten, weil das meiner Lebensaufgabe entspricht? Auf keinen Fall: Mein zeitweiliges Interesse flaut auch stets schnell wieder ab. Von der viel zu geringen Kompetenz im Vergleich zu jahrelangen Vollblutärzten ganz zu schweigen. Ich wäre nur ein sehr limitierter Theoretiker.

Warum ist gerade die Kombination aus Wollen, Können und Sollen so wertvoll? Weil jeder Bereich alleine nicht ausreicht, um daraus eine Lebensaufgabe zu machen. Er verleiht uns nicht genug Sinn.

Ganz anders schaut es bei den Themen dieses Buches aus. Seit zwei Jahrzehnten, also seit mich nichts anderes mehr beruflich ablenkt, arbeite ich mich in alle möglichen Aspekte des Coachings ein, ohne dass meine Leidenschaft dafür nachlässt. Ich habe nicht nur unzählige Seminare besucht und Bücher gelesen, sondern vor allem auch so viele praktische Erfahrungen gesammelt, also geübt, dass ich mich guten Gewissens als kompetent bezeichnen darf. Und weil viele meiner Talente im kommunikativen Bereich liegen, gebe ich mein Wissen gerne weiter: durch Bücher, Seminare, Vorträge, Onlinekurse oder auch mal im Fernsehen. Um damit noch mehr Menschen zu erreichen, gründe ich Unternehmen. Zum Beispiel habe ich mit »Greator« beziehungsweise »GEDANKENtanken« den größten deutschsprachigen Speakingkanal bei YouTube ins Leben gerufen. Dort werden die Videos kompetenter Experten und Coachs kostenfrei millionenfach angeschaut und helfen Menschen in ihrem Leben. So bringe ich einen viel größeren Nutzen, als ich es in Einzelcoachings, als Arzt oder Gitarrist je könnte. Ich tue etwas aus meiner Sicht zutiefst Sinnvolles, habe also meine Lebensaufgabe gefunden. Und obwohl die auch mal anstrengend ist, habe ich nur selten das Gefühl zu arbeiten. Vielmehr kommt es mir so vor, als würde ich ein großes Spiel spielen. Wozu also bräuchte ich die Malediven? (Außer als Abwechslung.)

FINDE DEINE LEBENSAUFGABE

Vielleicht erschreckt dich die Vorstellung von einer Lebensaufgabe oder überfordert dich? Keine Sorge, das ist verständlich. Vor allem wenn viele Gedanken dieses Buches neu für dich sind oder du nach Orientierung suchst. Denk dran: Manche Umwege und Schleifen im Leben sind zwar lästig, jedoch notwendig, um die Kompetenzen für den nächsten Level zu lernen. Solange du mit offenem Geist nach vorne läufst, bist du auf Kurs. Hab Vertrauen, du wirst dein Ding schon finden.

Außerdem müssen Lebensaufgaben nichts Grandioses sein, du musst also kein großes Unternehmen gründen, technische Glanzleistungen vollbringen oder ein Heilmittel gegen Krebs finden. Mutter Teresa hat gesagt: »Wir können nicht alle große Dinge tun. Aber kleine mit großer Liebe.« Deine erfüllende

Lebensaufgabe kann also darin bestehen, eine gute Mutter oder ein guter Vater zu sein, mit Hingabe einen kleinen Einzelhandel zu führen oder (im Gegensatz zu mir) Musik zu machen. Auch innerhalb der Strukturen deines Berufes kannst du deine höhere Aufgabe finden oder dies zumindest als wichtigen Schritt auf deinem Weg verstehen.

Zudem können sich Lebensaufgaben auch verändern. Wer weiß schon, was morgen ist? Dein Ziel sollte jedenfalls sein, dir ein Leben aufzubauen, von dem du dich nicht im Urlaub erholen musst. Und das wirst du nicht müssen, wenn du tust, was du liebst, kannst und womit du Nutzen bringst. Und wer für seine Leidenschaft arbeitet, ist immer reicher als jemand, der nur für Geld arbeitet. Denn dann tust du wertvolle Dinge, erfährst tiefen Sinn und steigerst auch noch nebenbei deinen Selbstwert. Was gibt es Schöneres? Also: Wozu bist du auf der Welt? Wofür bist du gemeint? Welchen Service kannst du der Welt geben?

Erste Frage: Was begeistert dich?

Beginnen wir also mit der ersten der drei Fragen: Was begeistert dich? Was würdest du sowieso tun wollen, ohne extra dafür bezahlt werden zu müssen? Was kannst du stundenlang »spielen«, ohne dass deine Freude daran nachlässt? Wozu bist du so motiviert, dass dir die Aufgabe selbst Energie gibt? Im gesamten zweiten Teil dieses Buches hast du sicherlich bereits Antworten gefunden. Betrachte diese nun durch die Brille deiner großen Lebensaufgabe: Was erkennst du? Was solltest du tun?

Viele kennen den Sinn ihres Lebens bereits in jungen Jahren. Sie haben inspirierende Träume und wissen eigentlich, wohin sie wollen. Dann jedoch legt ihnen das Leben eine Limitation auf, an die sie nach einiger Zeit glauben: »Meine Träume verfolgen? Ich? Viel zu unrealistisch.« Und dann verlieren sie ihre Richtung. Sprich: Sie hemmen sich selbst und merken es nicht einmal. In Coachings stelle ich deshalb gerne folgende Fragen:

◇ Was würdest du tun, wenn du **keine Angst** hättest?
◇ Was würdest du tun, wenn du **wüsstest, dass es klappt?**
◇ Was würdest du tun, wenn es dir **leicht fiele?**

Tja, Angst löst sich nach den ersten Schritten oft auf. Und es kann nur klappen, was man auch versucht. Und leicht fällt einem das, was man geübt hat. Noch Fragen?

Eigentlich kannst du alle Themen des zweiten Teils dieses Buches auf deine mögliche Lebensaufgabe abklopfen:

◇ Was entspricht deiner **Persönlichkeit,** was nicht?
◇ Wobei empfindest du **Glück?**
◇ Welche **Bedürfnisse** hast du?
◇ Wohin weist deine **Intuition?**
◇ Welche sind deine wichtigsten **Werte und Motoren?**
◇ Welche **Energietankstellen** hast du?
◇ Was würdest du immer selbst tun, obwohl du es an **Klone** delegieren könntest?
◇ Welche **Stacheln** stecken in deiner Seele?
◇ Wie kannst du sie sinnvoll in eine **Aufgabe** transformieren, wofür sie als **Antrieb** nutzen?

Zweite Frage: Was kannst du besonders gut?

Nun zu deinen Kompetenzen. Das Tragische an Stärken ist, dass man die eigenen oft für so normal hält, dass sie einem kaum auffallen. Ich zum Beispiel habe drei Jahrzehnte gebraucht, um zu verstehen, dass ich eine meiner größten Stärken, das freie unterhaltsame Sprechen, beruflich nutzen darf und sollte. In Schule und Studium ging es eher ums Zuhören. Ziel war, zuerst etwas zu lernen und selbiges dann anzuwenden. Anstatt mein Redetalent als zentrales und wertvolles Geschenk zu betrachten, das bereits da ist, ohne dass ich es mir mühsam erarbeiten muss, habe ich es als nettes Beiwerk verstanden. Praktisch, um als freier Moderator dazuzuverdienen. Mehr nicht, denn ich wollte ja ein seriöser Mediziner werden. Autsch.

Welche Stärken hast du? Was geht dir leicht von der Hand, das anderen schwerfällt? Wobei erreichst du mühelos Ergebnisse, für die sich andere abstrampeln müssen? In welchen Tätigkeiten gehst du voll auf, gerätst also in einen Flow-Zustand? Wenn du auf diese Fragen schnell gute Antworten finden möchtest, frag am besten Menschen in deinem Umfeld. Andere sehen bei uns, was wir nicht erkennen können. Und sie kämen von selbst nie auf die Idee, dass wir auf unsere Stärken manchmal hingewiesen werden müssen. Nimm mal dein Handy zur Hand und schicke möglichst vielen Menschen, denen du vertraust, folgende Nachricht: »Liebe(r) XY, darf ich dich um etwas bitten? Ich lese gerade ein Coachingbuch, um mich besser kennenzulernen. Nun soll ich Menschen, die mich kennen, fragen, welche Stärken sie in mir sehen, weil man die oft selbst an sich nicht erkennen kann. Magst du mir helfen? Welche Stärken habe ich in deinen Augen? Vielen Dank!« Na los, trau dich! Du wirst überrascht sein, was du alles Neues über dich erfährst und wie gut dir das tut. Es wird sich anfühlen wie eine warme Dusche, wetten?

Intelligenzen

Viele unserer Stärken erkennen und wertschätzen wir übrigens auch deshalb nicht, weil sie aus dem Raster dessen fallen, was in Schule und Beruf wichtig ist. Ich zum Beispiel musste mir nicht selten anhören: »Stefan, rede nicht so viel!« Also habe ich gelernt: »Ich habe eine Macke. Ich rede zu viel. Ich sollte mich zurücknehmen.« Diese begrenzenden Gedanken haben mich jahrelange Umwege gekostet. Klar: Sprachliche Intelligenz ist in einem naturwissenschaftlichen Umfeld keine Schlüsselqualifikation. In anderen aber schon.

Gehen wir ein paar Intelligenztypen einmal durch. Welche sind bei dir wie ausgeprägt? Da wäre zunächst die bereits genannte

sprachliche Intelligenz, also die Fähigkeit, gut mit Sprache umzugehen, was etwa für Lehrerinnen, Redner, Moderatorinnen, Anwälte, Autorinnen oder Übersetzer wichtig ist. Die **logisch-mathematische Intelligenz** hingegen entspricht der Fähigkeit zu analysieren und mathematische Operationen durchzuführen – gut für Naturwissenschaftlerinnen, Programmierer, Marketer oder Mathematikerinnen. Die **musikalisch-rhythmische Intelligenz**, also die Fähigkeit zum Musizieren oder Komponieren, kommt natürlich Musikern zugute. Die **bildlich-räumliche Intelligenz** erfasst die dreidimensionale Struktur von Räumen und ist etwa für Piloten hilfreich, für Fotografinnen, Chirurgen, Grafiker oder Architektinnen. Die **körperlich-kinästhetische Intelligenz** setzt den eigenen Körper geschickt ein – gut für Sportlerinnen, Handwerker, Mechaniker, Schauspielerinnen oder Tänzer. Die **naturalistische Intelligenz** erkennt und deutet geschickt allerlei Naturphänomene, was etwa Umweltspezialistinnen, Tierärzten, Gärtnerinnen, Naturforschern oder Köchen hilft. Die **soziale oder interpersonelle Intelligenz** entspricht in etwa Empathie, also der Fähigkeit, die Motive, Gefühle und Absichten anderer Menschen zu verstehen und nachzuempfinden – eine wichtige Qualifikation für Beraterinnen, Therapeuten, Eltern, Coachs, Lehrer oder (idealerweise) Führungskräfte. Die **intrapersonale Intelligenz** ist die Fähigkeit, sich selbst zu verstehen und zu beeinflussen, also seine eigenen Gefühle, Motive, Stimmungen oder Antriebe. Solche Selbsterkenntnis kommt zwar insbesondere Künstlerinnen, Schauspielern oder Schriftstellern zugute, hilft aber jedem: Man trifft bessere persönliche Entscheidungen. Die soziale und intrapersonelle Intelligenz zusammen nennt man auch **emotionale Intelligenz,** bei der es

Apropos Intelligenz: Was ist das? Das erfolgreiche Lösen kniffliger Aufgaben in Intelligenztests? Nein, mehr: Mittlerweile versteht man darunter eine Vielzahl von Fähigkeiten, die in den verschiedensten Umfeldern und Berufen hilfreich sein können, während sie für andere unwichtig sind.

unterm Strich ums sensible Wahrnehmen und Verstehen von Gefühlen geht. Außerdem gibt es noch die **praktische Intelligenz oder Erfolgsintelligenz,** die anstehende Probleme so löst, dass man seine Dinge im Alltag auf die Reihe kriegt. Das ist ebenfalls in vielen Bereichen und Berufen sinnvoll, vor allem aber wenn man erfolgreich sein eigenes Ding machen will, etwa als Selbstständiger oder Unternehmer. Na, siehst du klarer? Welche Arten von Intelligenz entsprechen deinen Stärken am ehesten?

Fähigkeiten und Talente

Werden wir noch konkreter. Schauen wir uns eine ganze Reihe einzelner Fähigkeiten und Talente an. Welche davon hast du drauf?

Nachdenken, sprechen, erklären, reden, lehren, lernen, verhandeln, verkaufen, begeistern, motivieren, führen, delegieren, moderieren, inspirieren, vermitteln, schlichten, lesen, schreiben, zuhören, dich einfühlen, kreativ sein, Lösungen finden, alleine sein, singen, tanzen, Musik machen, komponieren, unterhalten, Sport machen, rechnen, attraktiv wirken, logisch denken, analysieren, Entscheidungen treffen, deine Intuition wahrnehmen, Mut, Risikobereitschaft, Stärke, Resilienz, Selbstvertrauen, Humor, Intelligenz, Geschäftssinn, Klarheit, Scharfsinn, Disziplin, Ehrgeiz, Ausdauer, Charme, Charisma, gutes Aussehen, sicheres Auftreten, gute Rhetorik, Flexibilität, Souveränität, Gelassenheit, innere Ruhe, Konzentrationsfähigkeit, Chancen erkennen, Offenheit für Neues, Wissbegierde, Muster erkennen, Leidenschaft, praktisch umsetzen, präsentieren, Sinn für Schönheit, Vertrauen erwecken, Interesse an anderen Menschen haben, Fragen stellen, unterstützen, Probleme lösen, Achtsamkeit, Selbstfürsorge, Empfindsamkeit, Erholungsfähigkeit, positive Energie ausstrahlen, Fantasie, Vorstellungsvermögen, Visionen entwickeln und vorstellen, Initiative ergreifen, organisieren, priorisieren, Geld machen, Ehrlichkeit, Liebe geben, Menschen fördern und fordern, Macht anziehen und klug einsetzen, positive

Aggression, Selbstliebe, Beziehungen führen, Verantwortungsbewusstsein, Vitalität, Energie, Gesundheitsbewusstsein, Leistungsstärke, Glaube an dich selbst, Glaube an andere, Optimismus, Gerechtigkeitssinn, Ja sagen können, Nein sagen können, konstruktiv denken können, nicht jammern, mit Frust fertigwerden, Freiheitsliebe, Konsequenz, Kontaktfreude, innerer Frieden, Authentizität, Poesie, andere zum Lachen bringen, Gefühle wahrnehmen, Produktivität, Fairness, Dankbarkeit, Zufriedenheit, Zuverlässigkeit, Zielstrebigkeit, Fehler zugeben können, dich verbessern wollen, Selbstbelohnung, Genügsamkeit, im Moment leben, lustvoll genießen, Naturverbundenheit, positive Verrücktheit, Freigebigkeit, Freude am Tüfteln, gesundes Selbstwertgefühl, Erfolgsorientierung, Sensibilität, deiner inneren Stimme folgen, vertrauen, loslassen können, dich ständig weiterentwickeln, das Beste aus allem machen, deinem Instinkt vertrauen, Entscheidungen alleine treffen, Gegensätze und Widersprüche akzeptieren, gute Laune haben und versprühen, über dich selbst lachen können, guter Coach und Mentor sein, Vorbild sein, Orientierung geben, Herausforderungen suchen, Abenteuerlust, Menschenkenntnis, innere Freude, viel lachen, Begeisterungsfähigkeit, Loyalität, Chancen erkennen, in Möglichkeiten denken, positiv träumen, Kritikfähigkeit, dich selbst verpflichten, gutes Gedächtnis, gute Selbstorganisation, teilen können, Geduld, Demut, Sympathie, Glaubwürdigkeit, Körperlichkeit, sexuelle Energie, andere glücklich machen wollen, offen deine Meinung sagen, Selbstständigkeit, Haushaltsführung, kochen, Ordnung halten, Sauberkeit, Tierliebe, reparieren, liebevolle Kindererziehung, Wohnung einrichten, mit Zahlen umgehen, Tabellen erstellen, gutes Zeitmanagement, Bürotätigkeiten, Computerkenntnisse, Kranke pflegen, malen und zeichnen, programmieren, und so weiter.

Diese Liste ließe sich fortführen. Wenn dir also weitere wichtige Fähigkeiten und Talente einfallen, ergänze sie gerne.

Zeit für ein Zwischenfazit: Welche Fähigkeiten und Talente

sind bei dir besonders ausgeprägt? Liste deine zehn, zwanzig wichtigsten auf. Und dann versuche, sie auf die Allerwichtigsten zu reduzieren. Vielleicht schaffst du es, dir deine drei, vier oder fünf wesentlichen Talente bewusst zu machen. Welche sind das? Und: Findest du dabei eine Schnittmenge zur ersten Frage? Also hast du Stärken und Talente, die du genau dort einsetzen kannst, wo deine Leidenschaft liegt? Bei dem, was dich wirklich begeistert? Du merkst: Wir kommen deiner Lebensaufgabe näher.

Dritte Frage: Womit bringst du echten Nutzen?

Mit welchen deiner Leidenschaften und Stärken stiftest du echten Nutzen? Welches Problem löst genau du mit deiner ganz persönlichen Lebensgeschichte und deinen Qualifikationen? Womit machst du die Welt ein bisschen besser? Also auf welche Fragen des Lebens, auf welche Probleme und Nöte da draußen bist du die Antwort? Wozu gibt es dich? Und dann sei genau das, was nur du sein kannst: Diene der Welt und folge deiner Berufung!

An dieser Stelle eine Warnung: Die Tendenz der meisten ist leider, sich hierbei wieder an anderen Menschen zu orientieren. Sie fragen sich: »Was ist angemessen? Was geht? Was nicht? Was darf ich tun? Was nicht?« Und je mehr sie sich an den Ratschlägen anderer orientieren, desto mehr verleugnen sie sich und ihre Möglichkeiten. Dabei ist das Unsinn, denn niemand weiß, was für dich geht! Also besinn dich auf dich selbst: »Was macht mir richtig viel Spaß? Was kann ich besser als andere? Und wie helfe ich damit optimal?« Die Antworten sind individuell, unterscheiden sich also von denen anderer. Und das muss so sein, denn es geht eben nicht um das, was andere tun, sondern um das, was du zu tun hast. Genau du.

Gute Nachricht: Die meisten Menschen sind gedanklich ohnehin vor allem mit sich selbst beschäftigt. Sie interessieren sich weniger für dich, als du glaubst. Daher brauchst du dich auch nicht zu bremsen oder für egozentrisch zu halten, wenn du dein Ding machst. Wobei Egozentrik nicht ist, deinen Kram für wichtiger zu halten als den anderer, sondern zu erwarten, dass ihn auch andere für wichtiger halten als ihren eigenen. Wirklich jeder lebt nun mal sein eigenes Leben. Und daraus kann jeder im Sinne aller das Beste machen. Der Schriftsteller Oscar Wilde (1854–1900), ein Meister pointierter Aphorismen, drückte es so aus: »Sei du selbst. Alle anderen sind schon vergeben.«

Unternehmerisch denken

Das Prinzip hinter dem Gedanken, Nutzen zu bringen, ist ein zutiefst unternehmerisches. Es fragt: »Welche Probleme löse ich? Was kann ich dem Markt Sinnvolles anbieten? Was wollen andere von mir haben?« Also produzieren Unternehmen Finanzportfolios, Autos oder Kaugummis, denn Menschen wollen Geld anlegen, von A nach B kommen oder ihren Mundgeruch kaschieren. Der Bedarf ist da. Gut, dass ihn jemand deckt. Welchen Bedarf kannst du mit deinen Stärken und Leidenschaften decken? Liebevoll Menschen pflegen? Deine Stadt oder Gemeinde voranbringen? Schränke bauen? Dann eröffne einen Pflegedienst, engagiere dich in der Lokalpolitik und mach Schreinerei endlich zu deinem Hauptberuf! Nicht zu tun, was du willst, kannst und solltest, ist unterlassene Hilfeleistung. Dein Avatar irrt weiter umher und sucht seinen Platz im Leben.

Du darfst dich dabei auch spezialisieren. Such dir für deinen Pflegedienst genau die Kunden aus, die du am meisten magst. Engagiere dich für genau die Themen deiner Stadt, die in deinen Augen die wichtigsten sind. Bau Schränke in dem Stil, der dir am besten gefällt. Sprich: Trau dich, eine Nische zu besetzen! Je mehr du dich von anderen unterscheidest und je treuer du dir dabei bleibst, desto besser: So wirst du genau die Menschen und Projekte anziehen, die du liebst, bei denen du am kompetentesten bist und denen du am besten helfen kannst. So wirst du zu deiner eigenen Marke und verdienst idealerweise gutes Geld.

Du tust genau das, was du liebst und kannst und findest darin deine Lebensaufgabe. Du passt nicht mehr deine Träume deinen Lebensumständen an, sondern deine Lebensumstände deinen Träumen. Vorausgesetzt, wie gesagt, du bringst anderen damit echten Nutzen. Noch mal Oscar Wilde: »Selbstlosigkeit ist ausgereifter Egoismus.«

DIE AUSGERICHTETE SINN-KOMPASSNADEL

Damit wären wir am Ende des zweiten Teils dieses Buches. Du kennst deinen Sinn oder konntest dich ihm nähern. Du hast Hemmungen beseitigt, dein Lebensrad bestimmt, deine Persönlichkeit kennengelernt. Du weißt, was dir guttut und was nicht. Du kennst deine Werte, Lieblingsbeschäftigungen und Energiequellen. Du traust deiner Intuition und hast dich deinen Wunden, Knoten und Süchten gestellt. Du hast die starre Enge deines kleinen Ichs verlassen, deine Talente erkannt und ahnst, wofür du wirklich gemeint bist. Und weil du dich als freien Avatar in der komplexen Matrix des Lebens verstehst, weißt du: Du kannst alles in deinem Sinne beeinflussen, dich deinen Aufgaben stellen, an ihnen wachsen, offene Schleifen schließen und im großen Spiel endlich den nächsten Level erreichen. Deine Seele wird ruhig im Moment der Ausrichtung. Du weißt, was du zu tun hast. Deine Sinn-Kompassnadel ist ausgerichtet – widmen wir uns als Nächstes der Weg-Kompassnadel.

Wenn du magst, kannst du die vielen neuen Gedanken und Erkenntnisse auch erst einmal sacken lassen, bevor du weiterliest. Du darfst dir die Zeit nehmen, alles zu verarbeiten. Innere Ausrichtung ist nun mal genau das: viel, viel Arbeit. Oder aber du bist total motiviert und willst sofort erfahren, wie du deinen Weg gehst und deine Ziele erreichst? Daher: Tu genau das, was du jetzt brauchst. Du weißt selbst am besten, was das ist. Ich jedenfalls freue mich auf dich im dritten Teil dieses Buches.

TEIL 3
GEH DEINEN WEG

Kannst du eine Schwarzwälder Kirschtorte backen? Vielleicht. Kannst du eine essen? Auf jeden Fall. Was aber, wenn ich dir ein Rezept gäbe – könntest du dann eine backen? Natürlich. Ähnlich ist es mit den meisten Kompetenzen im Leben. Wenn wir ihre Zutaten kennen und auf die richtige Weise zusammensetzen, können wir sie erlernen.

INNERE PROGRAMME: GEDANKEN, REZEPTE, REFLEXE

Was wir uns erzählen, macht etwas mit uns. Also Vorsicht!
Was erzählst du dir den lieben langen Tag alles selbst?
Was solltest du dir glauben? Was besser nicht?

»Stefan, kündige auf keinen Fall!«, riet mir mein Vater. Ich hatte ihm soeben von meinen ständigen Kämpfen mit dem Inhaber des Textilhandels erzählt, dessen Nachfolger ich werden sollte. »Jetzt mach noch eine Weile die Faust in der Tasche und halte durch! Irgendwann tritt der Alte zurück. Und dann ist das deine Firma.« Aber wann? Und was ist bis dahin? Weiterhin notwendige Veränderungen beginnen, gegen die sich »der Alte« wehrt, weil er nicht versteht, wie wichtig sie sind? Schon eineinhalb Jahre kämpfte ich gegen Windmühlen. Mein größter Erfolg: die Einführung eines neuen Warenwirtschaftssystems. Ohne das wäre das Unternehmen mit der bald bevorstehenden Rente des Prokuristen von einem Tag auf den anderen nicht mehr existenzfähig gewesen. Wir mussten dringend das Wissen dieses einen Mitarbeiters in ein EDV-System übertragen. Und was riet mir mein Vater? »Stefan, mach es wie ein echter Mann: Geh in die Kneipe und besauf dich. Dann ist der Frust erst mal weg.«

Am nächsten Tag habe ich gekündigt und begann meine Selbstständigkeit. Gute Entscheidung. »Der Alte« blieb übrigens noch siebzehn Jahre lang der alleinige Chef seiner Firma – bis zu seinem Tod. Nicht auszudenken, was es mit mir gemacht hätte, wäre ich im Unternehmen geblieben! Und mein Vater starb elf Jahre später mit Mitte sechzig – nach 25 Jahren Leidenszeit. Er hatte so ziemlich jede chronische Krankheit, die man durch falsche Lebensführung bekommen kann. Es war grausam.

KONFLIKTE DURCH INKONSEQUENZ

Na, was hast du dir im letzten Teil des Buches vorgenommen? Was willst du verändern? Dann Vorsicht: Hast du schon mal Erfahrungen mit deinem inneren Schweinehund gemacht? Ist deiner vielleicht besonders groß? Dann kennst du sicherlich die innere Stimme, welche dir gerne den Wind aus den Segeln nimmt: »Lass das sein!«, sagt sie. Oder: »Fang lieber erst morgen an!« Oder: »Das schaffst du sowieso nicht.« Und schon ist aus einem guten Vorsatz ein vager Wunsch geworden. Freilich ein unverbindlicher. Einfach machen? Geht doch nicht. Dafür müssten wir erst unseren inneren Schweinehund überwinden. Und der ist verdammt stark. Wie überwinden wir ihn?

Willkommen im dritten Teil dieses Buches! Nun geht es an die praktische Umsetzung: Was solltest du wie tun? Und was wie besser nicht? Denn innere Ausrichtung ohne Übersetzung in äußere Handlungen sorgt für Konflikte. Wir wissen, was wir zu tun hätten, tun aber nicht, was wir wissen. Statt unserem Sinn zu folgen und unseren Weg zu gehen, erkennen wir nur, dass wir genau das nicht machen. Aber nun greifen die Verdrängungsmechanismen nicht mehr, wir sehen unsere Probleme und unsere Hilflosigkeit. Das tut weh und untergräbt das Selbstbewusstsein: »Du kriegst es nicht gebacken!« Die Schlussfolgerung: Wir halten uns für schwach, doof, gestört oder minderwertig. Was ist da los? Warum können andere, was wir nicht schaffen? Welche inneren Programme sabotieren uns? Ich glaube, dass viele vermeiden, sich ehrlich mit sich selbst zu beschäftigen, weil es leichter erscheint, sich etwas vorzumachen, als sich den Konsequenzen von Selbsterkenntnis zu stellen.

DIE SUBJEKTIVE MACHT DER GEDANKEN

Beginnen wir dieses Kapitel daher mit einem näheren Blick auf unser inneres Selbstgespräch (unseren inneren Schweinehund), also unsere Gedanken. Immerhin reden die ein Wörtchen mit, wenn wir Entscheidungen treffen oder nicht treffen: »Wann, wenn nicht jetzt? Wer, wenn nicht du? Wo, wenn nicht hier?« Oder eben: »Dafür ist es zu früh, zu spät, bist du zu klein, zu groß, zu jung, zu alt, zu klug, zu dumm ...« Im ersten Fall packen wir an, was zu tun ist. Im zweiten warten wir ab – oft bis es zu spät ist oder die Umstände eine Entscheidung für uns treffen. Keine Frage: Was wir uns erzählen, macht etwas mit uns. Also Vorsicht! Was erzählst du dir den lieben langen Tag alles selbst? Was solltest du dir glauben? Was besser nicht? Realität ist eine subjektive Sache: Ist der FC Bayern ein seelenloser Bonzenclub, der durch seine Übermacht den deutschen Fußball ruiniert? Oder wertet er ihn durch seine Erfolge auf? Sind deine Tage voller Herausforderungen oder gespickt mit unlösbaren Problemen? Solltest du dich ihnen stellen oder vor ihnen weglaufen? Du wirst für beides Argumente finden. Die Frage ist: Welche willst du finden? Und wozu führt das?

Eine alte Weisheit lautet: Achte auf deine Gedanken, denn sie werden Worte. Achte auf deine Worte, denn sie werden Handlungen. Achte auf deine Handlungen, denn sie werden Gewohnheiten. Achte auf deine Gewohnheiten, denn sie werden dein Charakter. Achte auf deinen Charakter, denn er wird dein Schicksal. Eine andere Weisheit: Auf Dauer nimmt unsere Seele die Farbe unserer Gedanken an. Wieder nur Sprüche? Schauen wir uns das näher an.

Rezepte, Rezepte, Rezepte

Frage: Kannst du eine Schwarzwälder Kirschtorte backen? Vielleicht. Kannst du eine essen? Auf jeden Fall. Was aber, wenn ich dir ein Rezept gäbe, könntest du dann eine backen? Natürlich. Ähnlich ist es mit den meisten Kompetenzen. Kennen wir ihre Zutaten und setzen sie richtig zusammen, können wir sie lernen: Computer programmieren, Steuern optimieren, in der Wildnis überleben – mit den richtigen Rezepten schaffen wir alles Mögliche. Betrachten wir Gedanken mal als solche Rezepte.

Woher stammen sie? Viele unserer Gedanken sind gar nicht unsere eigenen, sondern die von anderen. Unser Umfeld bestimmt mit, was wir uns in den Kopf tun und somit denken (können): Mit wem reden wir worüber? Wo informieren wir uns? Lesen wir die BILD, Bunte oder den Spiegel? Was abonnieren wir auf Social Media? Welche Serien schauen wir an? Welche Bücher lesen wir? (Lesen wir überhaupt Bücher?) Oder aber: Wie gehen wir mit Problemen um? Haben wir im Leben Gestaltungsmacht oder keine? So entstehen Ansichten, die uns beeinflussen: Wir verstehen etwas oder verstehen es nicht. Wir handeln oder kneifen. Wir lösen Probleme oder leiden unter ihnen. Wir gestalten oder jammern. Und wenn die Ergebnisse von Handlungen unsere Ansichten bestätigen, verfestigen sie sich. Es entstehen Überzeugungen, die sich selbst verstärken: »Natürlich schaffe ich das!« Oder: »Ich habe sowieso keine Chance.« Was auch sonst? Wir wissen Bescheid.

Automatismen des Denkens

Doch wissen wir wirklich Bescheid? Oder denken wir nur in automatischen Reflexen, die irgendwie in unseren Kopf gekommen sind? Machen wir einen kleinen Test! Ich nenne dir jetzt vier Worte. Du liest sie eines nach dem anderen und sprichst dann laut aus, welches Wort dir jeweils als Nächstes einfällt. Also: »Schwarz – …«? »Hoch – …«? »Hell – …«? »Mann – …«? Mit hoher Wahrscheinlichkeit hast du gesagt: »Schwarz – Weiß«, »Hoch – Tief«, »Hell – Dunkel«, »Mann – Frau«. Diese Worte kamen dir spontan in den Sinn, ohne dass du für sie hättest nachdenken müssen, denn du hast die Begriffspaare schon so oft gehört und genutzt, dass sie zu festen Assoziationen wurden. Wir denken oft in ganzen Ketten automatischer Assoziationen: »Schwarz – Weiß – Schnee – Skifahren – Spaß.« Oder: »Schwarz – Weiß – Schnee – Skifahren – Kreuzbandriss«, je nach unseren persönlichen Prägungen. Vielleicht fielen dir bei obigen Begriffen auch andere Worte ein? Zum Beispiel: »Schwarz – Gelb«, wenn du in Dortmund wohnst. Oder: »Schwarz – Wald«, wenn du dort zu Hause bist. In einem Seminar mit Steuerberatern habe ich einmal gehört: »Schwarz – Geld«.

Wie kommen diese Automatismen in unsere Gedanken? Wir üben sie ein. Einerseits durch die Geschichten aus unserem Umfeld, denen wir Glauben schenken: »FC Bayern? Böse!« Oder: »FC Bayern? Super!« Oder aber: »Rauchen? Dumm!« Oder: »Rauchen? Cool!« Und durch Verhalten, das wir erlernen. In welchen Situationen greifen Raucher zur Zigarette? Zum Beispiel beim Kaffeetrinken, bei Stress oder Langeweile. Also entstehen in ihrem Denken Automatismen, die bald ihr Verhalten steuern: Kaffee? Zigarette! Stress? Zigarette! Langeweile? Zigarette! Autofahren? Zigarette! Nach dem Essen? Zigarette! Nach dem Sex? Zigarette! (Während des Sex? Zigarette! Scherz, sorry. Wobei das eigentlich nicht lustig ist, denn Rauchen macht impotent.) Für Raucher gehören Zigaretten bald zu all den geschilderten Situationen. Sie denken nicht mehr, sondern werden gedacht – von erlernten gedanklichen Reflexen.

Lernen: Training für Synapsen

Wann also meldet sich unser innerer Schweinehund? Immer dann, wenn wir gegen unsere eingeübten Verknüpfungen handeln sollen. Nicht Sport ist anstrengend, keine Zigaretten zu rauchen oder Probleme zu lösen, sondern was wir nicht gewohnt sind. Ich zum Beispiel finde es furchtbar, keinen Sport zu machen, weil ich täglich trainiere. Auch käme mir nie in den Sinn, zum Kaffee eine Zigarette zu rauchen, wenngleich ich genau das dreizehn Jahre lang getan habe. (Gute Nachricht: Wir können Denken und Verhalten verändern!) Und Probleme nicht zu lösen, finde ich anstrengender als vor ihnen davonzulaufen. Im Gegensatz zu meinem Vater, der öfter den Weg des geringeren Widerstandes ging. Er hatte viele andere Programme im Kopf.

Der Punkt ist: Wir müssen aufpassen, was wir uns beibringen (lassen). Denn ist ein Denkprogramm einmal angelegt und einigermaßen erfolgreich getestet, verselbstständigt es sich und übernimmt die Kontrolle. Das liegt an den Verbindungen zwischen den Nerven im Gehirn. Aber der Reihe nach: Wir haben etwa 100 Milliarden Nervenzellen im Hirn, die sogenannten Neuronen. Diese können sich miteinander vernetzen, je nachdem, wie wir sie trainieren. Jedes Neuron hat dabei eine ganz spezifische Bedeutung, die wir mit anderen Neuronen und ihren jeweiligen Bedeutungen verbinden oder nicht.

Ein Beispiel: In deiner Ortschaft hat eine neue Pizzeria aufgemacht und dein Pizza-Neuron kriegt Appetit. Also gehst du zum ersten Mal hinein, eine schöne Kellnerin oder ein attraktiver Kellner (je nach sexueller Präferenz) bringt dir die Karte. Darauf lachen dich Pizza Nummer acht und dreizehn an. Welche bestellen? Du wirst zunächst raten: »Ich probiere mal Nummer acht!« Dein Pizza-Neuron bereitet sich auf eine Lernerfahrung vor. Sein Axon, also der antennenähnliche Nervenfortsatz, führt zu einem anderen Neuron, welches die Bedeutung »Pizza Nummer acht« bekommt. Die Stelle, an der das Pizza-Neuron das Nummer-acht-Neuron berührt, nennt man Synapse. Je nachdem, wie intensiv die Berührung beider Nerven an der Synapse ist, gehören beide Nervenzellen eher zusammen oder nicht. Also: Nach ein paar Minuten bekommst du die Pizza Nummer acht serviert und sie schmeckt – schlechter als erwartet. Was passiert? Die Verbindung an der Synapse schwächt sich ab, der Nervenarm des Pizza-Neurons zieht sich sozusagen ein Stück zurück. Die Nerven lernen: »Pizza acht muss nicht mehr sein.« Welche wirst du beim nächsten Mal bestellen? Klar: die dreizehn. Und wenn die gut schmeckt, passiert genau das Gegenteil: Die Verbindung verstärkt sich, an der Synapse kuschelt sich der Nervenarm des Pizza-Neurons ins Neuron Nummer dreizehn hinein. Bereits beim dritten Besuch der Pizzeria denkst du nicht mehr nach: »Pizza dreizehn bitte!« Und beim vierten wissen auch Kellnerin oder Kellner Bescheid: »Nummer dreizehn, so wie immer?« Hallo, Automatismus. Wie heißt es so schön? Gewohnheiten sind zunächst wie Spinnweben, dann wie Drahtseile.

Gefühle mal Wiederholung

Warum genau verknüpfen sich Neuronen miteinander beziehungsweise lösen ihre Verknüpfung? Wegen des emotionalen Feedbacks: Je positiver oder negativer ein erlebtes Gefühl, desto klarer gehören zwei Neuronen zusammen oder nicht. Die Pizza acht war schlechter als Nummer dreizehn. Mit ein paar Wiederholungen entsteht eine neuronale Straße, auf der es sich sicher fahren lässt. Je intensiver das Erlebnis dabei, desto weniger Wiederholungen brauchen wir, um zu lernen. Positiv wie negativ. Lernen ist sozusagen eine Gleichung aus Emotion und Übung: gefühlte Intensität mal Wiederholungshäufigkeit. Je intensiver unsere Gefühle oder je öfter wir etwas wiederholen, desto stärker die Verbindung der Nervenzellen im Gehirn.

Ein Beispiel: Hast du schon einmal auf eine heiße Herdplatte gefasst? Unangenehm, das tust du zukünftig nicht mehr. Egal wie schön orange sie leuchtet. Eine einzige schmerzhafte Erfahrung sollte ausreichen. Alles andere wäre bescheuert. Einmal hinfassen: »Aua!« Ein zweites Mal: »Hey, das tut immer noch weh!« Ein drittes Mal: »Blöde Herdplatte!« Ein viertes Mal: »Die ist fies!« So in etwa sähe eine Lernschwäche aus. Keine Frage: Schlechte Gefühle zu verhindern ist ein starker Antrieb. Je nachdem, wie sensibel wir justiert sind, ist uns Schmerzvermeidung wichtig.

Doch auch positive Erfahrungen prägen uns: Einmal intensive Zweisamkeit mit unserem Traumpartner und unser Herz ist an ihn verloren – egal ob der uns später noch will oder nicht mehr. Einmal beim Surfen richtig die Welle erwischt und wir versuchen es immer wieder – egal wie oft es schiefgeht. So entstehen auch Süchte. Einmal intensiv belohnt und wir wollen die Erfahrung wiederholen. Ich erinnere mich immer noch etwas ungläubig an einen Abend im Casino, an dem ich im Roulette gewonnen hatte. Die folgenden Wochen (!) träumte ich von bunten Spielchips und las allerlei Unsinn über angeblich sichere Spielstrategien, mit denen ich ein Vermögen machen konnte. Natürlich wusste ich: Die Spielbank gewinnt öfter als der Spieler, weil sonst das System nicht funktioniert. Ich hatte einfach nur Glück gehabt. Trotzdem spielte mir mein angefixtes Hirn einen schönen Traum nach dem anderen vor. Ich musste mich dazu zwingen, nicht gleich wieder ins Casino zu rennen. Nach ein paar Wochen war der Psychospuk vorbei und ich um eine Erkenntnis reicher: Es ist sehr leicht, süchtig zu werden. Gefühle sind mächtig.

Aber wir brauchen fürs Verknüpfen von Neuronen nicht zwingend intensive Belohnungen oder Bestrafungen. Denn auch ständige Wiederholungen lassen uns lernen. Angenommen, du willst dir ein Verhalten beibringen, welches erst nach längerer Zeit zu Ergebnissen führt, also etwa regelmäßig Sport zu machen oder finanziell klug zu investieren, kannst du deine Handlungen von Gefühlen entkoppeln: Mach einfach, was du machen musst. Und zwar immer wieder. Es ist dann nämlich bald egal, ob es dir Spaß macht, die Laufschuhe zu schnüren oder einen Aktienkurs zu checken. Machst du daraus eine Gewohnheit, verknüpfst du bestimmte Nervenzellen ebenfalls. Nun ist es die Wiederholungshäufigkeit, die aus Spinnweben Drahtseile macht. Der Automatismus entsteht durchs Einüben – auch ohne unmittelbares emotionales Feedback.

Hygiene der Gedanken

Dieser Lernmechanismus unserer Nervenzellen bedeutet etwas Fundamentales: Wir machen im Leben keine Erfahrungen, sondern die Erfahrungen machen uns. Was wir erleben, speichern wir als Erfahrung ab. Wir spielen uns Programme ins Hirn, die uns auf Autopilot steuern, sobald sie halbwegs funktionieren. Deshalb ist es wichtig, mit welchen Rezepten wir uns füttern. Unseren Nerven ist es nämlich egal, ob uns langfristig guttut, was wir ihnen beibringen – sie bewerten nicht, sondern folgen ihren Prägungen. Wir können deshalb alles Mögliche lernen.

Und damit zurück zu deinem persönlichen Umfeld: Welche Rezepte findest du dort vor? Hilfreiche oder schädliche? Fütterst du deine Gedanken mit Müll? Dann wundere dich nicht, wenn du auch im Leben immer wieder stolperst. Oder bringst du dir wertvolle Kompetenzen bei? Dann wird dir viel Gutes passieren. Für die biologische Lernmechanik deines Gehirns ist beides das Gleiche: nur ein Gedankenprogramm. Du musst schon selbst entscheiden, was du dir in den Kopf tust. Erfolgsprogramme oder Erfolgsverhinderer? Glück oder Unglück? Liebe oder Hass? Überfluss oder Mangel? Tiefe oder Oberflächlichkeit? Fakten oder Verschwörungserzählungen? In Sachen Gedanken bist du sozusagen dein eigener Hygienebeauftragter: Was darf in dich rein, was besser nicht? Wovon lässt du dein Denken prägen? Du hast die Macht.

Sind neue Denk- und Verhaltensreflexe einmal installiert, hinterfragen wir sie nicht mehr.

»WIE GEHT DAS?«

Nachdem du also deine Sinn-Kompassnadel justiert hast: Wie solltest du deinen Weg gehen? Zunächst indem du dir bewusst machst, dass du mit guten Rezepten im richtigen gedanklichen Umfeld viel lernen und schaffen kannst. Oft genug erzählen wir uns selbst: »Ich kann das nicht!« Dann scheitern wir, bevor wir überhaupt beginnen. Doch warum solltest du etwas bereits können, das du zum ersten Mal machst? Alles, was du heute kannst, hast du gelernt: laufen, sprechen, WhatsApps tippen. Nichts davon war zu Beginn einfach. Du hast es so oft geübt, bis du es konntest. Du hast deinen Neuronen im Gehirn Programme aufgespielt, die nun automatisch laufen. Also: Musst du irgendeine neue Fähigkeit lernen, um deinen Weg zu gehen? Dann tu genau das: Lerne! Es gibt keinen Grund, von vornherein aufzugeben.

Oft halten uns ähnliche Dinge davon ab, unseren Weg zu gehen. Zum Beispiel fehlende Informationen, mangelnde Fähigkeiten oder Zweifel. Also erzählen wir uns: »Es ist nicht möglich.« Die Lösung liegt aber darin, die Frage umzudrehen: »Wie ist es möglich?« Und dann gezielt nach guten Rezepten zu suchen. Denn irgendwer hat schon geschafft, was du schaffen willst. Wie ging das? Auch andere Menschen halten uns manchmal davon ab, unseren Weg zu gehen. Oder uns fehlt Energie und Motivation. Oder wir haben keine Zeit, zu wenig Geld oder zu viel Angst, um unsere Pläne in die Tat umzusetzen. Für all das gibt es Lösungen: Du kannst dir die richtigen Menschen suchen, deine Energie klüger nutzen, dich besser motivieren, deine Zeit managen, deine Finanzen verbessern und Ängste besiegen. All das beginnt stets mit der Frage: »Wie geht das?« Sie gibt dir die Macht, dein Denken zu formen.

DIE BESSEREN ANTWORTEN

Such dir das bestmögliche Umfeld für deine Gedanken! Das bedeutet auch, dass du die angeblichen Wahrheiten deines jetzigen Umfelds kritisch hinterfragen darfst, vor allem wenn du dich nicht mit ihm identifizierst oder nicht vorankommst, obwohl du dir Mühe gibst. Wo findest du bessere Antworten? Bei welchen Menschen, in welchen Büchern, Artikeln, Podcasts oder Seminaren? Such dir deine Rezepte und Programme selbst aus!

Gesunde Skepsis

Um das Thema mit meinem Vater abzuschließen: Es wird dich nicht überraschen, dass wir zeitlebens ein schwieriges Verhältnis hatten. Bereits in jungen Jahren begann ich, seinen Kompetenzen zu misstrauen. Leider lief viel schief in seinem Leben. Er hatte seine ganz eigenen Dämonen. Ich kann ihm keinen Vorwurf machen: Im Rahmen seiner Möglichkeiten gab er sein Bestes und ertrug vor allem in seinen letzten Jahren so viel Leid, dass ich ihm posthum jede Tapferkeitsmedaille dieses Planeten verleihen möchte. Allerdings reagierte ich bereits als Kind reaktiv: Was mein Vater mir riet, konnte nicht stimmen. Also machte ich mich lieber selbst auf die Suche nach Antworten, statt seine zu übernehmen. Oft genug nahm ich seine Ratschläge zum Anlass, genau das Gegenteil dessen zu tun, was er für richtig hielt, und war mit dieser Strategie für mich meist erfolgreich. Auch das machte unsere Beziehung nicht unbedingt leichter.

Was ist dabei herausgekommen? Bis heute habe ich eine ausgeprägte Skepsis gegenüber (angeblichen) Autoritäten: Lehrer, Professoren, Vorgesetzte, Experten – ich hinterfrage sie immer. Bevor ich etwas glaube, will ich zuerst selbst die Zusammenhänge verstehen und mir eine eigene Meinung bilden. Daher arbeite ich mich gerne in allerlei Themen ein, die mir wichtig erscheinen. Ich tanke gezielt Gedanken, die ich glaube lernen zu müssen. So entstehen mit der Zeit komplexe Wissensnetze, die mir unter anderem ermöglichen, verschiedene Gebiete zu verstehen, zu verbinden und über sie zu schreiben oder Vorträge, Seminare und Coachingprogramme zu entwickeln. Die thematische Bandbreite meiner bisherigen Bücher und Artikel lässt mich oft selbst schmunzeln: Motivation, Verkauf, Nichtrauchen, Ernährung, Führung, Kommunikation, finanzieller Wohlstand, Büroorganisation, Flirten, Persönlichkeit, Gesundheit, Fitness, Unternehmertum, Ökologie, Erfolg, Rhetorik, Verhandeln – ich recherchiere, teste und schreibe. Für mich ist das ein wichtiges Programm im Kopf. (Und ein Stück weit Therapie.)

Gedanken tanken

Bin ich also ein arbeitswütiges Opfer meiner Skepsis? Im Gegenteil: Ich betrachte es als stimmigen Teil meiner Lebensaufgabe, als konsequente Ausrichtung meiner eigenen Weg-Kompassnadel an meinem persönlichen Sinn. Dank meiner Vorgehensweise traue ich meinen Gedanken, nutze sie als meine Werkzeuge – und gebe sie gerne weiter, sodass auch andere sie nutzen können, statt einfach nur nachzuplappern, was ihnen irgendwer vorplappert. Wenn Menschen schon denken, dass sie denken, dann doch bitte Gedanken, über die sich jemand Gedanken gemacht hat.

In gewisser Weise schließe ich damit auch offene Schleifen: meine eigenen und die meines Vaters. Und aus biografischen Wunden ist etwas entstanden, auf das ich sehr stolz bin: »GEDANKENtanken«. Unter diesem Namen gründete ich 2012 ein Unternehmen, welches im Laufe der Jahre hunderten Experten eine Bühne bot, bislang unzählige Vortragsevents (unsere beliebten Rednernächte) und Seminare durchführte und Coachingprogramme entwickelte. Unsere Schwerpunkte liegen dabei auf Positiver Psychologie, Gesundheit, Business, Persönlichkeitsentwicklung, Selbstorganisation, Beziehungen, Führung, Rhetorik, Kommunikation – ach, der kompletten Bandbreite persönlicher Erfolgskompetenzen. Unsere »Leaders Academy«, welche Führungskräfte ausbildet, hat mittlerweile zig Standorte in Deutschland, Österreich und der Schweiz. Und unsere Vorträge senden wir kostenlos bei YouTube und als Podcasts – sie werden monatlich von Millionen Menschen gesehen und gehört.

Mein MDMA-Coach meinte übrigens, vielleicht sei es der spirituelle Auftrag meines Vaters gewesen, mich zu ärgern. Tja, danke Papa. Das ist dir gelungen. Und es ist daraus etwas richtig Gutes entstanden. Vielleicht trinken wir eines Tages jenseits der großen blauen Kuppel mal wieder ein Bierchen miteinander. Dann allerdings bestimmt nicht aus Frust, versprochen.

SPUREN IM SCHNEE: ROUTINEN UND ABENTEUER

Wir sind mehr als unsere Gedanken: Wir sind auch Körper, Energie, Emotionen, Verhalten oder Seele, also irgendwie das gesamte Wesen hinter unseren Gedanken, welches selbige an der Leine führt.

Welche Macht Gedanken über uns haben, hätten wir also geklärt. Andererseits können Gedanken oft erstaunlich machtlos sein: Wir wissen genau, wie bewusste Ernährung geht – und plündern trotzdem nachts den Kühlschrank. (Wer näht eigentlich heimlich unsere Klamotten enger?) Wir erkennen, dass wir uns zum Affen machen, wenn wir einer unerfüllten Liebe nachlaufen – aber tun es trotzdem voller Hoffnung. (Verdammt, schon wieder Herzschmerz!) Wir verstehen, wie wir uns organisieren sollten, um Projekte zu wuppen – und lassen uns mal wieder von Kleinkram ablenken. (Mist, beim nächsten Mal mehr Disziplin!)

Hallo, kognitive Dissonanz: Unsere Einstellung passt nicht zu unserem Verhalten. Trotzdem tun wir freiwillig, was wir tun – und leiden darunter. Mal wieder dumm gelaufen. Aber warum eigentlich?

HENNE ODER EI?

Halten wir also fest: Unsere Gedanken sind sowohl Henne als auch Ei. Einerseits sind sie ein wichtiger Teil von uns – gute Rezepte können wahre Wunder wirken. Andererseits aber sind sie immer auch Ergebnisse dessen, was wir bereits sind. Und wir sind mehr als unsere Gedanken: Wir sind auch Körper, Energie, Emotionen, Verhalten oder Seele, also irgendwie das gesamte Wesen hinter unseren Gedanken, welches selbige an der Leine führt. Wie wuselige Hunde ziehen sie uns dabei mal nach vorne, mal zurück, mal nach rechts oder links. Sie streben ständig nach der nächsten Erkenntnis, dem nächsten Eindruck und immer wieder nach Bestätigung der eigenen Sichtweisen. Aber am Ende orientieren sie sich an unserer Laufrichtung.

Was wir tun, wird also auch von unseren Gedanken begleitet. Sie steuern uns dann nicht, sondern sind gewissermaßen unser innerer Moderator. Und je nachdem, was wir denken können, also zu denken gelernt haben, kommentieren sie unser Leben im Rahmen ihrer Möglichkeiten: »Problem? Lösen!« Oder: »Problem? Saufen!« Dabei bewegen sie sich innerhalb von Gewohnheiten, Erfahrungen, Überzeugungen, Kultur und Bildung, eben unserer gelernten Denkprogramme: Sie sind offen für Neues oder lehnen es ab. Sie baden in Leid und Unglück oder suchen in Rückschlägen nach wertvollen Lehren. Sie halten Homer für einen griechischen Dichter der Antike oder einen Charakter aus »Die Simpsons«. Und wie immer kann beides richtig sein, je nachdem, in welche Richtung wir uns bewegen.

Doch was bestimmt unsere Laufrichtung? Und steuern wir sie überhaupt selbst? Ja und nein. Die meisten Dinge des täglichen Lebens spulen wir im Autopilot ab: Kaffee trinken, Instagram checken, Auto fahren. Es wäre ziemlich anstrengend, bei allem immer mitdenken zu müssen. Andererseits können wir unser Verhalten in andere Bahnen lenken: Tee trinken, eine Digitaldiät machen, aufs Fahrrad umsteigen. Voraussetzung: Wir müssen es bewusst tun und, wenn es uns leichtfallen soll, daraus eine neue Routine machen. Denn ein Großteil unseres Wesens besteht nun mal aus Gewohnheiten. Handeln wir gegen sie, meldet sich der innere Schweinehund: »Mach es so wie immer! Veränderung ist anstrengend.«

Ich nenne meinen inneren Schweinehund übrigens Günter und habe eine innige Beziehung zu ihm. Ich betrachte ihn als inneren Freund, der es gut mit mir meint, wenngleich er nicht immer weiß, was wirklich gut für mich ist, sondern einfach nur die Programme abspult, die er kennt – unabhängig davon, ob sie tatsächlich zur Situation passen. Ein bisschen kritische Distanz zu sich selbst ist meines Erachtens daher ratsam. Wir sollten unser Geplapper im Kopf zwar wahrnehmen, aber nicht immer ernst. Wir erzählen uns auch Unsinn.

Zwei widersprüchliche Betriebssysteme

Wobei ich erwähnen sollte, dass es (Überraschung!) innere Schweinehunde gar nicht gibt, wenngleich ich die Metapher gerne nutze. (Schade eigentlich, oder?) Und ob wir sie (uns selbst!) überwinden müssen, hängt davon ab, was in unserem Gehirn geschieht. Da ist es schon wieder, das Ding mit den Pizza-Neuronen. 1,3 Kilo Schwabbelmasse zwischen unseren Ohren. Jeder hat eines, ob man es glaubt oder nicht. Das Gehirn ist das Organ, mit dem wir glauben, zu denken. Dabei denkt es in Wahrheit uns! Oft vollautomatisch. Das hängt nicht nur mit erlernten Neuronenverknüpfungen zusammen, sondern auch mit zwei sehr widersprüchlichen Zuständen, in denen sich unser Gehirn oft befindet: dem Routine- und dem Abenteuermodus. Diese funktionieren tatsächlich wie zwei Betriebssysteme, die sehr unterschiedliche Aufgaben haben: Im einen verwalten wir unser Leben innerhalb bestehender Routinen, im anderen lernen wir Neues.

Das Routinesystem entspricht sozusagen unserer inneren Verwaltungsbehörde.

Im Routinesystem tun wir, was wir immer schon tun, rufen also automatisch Routinen ab, ohne bewusst mit dabei zu sein: Wir finden den Weg in die Arbeit ohne Google Maps, spulen unser gewohntes Sport- oder abendliches Couchprogramm ab, kennen den Namen von

Schatzi auswendig und bestellen in unserer Pizzeria die Nummer dreizehn. Aufwand? Mitdenken? Fokus? Null. Wozu auch? Alles schon oft gemacht, es geht bequem per Autopilot. Sehr praktisch: Wir sparen Energie und funktionieren trotzdem.

Ganz anders funktioniert das System Abenteuer. Hierbei sind wir auf spannender Mission und lernen etwas Neues.

Klein Lisa lernt laufen, du gewinnst als Schreiner deine ersten Kunden oder bringst dir eine neue Sportart bei. Routinen? Noch keine da. Die musst du erst mal aufbauen, wofür du eine gewisse Motivation brauchst. Kein Problem, deine coole Aufgabe sorgt dafür, dass dich dein innerer Schweinehund anfeuert, statt herumzuzicken: »Los geht's!« Und wenn du deine Lernschritte dabei im richtigen Tempo machst, dich also weder über- noch unterforderst, hast du währenddessen Spaß: Du gehst in deiner neuen Tätigkeit auf und erlebst Flowgefühle.

Vorsicht, Langeweile!

Achtung, wichtige Frage: In welchem der beiden Betriebssysteme verbringen wir im Erwachsenenalter mehr Zeit? Im Routine- oder im Abenteuermodus? Klar: im Routinemodus. Denn die meisten Aufgaben haben wir längst gelernt, so richtig fordern sie uns nicht mehr. Das enthält eine gewisse Tragik: Je mehr Routinen wir abspulen, desto langweiliger wird es. Unser Leben verläuft zwar in scheinbar sicheren Bahnen, fühlt sich aber nicht mehr lebendig an. Wir geraten in eine Krise, die wir oft nicht einmal als solche erkennen, weil sie so normal erscheint: Langeweile, Sättigung, Sinnlosigkeit. Wozu jeden Tag aufstehen? Um den immer gleichen Kram zu machen? Zum Glück naht das Wochenende. Außerdem ist bald Urlaub. Dann holen wir uns wieder ein paar Kicks: Wir fliegen ins All-inclusive-Resort, erobern heroisch die schönste Liege am Pool, machen einen Tauchkurs. Die chronische Unterforderung hat ein paar Tage Pause.

Gute Gefühle, schlechte Gefühle

Warum gestalten wir stattdessen nicht unseren Alltag unterhaltsamer? Das hängt mal wieder mit unseren Gefühlen zusammen. Zur Erinnerung: Einerseits wollen wir schöne Gefühle erleben, andererseits schlechte vermeiden. Doch als Erwachsene vermeiden wir lieber schlechte Gefühle, als zuzulassen, dass wir schöne erleben. Immerhin sind unsere Routinen getestet und sicher: unsere Ortschaft, unser Job, unsere Macken. (Auch mein Vater fühlte sich innerhalb seiner Routinen wohl – egal wie schlecht es ihm dabei ging.) Wozu etwas riskieren? Weil neue Missionen Spaß machen? Das reicht nicht aus. Biologisch betrachtet stammen wir nicht von mutigen Vorfahren ab, sondern von vorsichtigen. Es war ein Selektionsvorteil, andere die unbekannten Pilze probieren oder gegen wilde Tiere kämpfen zu lassen. Wer sich zu oft nach vorne drängte, verschwand aus dem Genpool.

Siehst du das anders? Stehst du eher auf schöne Gefühle? Machen wir einen Realitäts-Check: Stell dir mal vor, man serviert dir in einem Lokal (nicht deiner neuen Lieblingspizzeria!) ein leckeres Essen, zum Beispiel ein appetitliches Nudelgericht mit einer Sauce deiner Wahl. Dessen Anblick und Duft lassen dir das Wasser im Mund zusammenlaufen. Würdest du es essen? Moment, eine Info fehlt dir noch: Mit einer gewissen Wahrscheinlichkeit enthält die Sauce Salmonellen. Neulich haben Lebensmittelkontrolleure die Küche überprüft und verheerende hygienische Zustände vorgefunden. Erst letzte Woche kam es bei einigen Gästen zu einer üblen Lebensmittelvergiftung. Noch mal: Würdest du hier essen? Oder doch lieber das Restaurant wechseln? Die meisten entscheiden sich für Letzteres.

Wir handeln, wenn wir müssen

Eine gewisse Vorsicht ist also gesund: Wir tragen auf dem Fahrrad einen Helm, versichern uns gegen Wasserschäden und haben Sex mit Kondom. Wir sind ja nicht blöd! Zu viel Vorsicht jedoch behindert uns im Leben: Statt Geld zu investieren, lassen wir es auf dem Konto liegen. (Oder noch blöder: geben es für sinnloses Zeug aus.) Statt unsere Meinung zu sagen, schlucken wir sie runter. Statt zu machen, was wir für richtig halten, warten wir ab. Es könnte ja schiefgehen – wodurch oft Schlimmeres schiefgeht: Wir bleiben arm, unsicher und hilflos. Wir führen ein Leben unter unseren Möglichkeiten, weil wir kleine Gefahren überschätzen und große unterschätzen. Wir spielen nach uns bekannten Regeln und machen die Dinge lieber richtig anstatt die richtigen Dinge.

Und weil Schmerzvermeidung so mächtig ist, sabotieren wir auch noch unser Glück: Sein, wer wir sind? Tun, was wir wollen? Probieren, was geht? Nicht, solange uns noch Stacheln in der Seele stecken. Diese berühren oder sogar ziehen? Aua! Dann schon lieber Reaktanzen, offene Schleifen und faule Kompromisse – bis deren Schmerzen zu groß werden und wir sie nicht mehr aushalten. Erst wenn Chaos oder Krisen also genug wehtun, schauen wir hin und handeln: Wir schmeißen wegen eines Burn-outs den ungeliebten Job hin, machen wegen eines Herzinfarkts endlich wieder Sport und trennen uns von Menschen, die uns missbrauchen. Warum muss es erst so weit kommen?

Müssen wir wirklich immer erst mit dem Rücken zur Wand stehen? Das kommt darauf an, wie gut unser Abenteuersystem trainiert ist.

Ein gefährlicher Zoobesuch

Stell dir mal folgende (natürlich rein metaphorische) Geschichte vor: Du gehst mit deinen Kindern in den Zoo. Mission: Tiere gucken. Hier Nilpferde, dort Flamingos und auf dem Affenfelsen lausen sich die Paviane. Das innere Abenteuersystem ist aktiv, ihr habt Spaß. Doch nach einer Weile wirst du vom Laufen müde. Also setzt du dich auf eine Bank. Weg vom Scherz, hin zur Lust: Sitzen tut gut. Die immer noch tierbegeisterten Kinder schickst du weiter: »Wir treffen uns in zwei Stunden am

Ausgang!« Alles könnte so schön sein: Deine Oberschenkel erholen sich, vielleicht isst du ein Eis. Auf jeden Fall bist du entspannt – bis du bemerkst, dass du direkt vorm Tigergehege sitzt. Um dich herum lauter Menschen, die plötzlich zu kreischen beginnen. Denn soeben nimmt der größte Tiger Anlauf und springt mit einem Satz über den Wassergraben. Dann klettert er über die Mauer und steht plötzlich im Besucherbereich. Er ist aus seinem Gehege entkommen. Nun kommt er auf dich zu.

Frage: Was würdest du tun? Wahrscheinlich würdest du – wie alle anderen – davonlaufen. Deine müden Beine wären dir egal. Du würdest auch nicht schimpfen: »Mist, das passt jetzt nicht in meinen Trainingsplan! Was machen da morgen die Laktatwerte?« Die einzig relevante Frage wäre: Wie schnell musst du laufen? Schneller als der Tiger? Geht nicht. Im Sprint schafft der bis zu 65 Stundenkilometer. Also schneller als die anderen? Schon klüger gedacht. Doch streng genommen ist auch das nicht notwendig. Eigentlich musst du nur schneller laufen als – die Langsamsten. Denn wenn der Tiger einen von denen erwischt, ist die Jagd erst mal vorbei.

Drei Gruppen, drei Motivationen

Schauen wir uns mal die Laufleistung innerhalb der flüchtenden Menschen an. Wahrscheinlich entspricht sie der statistischen Normalverteilung: Die allermeisten sind weder besonders schnell noch besonders langsam, sondern rennen irgendwo im Mittelfeld. Ein paar wenige sind sehr schnell, andere wenige sehr langsam. Die haben natürlich ein Problem: Sie sind leichte Beute. Wie sieht es mit der Motivation innerhalb der drei Gruppen aus?

Zunächst zur **langsamsten**. Deren potenzielle Opfer finden Zoobesuche wahrscheinlich ohnehin doof, weil sie dabei laufen müssen: »Wie anstrengend!« Entsprechend untrainiert dürften sie sein. Oder sie haben ein Erkenntnisproblem: »Ist das echt ein

Tiger? Kann man den streicheln?« Oder sie überhören gerne mal den Startschuss: »Ja, da ist ein Tiger. Lauft schon mal los, ich komme nach.« Wie sooft im Leben: Manchen kann nicht geholfen werden. Motivation? Fehlanzeige.

Wie sieht die **Motivation im breiten Mittelfeld** aus? Sie ist eine Art Gemeinschaftsprodukt: »Was machen die anderen? Aha, sie laufen davon. Wird eine gute Idee sein, ich laufe mal mit.« In vielen Fällen nicht die schlechteste Entscheidung. Was alle machen, kann so falsch nicht sein. Spitzenleistung ist nicht nötig, fürs Überleben reicht Durchschnitt aus. Motivation? Herdentrieb.

Nun zur spannenden Frage: Was motiviert **die schnellste Gruppe**? Eine Schilddrüsenüberfunktion? Oder haben die besonders viel Angst? Ich glaube etwas anderes: Sie mögen Sport. Also trainieren sie freiwillig und regelmäßig – selbst ohne Tiger. Und sollten sie mal in die unschöne Lage kommen, im Zoo flüchten zu müssen, können sie relativ sicher sein: Schneller als die meisten anderen sind sie auf jeden Fall. Sie sind besser trainiert. Motivation? Freude an Bewegung! Wer rastet, der rostet. Die dritte Gruppe aktiviert immer wieder freiwillig ihr Abenteuer- und Lernsystem. Stillstand und zu viele Routinen? Keine Option, das wäre zu langweilig. Man muss schließlich vorankommen im Leben, statt es nur zu verwalten oder auszuhalten.

Opfer, Mitläufer, Performer

Ganz ehrlich, wohl jeder kennt die drei Typen aus dem realen Leben: Opfer, Mitläufer und Performer. Zum Beispiel im Job: Da laufen immer ein paar Pfeifen rum, die meisten machen Dienst nach Vorschrift und ein paar Leistungsträger überragen alle anderen. Oder im Bekanntenkreis: Ein paar wenige jammern sich von einem Drama zum nächsten, den meisten geht es stabil okay und einige schweben scheinbar mühelos von Glück zu Glück. Irgendwie erscheint diese Dreiteilung wie ein Naturgesetz: Die Passiven schmieren ab, die Systemspieler funktionieren, und die Macher erstrahlen. Womit hängt das zusammen?

Neben all den komplexen Faktoren der inneren Ausrichtung, denen wir uns bereits gewidmet haben, kommt es im Kern auf die Bereitschaft an, zu lernen und sich Neuem zu öffnen. Je aktiver das Abenteuer- und Lernsystem, desto glücklicher und erfolgreicher das Leben. Wer sich gerne freiwillig weiterentwickelt, braucht keine Dramen oder Druck, um in Schwung zu kommen. Er spielt sich durchs Leben wie ein neugieriges Kind. Das sagt auch nicht: »Ich spiele nur von neun bis siebzehn Uhr, darüber hinaus kriege ich ein Burn-out-Syndrom!« Stattdessen spielt es so lange, bis ihm vor Müdigkeit die Augen zufallen. Und es bedauert trotzdem täglich, ins Bett zu müssen: »Ich will noch nicht schlafen!« Schließlich ist zu leben und zu lernen ein Abenteuer an sich – ein ständiger Flow. Und wenn Kinder das eine können, es also gelernt haben, wollen sie schnell das Nächste lernen – sonst wird ihnen langweilig. Jahrelang in einem ungeliebten Job ausharren, um Karriere zu machen oder die Altersvorsorge zu sichern? Für Kinder undenkbar. Jeder Tag wäre wie Folter.

Und schon wieder sind wir beim Flow-Erleben als Quelle für Glück und Erfolg. Das Default Mode Network ist heruntergefahren, das Ich ist sich selbst egal, es verschmilzt mit der Aufgabe. Und weil die zu persönlichem Wachstum führt, gelingen viele Dinge im Leben besser. Doch Neues zu lernen, ist nicht immer bequem. Es hat etwas mit Aktivität zu tun – also dem Gegenteil von Schonhaltung und Abwarten. Wer lieber Bestehendes verwaltet, tut sich damit schwer.

Tiefschnee im Park

Wie also trainieren wir unser Abenteuersystem und lernen Neues? Indem wir gute Rezepte finden und aktiv einüben. So schaffen wir neue Verhaltensspuren, die unser Leben bereichern.

In meinen Vorträgen und Seminaren arbeite ich gerne mit folgendem Bild: Stell dir einen Park voller Tiefschnee vor. Wie bekommst du deinen inneren Schweinehund dazu, den Park zu betreten? Indem du damit einen Sinn verbindest: Setz in eine Ecke des Parks einen Imbiss hinein. Dort kriegt dein Schweinehund zu fressen. Nun entsteht eine Kaskade, deren Prinzipien sich aufs Lernen allgemein anwenden lassen. Zunächst entstehen Sinn und innerer Antrieb: »Lecker Fressen, schnell dorthin!« Du läufst los, nicht weil du es musst, sondern weil du es willst. Äußerer Druck ist dafür nicht nötig. Du machst den ersten Schritt, den zweiten und dritten. Hierbei ist der erste Schritt der schwerste, danach kommst du in Schwung. (Wir neigen dazu, stabile Zustände beizubehalten. Nicht Sport zu machen, ist anstrengend, sondern die ersten Minuten sind es. Nicht morgens wach zu sein, ist anstrengend, sondern das Aufstehen. Selbst wenn wir uns beim Einschlafen vornehmen: »Der frühe Vogel fängt den Wurm«, denken wir am Morgen oft: »Der frühe Vogel kann mich mal!«)

Haben wir also mit dem Laufen begonnen, entsteht Momentum, welches uns in Richtung Ziel führt: Wir wurschteln uns Schritt für Schritt in Richtung Fressbude, ohne das als anstrengend zu empfinden. Dafür schüttet unser Hirn Dopamin aus, eine innere Art Lern- und Leistungsdroge. Klingt so ähnlich wie Doping und wirkt auch so: Wir fühlen uns wach, stark, fokussiert und motiviert. Mit jedem Schritt werden wir ein bisschen besser und erreichen schließlich den Imbiss.

Unser innerer Schweinehund hat sich einen Erfolg erarbeitet und belohnt sich mit Fressen. Das Gehirn schüttet Endorphine aus, wir haben eine Synapsenparty zwischen den Ohren. Fazit: »Alles richtig gemacht!«

Auf andere Lernsituationen bezogen, läuft es ähnlich: Eine neue Software kapieren? Unseren ersten Kunden gewinnen? Kaffee trinken, ohne zu rauchen? Auf der Gitarre einen komplizierten Akkord greifen? Mit dem Sinn im Blick wurschteln wir uns in eine Aufgabe hinein und idealerweise durch sie hindurch – bis wir sie bewältigt haben. Unsere Neuronen machen Party, die richtigen verbinden sich. Wir haben uns Erfolg verdient. So entsteht übrigens auch, was Psychologen Selbstwirksamkeitsüberzeugung nennen. Wer bereit ist zu lernen, lernt zu beeinflussen, was ihm geschieht. Er erlebt sich selbst als wirksam und insofern als mächtig. (»Star-Wars«-Fans wissen Bescheid: »Möge die Macht mit dir sein!«) Wer hingegen vor Herausforderungen kneift, bringt sich um genau diese Erfahrung und erlebt sich als ohnmächtig. Nicht er bestimmt, was ihm geschieht, sondern die Umstände. Hoffentlich sind die nicht zu schwierig.

Spuren im Schnee

Nachdem also ein neues Verhalten zum ersten Erfolg geführt hat (»Lecker Fressen!«), hat unser innerer Schweinehund (unsere in Gedanken übersetzten Neuronenverbindungen) etwas Wichtiges gelernt: den Weg durch den Tiefschnee. Und wenn er wieder aus dem Park hinausläuft, fällt ihm das nun leichter – schließlich muss er nur seinen Spuren in Richtung Ausgang folgen, statt durch unberührten Schnee zu stapfen.

Kommt er das nächste Mal am Park (an seiner neuen Aufgabe) vorbei, weiß er: »Dort drinnen wartet eine Belohnung!« Also nimmt er wieder seine bereits gegangene Spur bis zum Ziel, was ihm nun noch leichter fällt. Bald läuft er ohne Aufwand hin und her, es entsteht zunächst ein Trampelpfad, schließlich ein Gehweg und irgendwann eine Straße. Dieser folgt er nach einer Weile automatisch zur Fressbude, ohne dafür noch Dopamin zu brauchen, denn es ist eine hilfreiche Routine entstanden: Wir nutzen die neue Software, gewinnen locker Neukunden, denken beim Kaffeetrinken längst nicht mehr an Zigaretten und greifen Akkorde auf der Gitarre sicher, ohne hinzusehen. Es ist schon fast ein bisschen langweilig. Also: Welche neuen Abenteuer warten auf uns? Welche neuen Orte erobern wir? Was lernen wir als Nächstes?

HALTEN WIR FEST

Innere Ausrichtung ohne äußere Konsequenz führt zu Konflikten und Hilflosigkeit. Wir müssen Erkenntnissen schon Taten folgen lassen. Dabei helfen uns gute Gedanken und Rezepte, deren richtige Anwendung wir lernen können, indem wir sie trainieren. Nur den bequemen Weg zu nehmen und alten Routinen zu folgen, bringt uns dabei nicht weiter, sondern schwächt uns. Stattdessen Sinnvolles zu tun und Neues zu lernen, ist ein abenteuerlicher Prozess, in dessen Verlauf wir immer besser werden und Freude erleben. Dafür brauchen wir keinen äußeren Druck, sondern einen inneren Drang: Was wollen wir? Statt: Was müssen wir? Auf diese Weise folgen wir unserem Sinn und gehen unseren Weg. Wir handeln selbstbestimmt und frei. Wir erfahren, dass wir lernen können, was wir wollen, und sitzen am Steuer unseres eigenen Lebens. Wir selbst haben die Macht.

KOMFORTZONEN, ÄNGSTE UND BONSAIBÄUME

Von Zeit zu Zeit müssen wir unsere Komfortzone verlassen. Immer wieder gibt es Krisen, Chancen oder Herausforderungen, die außerhalb dessen liegen, was wir bereits kennen und können.

Als im Frühjahr 2020 die Corona-Krise so richtig losging, veränderte sich unser aller Leben: Grenzen wurden geschlossen, Lockdowns verhängt, das Sozialleben heruntergefahren. Der Tiger war tatsächlich aus seinem Gehege entkommen und ging nun im Besucherbereich des Zoos auf die Jagd: Die Gesundheitssysteme ächzten, weltweit starben Millionen Menschen, wir unterrichteten unsere Kinder zu Hause. Und wie zu erwarten zeigte sich, wie unterschiedlich einzelne Menschen, Staaten und Organisationen auf die Herausforderung reagierten.

Einige machten schnell aus der Not eine Tugend: Sie arrangierten sich mit der Situation, stellten ihre Geschäftsmodelle um und nutzten bestmöglich die Zeit daheim. Motto: Was ist, das ist. Auch meine Branche wurde heftig durchgerüttelt, im Prinzip herrschte von einem Tag auf den anderen ein Berufsverbot: Seminare, Vorträge, Live-Veranstaltungen – alles nicht mehr in der gewohnten Weise möglich. Also stellten wir unsere Events lange Zeit auf Online um. Zum Glück waren wir bereits vor der Krise digital gut organisiert: Produkte, Arbeitsabläufe, Mindset – es hätte uns schlimmer treffen können, wenngleich auch wir zu leiden hatten, Ziele aufgaben und Federn ließen.

Woanders gestalteten sich die Umstellungen zäher: Schulen waren monatelang von digitalem Unterricht überfordert oder verzettelten sich in Nebenschauplätzen: »Ist Distanzlernen gerecht, wenn nicht jede Familie ein Tablet besitzt?« Oder: »Ist es Lehrern über fünfzig noch zuzumuten, dass sie sich Zoom beibringen?« Die Diskussionen waren in meinen Augen oft absurd, aber anscheinend notwendig: Systeme berieten sich, einigten sich auf Richtungen und trotteten schließlich gemächlichen Schrittes gemeinsam vorm Tiger davon. Bald waren Dinge möglich, die ohne Pandemie nie so »schnell« hätten entstehen können: Homeoffice, digitale Meetings, Behördengänge über den heimischen Computer. Was entstehen musste, entstand.

Die dritte Gruppe wehrte sich gegen die Veränderung. Sie fragte sich: »Ist das echt ein Tiger?« Oder behauptete: »Das ist kein Tiger!« Schwieriges Thema. Zumal Zweifel, Diskurs und Kontroversen in der Regel hilfreich sind, weil sie viele Perspektiven eröffnen. Doch je akuter und bedrohlicher eine Situation, desto gefährlicher ist es, den »Tiger« nicht sehen zu wollen oder für harmlos zu halten. Dann geht es darum, schlimmste Schäden abzuwenden, selbst wenn die allgemeine Komplexität und Dynamik noch keine erschöpfenden Analysen zulassen. Welche Fehler auf der »Flucht« begangen wurden, wird sich mit mehr Abstand ohnehin zeigen. (Dass andere Schäden entstanden sind, steht außer Frage.) So menschlich und nachvollziehbar sie also sein mögen: Verleugnung und Trotz sind keine guten Ratgeber. Sie sind das Gegenteil von Lernbereitschaft und Anpassungsfähigkeit.

PLÖTZLICHE VERÄNDERUNG

Und damit zurück in unseren Park voller Tiefschnee, in welchem wir mittlerweile ohne jeglichen Aufwand zur Fressbude gelangen. Längst haben wir gelernt, wie das geht. Es ist eine schöne breite Verhaltensspur entstanden. Immer wieder laufen wir sicher hin und her und holen uns unsere Belohnung am Imbiss. Na, bist du wieder im Bild? Prima, dann kann ja nichts mehr schiefgehen. Wobei – eine Sache doch: Veränderung! Angenommen, ein gemeiner Riese käme am Park vorbei und würde einfach unseren Imbiss an einen anderen Ort verschieben. Zuvor stand er links im Park, nun steht er rechts. Bezogen auf unser Ziel, unserem inneren Schweinehund etwas Feines zum Essen zu kredenzen, ist nun alles anders: Die ausgebauten Spuren führen ins Leere, die Belohnung bleibt aus.

Was tun? Klar, die Abenteuerlustigen mit dem gut trainierten Lernsystem verstehen sofort, was Sache ist: Sie müssen eine neue Spur bauen. Also los, wieder rein in den Tiefschnee! Kein großes Ding. Die Verwaltungstypen jedoch haben jetzt ein Problem: Ihre Routinen passen nicht mehr zur Realität. Und je nachdem, wie ausgeprägt ihre psychologischen Verdrängungsmechanismen sind, rät ihnen ihr innerer Schweinehund: »Geh weiter den alten Weg, die Bude kommt zurück!« Autsch.

HALLO, KOMFORTZONE!

Bestimmt hast du schon von der sogenannten Komfortzone gehört, also den Bereichen unseres Lebens, in denen wir uns gut auskennen und sicher bewegen: unser Job, unsere Freunde, unsere Gewohnheiten, unser Urlaubsort, jedes Jahr Mallorca, alles wie zu Hause, nur ein bisschen wärmer. Oder unser Supermarkt: unser Müsli, drittes Regal von links, wir kaufen mühelos ein, alles ist gut. Aber wehe, jemand räumt die Regale um: »Frechheit, das können die doch nicht machen!« Doch, sie können. Und sie machen es ständig. Veränderung gehört zum Leben. Wir müssen mit ihr klarkommen – und unsere Komfortzone von Zeit zu Zeit erweitern: Wo ist das Müsli? Los, such es!

Übrigens bin ich nicht der Meinung, dass wir unsere Komfortzone ständig verlassen müssen, um zu wachsen, auch wenn das manche als allgemeingültiges Erfolgsrezept betrachten. Ich sehe es so: Wer sich ständig zu viel Neues zumutet, lässt sich leichter ablenken und gerät häufiger in Krisen und Chaos. Denn statt an seiner inneren Ausrichtung orientiert er sich an äußeren Impulsen, die dadurch zu einem hohlen Selbstzweck werden: »Na, heute schon etwas Verrücktes getan?« Die Folge ist oft das Gegenteil von Erfolg: hektische Verzettelung. Eigentlich logisch, denn wer ständig seine Grenzen verschiebt, verliert sich leicht selbst: immer neue Jobs, Beziehungen, Projekte. Was ist denn nun echt? Und wenn es mal wieder nicht klappt, soll es der nächste Job, Partner oder Stimulator richten.

Ein Trugschluss: Denn auf diese Weise wachsen wir zwar in die Breite, aber nicht in die Tiefe. Wir hetzen unverbindlich von Illusion zu Illusion und geraten außer Puste. Ein solches Leben mag unterhaltsam sein, gleicht aber auch einer ständigen Pubertät voller Dramen und Frustrationen. Außerdem bleiben wir unter unseren Möglichkeiten, denn die liegen in uns: in unseren Stärken, Wünschen und Angeboten an die Welt, also unserem Sinn. Um sie zum Wachsen zu bringen, brauchen wir eine Basis, Wurzeln und Ausdauer – innerhalb einer Komfortzone. Wer sich selbst gefunden hat, sollte sich also weiter ausdifferenzieren und nicht ständig neu finden oder erfinden wollen.

Merke daher: Wenn du genug davon hast, ständig neu anzufangen, dann hör damit auf, aufzugeben! (So, der musste jetzt sein.)

Andererseits müssen wir unsere Komfortzone von Zeit zu Zeit verlassen: Immer wieder gibt es Krisen, Chancen oder Herausforderungen, die nun mal außerhalb dessen liegen, was wir bereits kennen und können. Und wenn wir sie meistern und erfolgreich in unsere Komfortzone integrieren, wächst diese stetig weiter. Wir erleben uns als selbstwirksam, gewinnen Erfahrungen, lernen dazu und steigern unser Selbstbewusstsein: »Tiger? Du kannst kommen!« Dies geschieht in einer typischen Wachstumssequenz: Von der Komfortzone aus, in welcher wir uns sicher und entspannt fühlen, geraten wir zunächst in die Herausforderungszone. Dort sind wir unsicher, zweifeln und grübeln: »Schaffe ich das wirklich?« Dann kommt die Angstzone, in der wir uns Sorgen machen, Ängste, Blockaden, Stress und Überforderung erleben: »Hilfe, das schaffe ich nicht!« Nun folgt eine Lernzone. In der entwickeln wir neue Stärken oder erweitern bestehende. Vielleicht entdecken wir sogar neue Leidenschaften: »Hey, das macht ja Spaß!« Schließlich landen wir in unserer neuen, gewachsenen Komfortzone und fühlen uns wieder sicher und entspannt: »War was?«

WACHSTUMSBREMSE ANGST

Wir kommen also nicht umhin, uns von Zeit zu Zeit zum äußeren Wachstum herauszufordern. Doch welches Gefühl hält Menschen davon ab, ihre Komfortzone zu verlassen? Hierzu eine kleine Szene, wie sie sich weltweit täglich in allen möglichen Variationen abspielt: Ein junger Mann sieht auf einer Party eine junge Frau, die ihm gefällt. Volltreffer, die ist es! Er denkt sich: »Los, die sprichst du an!« Auch sein innerer Schweinehund ist einverstanden: »Los, die sprichst du an – wenn du sie das nächste Mal siehst!« Also spricht sie der junge Mann nicht an. Denn es kommen ihm störende Gedanken: »Was, wenn sie dich nicht mag?« Oder: »Du hast schon zu viel getrunken.« Oder: »Du hast noch nicht genug getrunken.« Kurz vor seiner Angebeteten dreht er also ab. Er kneift und holt sich zumindest keinen Korb. Sein Gehirn lernt: »Wenn du sie nicht ansprichst, bleibst du am Leben.« Modus: Überleben durch Fehlervermeidung. Doch nun haben sich zwei Neuronen verknüpft, deren Verbindung nicht hilfreich ist: »schöne Frau« (Herausforderung) und »kneifen«. Schon bei der nächsten schönen Frau (Herausforderung) weiß unser junger Mann Bescheid: »Kneifen!« Und bei der dritten erzählt er sich: »Du bist halt kein Frauentyp.« Konflikt gelöst, Komfortzone bestätigt. Schade.

Also, welches Gefühl hält uns davon ab, uns sinnvollen Herausforderungen zu stellen? Klar, Angst. Wir haben zum Beispiel Angst vor Misserfolg, Überanstrengung oder sozialer Zurückweisung: Was, wenn es nicht klappt? Was, wenn es zu viel Arbeit macht? Und was, wenn uns andere nicht mehr mögen? Bei manchen Menschen führt das leider zu neurotisch übersteigerten Ansprüchen: »Du darfst keinen Fehler machen!« Doch Perfektionismus verhindert lernen: Fehler sind wichtig, um zu erfahren, wie etwas nicht geht. Wir irren uns im Leben oft empor. Außerdem macht es unglücklich: »Freu dich nicht zu früh, irgendwo ist ein Haken!« Das ist Dopamin-Entzug, bevor der Spaß überhaupt losgeht. Oder man erwartet Erfolge, ohne für sie etwas tun zu müssen: »Ich habe ein Recht darauf, dass mir alles leichtfällt!« Wetten, dass dieser Anspruch ins Leere führt? Auch soziale Überanpassung und der Wunsch, anderen zu gefallen, funktionieren nicht: »Ich muss von allen gemocht werden.« Echt jetzt? Träum weiter!

Wann immer wir eine Komfortzone verlassen wollen, sollten wir uns also unseren Ängsten stellen: Welche haben wir? Wo halten sie uns zurück? Wie kommen wir mit ihnen klar, damit wir tun können, was zu tun ist? Immerhin sind die meisten unserer Ängste nicht realistisch, sondern nur selbst gemachte Sorgen. Wir fragen uns: »Was könnte schiefgehen?« Und dann finden wir Antworten. Wir lassen Ängste so in unserem eigenen Kopf entstehen, sind also selbst am destruktiven Prozess beteiligt.

Die Macht der Bedeutung

Ängste behindern uns vor allem dann, wenn wir den Dingen eine große Bedeutung beimessen. Dann wird es richtig verkrampft. Bist du schon mal eine Bordsteinkante entlanggegangen? Vermutlich. Vielleicht bist du einem entgegenkommenden Fußgänger ausgewichen oder einem Kind auf einem Fahrrad. War das schwer? Natürlich nicht. Jetzt stell dir aber mal vor, direkt neben dem Bordstein ginge es fünfzig Meter in die Tiefe! Wie leicht fiele es dir jetzt? Ups. Der Punkt ist: Oft stellen wir uns Gefahren wirklich nur vor oder blasen eigentlich kleine Dinge so groß auf, dass wir sie dadurch unnötig schwer machen. Dabei könnten wir sie einfach erledigen.

Gehen wir eine Ebene tiefer: Warum ist das so? Einerseits ist es natürlich sinnvoll, uns realer Gefahren bewusst zu sein: Was, wenn es schiefgeht? Es ist nun mal ein großer Unterschied, ob wir über eine 10-Zentimeter- oder über eine 50-Meter-Kante stolpern. Andererseits aber bergen eingebildete Schwierigkeiten keine echte Gefahr: eine Meinung vertreten, ein neues Projekt anfangen, vor einer Gruppe Menschen sprechen oder eben mit einer schönen Frau. Was soll da groß schiefgehen?

Spannend wird es, wenn wir einen weiteren Faktor hinzunehmen: unsere tiefen Wünsche. Denn je mehr wir etwas wirklich wollen, desto schmerzhafter wird es, selbiges nicht zu bekommen oder beim Versuch zu scheitern. Darauf gibt es zwei Reaktionen: Die erste ist, den Versuch gleich ganz bleiben zu lassen. Motto: Lieber still wünschen statt real probieren! Als Selbstschutz zwar etwas verknotet, aber dennoch nachvollziehbar. Doch: Was, wenn wir unsere Wünsche wahr werden lassen könnten? Dann wäre Selbstschutz die falsche Strategie. Reaktion zwei: Wir beginnen für unsere Sache zu kämpfen und verkrampfen dabei, statt zu tun, was zu tun ist, weil wir unbedingt haben müssen, wovon wir glauben, nicht ohne sein zu können. Das ist dann allerdings kein Wollen oder Wünschen mehr, sondern Craving. Wie bei Süchtigen auf Entzug. Es zeigt uns nicht, was wir gerne hätten, sondern was uns tief drinnen fehlt. Wir stopfen Löcher im Selbstwert, statt einfach nur zu tun, was wir wollen. Also: Was fällt dir unerklärlich schwer? Und warum?

Ängste als Wegweiser

Betrachten wir es einmal andersherum: Vor allem wenn du vor etwas große Angst hast, kannst du sie als einen Wegweiser nutzen. Vielleicht solltest du dich gerade deswegen deiner Angst stellen, weil hinter ihr deine Träume auf dich warten? Im Coaching stelle ich immer wieder die Frage: »Was würdest du tun, wenn du keine Angst hättest?« Viele haben darauf sofort eine Antwort: Tun, wovor sie aus vermeintlich guten Gründen kneifen. Ich glaube, wir können an Ängsten erkennen, ob wir wirklich das Leben führen, das wir wollen. Sehr schön ist auch die Frage: »Würdest du etwas anders machen oder sogar etwas ganz anderes, wenn du keine Angst hättest?« Falls ja, belügst du dich (noch) selbst. Also rede dir bloß nicht ein, du tätest freiwillig, was du tust!

Verhaltenstherapeuten haben Angst sogar mathematisch als Bruch formuliert: Im Zähler steht der gefühlte Schrecken mal die Wahrscheinlichkeit, dass eintritt, wovor man sich fürchtet. Im Nenner stehen die persönlichen Kompetenzen mal die zu erwartende Hilfe, die man erhält. Also: Angst gleich gefühlter Schrecken mal Wahrscheinlichkeit durch Kompetenz mal Hilfe. Was bedeutet das? Nehmen wir zum Beispiel einen Flugzeugabsturz. Der gefühlte Schrecken wäre riesig, aber dank der geringen Eintrittswahrscheinlichkeit, die nahe null liegt, steigen die meisten trotzdem in ein Flugzeug. Und je höher die Fähigkeit, damit umzugehen, falls möglicherweise etwas schiefläuft, oder je mehr man sich dabei auf Unterstützung durch andere verlassen kann, desto kleiner wird die Angst. Es kann nichts Schlimmes passieren: Warum hat ein Vogel keine Angst davor, auf einem dünnen Ast zu sitzen, obwohl der brechen kann? Weil er Flügel hat.

Welche Flügel kannst du dir wachsen lassen? Und wo kriegst du einen Fallschirm her?

Schrecken mal Wahrscheinlichkeit

Wie aber verringern wir den gefühlten Schrecken und die Wahrscheinlichkeit, dass eintritt, wovor wir uns fürchten? Immerhin haben trotzdem noch viele Menschen Angst vorm Fliegen. Zunächst durch eine nüchterne Analyse der Situation. Frag dich:

»Wie wichtig ist die Sache, über die ich mir Sorgen mache? An welcher Stelle sollte ich eine Grenze für meine Sorgen ziehen? Wie viel müsste ich sonst bezahlen?« Sich Gedanken zu machen ist konstruktiv, sich Sorgen zu machen destruktiv. Deswegen sollten wir üben, unsere Sorgen bewusst zu limitieren: Akzeptieren wir sie nur bis zu einem gewissen Punkt und unterbrechen wir sie dann! Wir sollten nicht mit Lebensqualität bezahlen für Dinge, die wir besser loslassen. (Das gilt übrigens nicht nur für Sorgen und Ängste, sondern auch für Hass, Stress, Arbeit, Schulden, Groll oder Bitterkeit.) Also definiere, ab wann du dir sagst: »Schluss jetzt, stell dich nicht so an!« Immerhin schaffen es auch Menschen mit Flugangst nach Mallorca.

Zudem gibt es das Phänomen der sich selbst erfüllenden Prophezeiung. Wer sich zum Beispiel einredet, beim Flirten einen Korb zu bekommen, mit seiner Selbstständigkeit zu scheitern oder mit dem Versuch, mit dem Rauchen aufzuhören, erlebt oft genau das, was er vermeiden will. Ohne es zu wollen, fixiert man sich aufs falsche Ziel und erreicht es auch.

Sich Sorgen zu machen, kann die Wahrscheinlichkeit erhöhen, dass etwas Blödes passiert, anstatt sie zu verringern.

Also doch kneifen? Nein, denn nicht Angst erhält dich am Leben, sondern gute Entscheidungen. Also objektiviere auch den vermeintlichen Schrecken: Was kann schlimmstenfalls passieren? Was bestenfalls? Was wahrscheinlich? Und dann akzeptiere, dass es schiefgehen kann: Du kriegst einen Korb. Deine Selbstständigkeit scheitert. Du rauchst weiter. Na und? Akzeptiere es. Es läuft nicht immer alles nach Plan im Leben. Und du wirst daraus etwas lernen. Ist das schrecklich oder nur unbequem? Gut, hochriskante Sachen solltest du tatsächlich bleiben lassen, je wahrscheinlicher sie eintreten. (Merke: Wenn du Hämorrhoiden hast, iss keine Peperoni!) Andererseits kann auch der bestmögliche Fall eintreten: die große Liebe, berufliche Selbstverwirklichung, ein langes Leben ohne Husten. Dafür ein Risiko einzugehen, dürfte sich lohnen.

WIE HOCH IST DAS RISIKO WIRKLICH?

Also wie wahrscheinlich geht es daneben? Sammle erst mal Tatsachen: Was genau ist das Problem? Analysiere präzise!

Oft kommen Sorgen von Unwissenheit. Und dann frag dich: Was kannst du gegen das Problem tun? Was wirst du dagegen tun? Wann fängst du damit an? Und komm nach deiner Analyse möglichst schnell ins Handeln. Wer beschäftigt ist, macht sich keine Sorgen. Prüfe außerdem auch das Risiko des Nichthandelns: Was kann schiefgehen, wenn du kneifst? Jemand anders erobert deinen Traumpartner, du vegetierst weiter im falschen Job dahin oder stirbst an Lungenkrebs. Auch keine Lösung, oder?

Kompetenz mal Hilfe

Weiter in der Angstgleichung: Wie erhöhst du deine Kompetenz? Und wo findest du Hilfe? Statt dir Sorgen zu machen, mach dir lieber Gedanken über Lösungen! Denn sobald wir ein Gegenmittel gefunden haben, fühlen wir uns sicher und die Sorgen verschwinden.

Zum Glück leben wir heute in einer Zeit der frei verfügbaren Informationen. So gut wie alles, was wir zur Lösung einer kniffligen Aufgabe brauchen, können wir finden, wenn wir danach suchen: bei YouTube, in Büchern, Podcasts, Blogs, in Seminaren oder in Communities auf Social Media. Für alles Mögliche lassen sich gute Rezepte finden, viele sogar umsonst. Du kannst dir überall Hilfe suchen und dir fast alle Kompetenzen beibringen. Also sei lieber neugierig statt ängstlich. Frag dich: »Wie geht das?« Und finde Antworten! Etwa in Flirtratgebern, Businesskursen oder meinen Videos übers Nichtrauchen und andere Themen.

Du hast Angst vor Zurückweisung? Dann probiere mal Folgendes: Konzentriere dich vor einem schwierigen Termin, bei dem du fürchtest, dich unbeliebt zu machen, auf Menschen, die dich lieben: auf deine Freunde, Partner, Kinder. Meinetwegen auch auf deine Haustiere. Hauptsache, du machst dir klar: Du wirst geliebt. So wird dir gleichgültiger, ob dich eine Person mag oder nicht. Deine Angst vor Zurückweisung schwindet. Dir kann niemand etwas.

Oder hast du Angst vor Mühe und Anstrengung? Dann drück erst recht aufs Gaspedal! Stell dir vor, dass es wirklich schiefgeht, wenn du nicht all deine Energie aufbringst, um die Kuh vom Eis zu kriegen. Also krieg endlich deinen Hintern hoch! Falls dir das zu anstrengend erscheint, mach es halt andersherum: Teile deine Aufgabe in kleine Abschnitte ein und geh sie schrittweise an. (Das klappt auch mit ganz großen Aufgaben: Bist du mit deinem Leben unglücklich, aber kannst nicht alles auf einmal verändern, dann füge doch jede Woche etwas hinzu, was du liebst. Und nimm jede Woche etwas heraus, was du nicht liebst. Woche für Woche wird sich dein Leben so verbessern.)

Du merkst, worauf ich hinauswill: Was sein muss, muss sein. Egal ob du dich dabei wohlfühlst. Also mach nicht aus einer Mücke einen Elefanten, sondern lass die Luft aus dem Problem! Wahrscheinlich machst du es größer, als es ist. Sieh es eher als Inspiration: Das Leben stellt dir eine Aufgabe. Wäre die nur ein Kreuzworträtsel, würdest du auch nicht kneifen. Klar kannst du scheitern. Klar kannst du verlieren. Aber doch bitte nicht gegen deine eigene Angst. Und falls doch etwas schiefgeht, hier noch ein Sprichwort: »Für jedes Leid auf dieser Welt, so scheint's, gibt es ein Mittel oder keins. Ist eines da, versuch's zu finden. Ist keines da, musst du's verwinden.« Amen.

LERNEN UND WACHSEN: SEI KEIN BONSAIBAUM!

Also: Wachstum muss sein. Auf jeden Fall nach innen und in die Tiefe, vor allem, wenn du in deiner Komfortzone genau richtig bist. Oder aber nach außen, wenn dich das Leben vor Herausforderungen stellt, die noch nicht zu deiner Komfortzone gehören, oder um dir von außerhalb deiner kleinen Welt Inspiration zu holen. Eines aber solltest du auf keinen Fall tun: die Wände deiner Komfortzone als starre Grenzen betrachten, als unüberwindbare Mauern. Wer so tickt, führt das Leben einer Topfpflanze. Die bleiben klein und hilflos, bis sie sterben.

Natur aber ist Wachstum. Selbst Topfpflanzen wollen wachsen, können es aber nicht richtig, weil sie eine Grenze daran hindert. Das kann richtig bizarr werden. Bonsaibäume zum Beispiel hält man künstlich klein. Bekämen sie Platz, würden auch aus ihnen große Bäume. Stattdessen müssen sie sich in ein viel zu enges Gefäß zwängen. Gut, sie sehen hübsch aus, führen aber ein verkrüppeltes Leben. So wie du?

Ich finde es immer wieder dramatisch, wie sich manche Menschen selbst begrenzen. Sie haben Träume, Wünsche, Potenziale. Aber statt an ihnen zu wachsen, was mitunter mühsam ist, ducken sie sich weg, verbiegen sich und quetschen sich zusammen, was auf jeden Fall mühsam ist. Der Punkt ist: Ob du dich innerlich klein machst oder groß, der Aufwand ist derselbe. Nur dass die Kleinen mehr leiden: Weniger Wissen, weniger Chancen, weniger Geld, weniger Gesundheit, weniger Glück – mich macht das traurig. Es gilt der psychologische Grundsatz: wie im Kleinen, so im Großen. Wie sieht es in deinem Leben mit den vermeintlich kleinen Dingen aus? Wie löst du die Probleme deines Alltags? Tust du, was zu tun ist? Bringst du Dinge zum Funktionieren? Nein? Dann wundere dich nicht, wenn auch das Große nicht klappt.

Bist auch du wie ein Bonsaibaum?

BIST DU GEWACHSEN?

Wenn du mehr Glück erleben willst, musst du auch als Persönlichkeit wachsen. In ein kleines Gefäß passt auch nur wenig hinein. Deine Persönlichkeit ist so ein Gefäß. Wenn es überall zwickt und drückt, ist es an der Zeit zu wachsen. Anstatt dich noch weiter zusammenzufalten, richte dich auf, streck dich und weite dich! Nutz deine Unzufriedenheit als Kraft! Das Leben ist groß, weit, bunt, reich und voller Überfluss – auch für dich. Noch ist dein Denken vielleicht ein geschlossenes System. Wahrnehmung aber ist ein offenes. Also öffne dich! Was kennst du noch nicht? Was siehst du noch nicht? Was traust du dich noch nicht? Genau da geht es lang. Und lass dich nicht vom (angeblichen) Erfolg anderer einschüchtern, jeder trägt sein eigenes Päckchen und geht seinen eigenen Weg. Erfolg ist nicht, was du bei Instagram siehst, sondern immer nur dein eigener Vergleich mit gestern. Die einzig wichtige Frage ist: Bist du gewachsen? Denn: Du bist kein Bonsaibaum! Du bestimmst die Größe deines Topfes selbst. Und Wachstum geschieht nun mal erst dann, wenn du Dinge tust, für die du nicht qualifiziert bist. Noch nicht.

DAS LEBENSRAD

Manche Menschen wirken ziemlich unrund, ihr Lebensrad hat große Dellen, selbst wenn einzelne Bereiche gut funktionieren. Doch sie sollten alle stimmen. Wer sich mit einem Hammer auf den kleinen Finger haut, hat Schmerzen. Selbst wenn die anderen Finger okay sind.

Ibiza. Die Sonne scheint. Ich bin mit einer netten Seminargruppe in einem schönen Urlaubsresort. All-inclusive, man trägt ein Plastikbändchen am Handgelenk. In der Mittagspause gehe ich zum Pool. Dort ist ein Buffet aufgebaut. Alle Tische sind besetzt bis auf einen, auf dem ein paar halb volle Teller stehen. Dort setze ich mich hin und esse. Ein paar andere Gäste fragen, ob sie sich dazusetzen können. Ich bejahe natürlich. Nach ein paar Minuten steht wutschnaubend ein Mann neben uns: »Kann man hier nicht mal kurz weggehen, ohne dass einem der Tisch geklaut wird?« Lächelnd stehe ich auf und verputze den Rest meines Essens auf dem Rückweg zum Seminarraum. Der Typ kann mich mal. Ich komme an der Zapfanlage vorbei. Cool: Hier kommt Bier umsonst aus dem Hahn! Leider schäumt es ein wenig. Eine Frau, die sich gerade ein Glas zapft, bekommt deswegen einen cholerischen Anfall: »So ein Scheiß hier!«

DAS LEBENSRAD – TEIL 2

Ganz ehrlich: Manche Menschen wirken ziemlich unrund, ihr Lebensrad hat große Dellen, selbst wenn einzelne Bereiche gut funktionieren. Zur Erinnerung: Die wichtigsten Lebensbereiche sind Beziehungen, Umfeld, Job, Geld, Gesundheit, Geist, Seele und Lebenslust. Sie alle sollten stimmen. Wer sich mit einem Hammer auf den kleinen Finger haut, hat Schmerzen. Selbst wenn die anderen Finger okay sind.

Ich beschreibe nun ein paar Prinzipien, die mir in den jeweiligen Bereichen besonders wichtig sind. Vielleicht magst du dich an ihnen orientieren? Vieles davon habe ich selbst schmerzhaft und mühevoll lernen müssen durch Versuch und Irrtum. Anderes von Menschen, die ihre Lebensbereiche im Griff haben. Unqualifizierte sind keine guten Ratgeber. Wer erklärt dir besser, wie du reich wirst: ein Bankberater, der später von seiner Rente lebt, oder ein Selfmade-Millionär? Wer darf dir Ernährungstipps geben: ein gesunder schlanker Laie oder ein kränkelnder dicker Ökotrophologe? Man sieht Menschen außen oft an, wer sie innen sind. Unabhängig von Titeln oder beruflichen Qualifikationen. Also schau genau hin!

Beziehungen: Energieräuber oder Kraftquelle?

Der erste Bereich sind unsere Beziehungen. Idealerweise sind sie liebevoll, wertschätzend, stabil, vertrauensvoll und krisensicher. Wir sind soziale Wesen und brauchen einander, weil wir uns gegenseitig stützen und bereichern.
Keine Frage: Liebe und Freundschaft machen das Leben schöner.

Ein guter Indikator für die Qualität deiner Beziehungen ist, ob sie dir Energie geben oder rauben.

Fühlst du dich, nachdem du mit jemandem Zeit verbracht hast, frischer, lebendiger und besser als zuvor oder müder, schwächer und schlechter? In guten Beziehungen findet ein Energieaustausch statt: Man unterstützt sich gegenseitig und gibt einander, was der andere braucht, wodurch beide vorankommen und sich besser fühlen. (Bedürfnisse, weißt du noch?) In schlechten Beziehungen ist dieser Austausch schief: Einer gibt, der andere nimmt. Auf Dauer keine gute Konstellation, vor allem wenn beide füreinander wichtige Bezugspersonen sind. Schlecht für die Energie des Gebers: Sie fehlt ihm für sich selbst, seinen Weg und das Erreichen seiner Ziele. Und schlecht für den Nehmer: Er bekommt nie genug. Eine solche Beziehung um ihrer selbst willen aufrechtzuerhalten, führt zu faulen Kompromissen. Mindestens einer leidet.

Wie kommt es zu solch einer Konstellation? Wenn Menschen nicht zusammenpassen: Ihre Persönlichkeiten, Werte, Lebensentwürfe unterscheiden sich zu sehr. Das ist mühsam. Die Lösung? Entweder richten sie sich gemeinsam aus oder gehen getrennte Wege, ohne einander zu schaden. Lieber keinen Partner, als einen, der bremst. Oder aber es besteht eine Kombination aus Helfersyndrom und Bedürftigkeit. Der Geber fühlt sich gebraucht, wenn er gibt. Dabei missachtet er eigene Bedürfnisse und merkt oft zu spät, wie ihn das schwächt. Der Nehmer hingegen braucht Zuwendung, um sich besser zu fühlen. Er trägt eine Art Loch in sich, das er nicht selbst füllt. So entsteht toxische Abhängigkeit: Die Zecke braucht ihren Wirt, saugt ihn aber aus. Der Wirt braucht die Zecke, um sich wertvoll zu fühlen. Beide haben daher die gleiche Aufgabe: zu lernen, sich um sich selbst zu kümmern. Erst dann werden ihre Beziehungen gesund.

Ist also innere Stärke oder sogar Unverletzlichkeit das Ziel guter Beziehungen? Nein, denn sie würde Bedürfnisse verleugnen. Liebe ist eine Form von Intimität. Du kriegst sie nicht ohne Schwäche und Verletzlichkeit. (Wir alle haben schwache und verletzliche Seiten.) Wenn deine Prägungen Verletzlichkeit verhindern oder verstecken, wirst du niemals Intimität erleben. Das mag sich wie Selbstverteidigung anfühlen, langfristig aber wird sie zur Selbstschädigung. Es geht also nicht um Unverletzlichkeit, sondern (mal wieder) darum, sich selbst zu erkennen: »Wer bin ich? Und was brauche ich?« Bedürfnisse aber nur auf eine Beziehung zu projizieren, macht bedürftig. Also muss man sich fragen: »Wie sorge ich bestmöglich für mich selbst?« Wer das tut, bereichert nicht nur sich, sondern auch andere – freiwillig, aus (Selbst-)Liebe und innerer Stärke heraus. So können Menschen einander das Beste wünschen, geben, sich stärken, vergeben und glücklich machen. Man richtet sich aneinander auf, statt sich herunterzuziehen oder kleinzuhalten.

Soziales Umfeld: Bremser oder Unterstützer?

Die Summe deiner Beziehungen machen dein soziales Umfeld aus: Mit wem verbringst du deine Zeit? Welche Lebensrezepte lernst du dabei? Lässt dich dein Umfeld deinem Sinn folgen, deinen Weg gehen und deine Ziele erreichen? Und falls du von Dünnbrettbohrern, Jammerlappen und Energievampiren umgeben bist: Wo findest du ein passenderes Umfeld? In welcher Clique, welcher Stadt, welchem Unternehmen?

Ich persönlich bin sehr wählerisch, wie, wo und mit wem ich meine Zeit verbringe. Bevor ich mir auch nur eine einzige Lebensstunde von Menschen rauben lasse, deren Gegenwart mich ablenkt, langweilt, nervt, verwirrt, stört oder ärgert, bin ich lieber alleine. Innerlich bin ich ziemlich fein justiert und nah bei mir. Gute, tiefe, echte und bereichernde Stunden mit anderen aber liebe ich auch. Keine Sorge also, ich bin nicht asozial. Aber mein engster Kreis ist wirklich sehr genau ausgewählt. Übrigens auch mein Wohnort, meine Bücher, meine Projekte, meine Kunden und Bekanntschaften. Natürlich lasse auch ich mich gerne von Neuem inspirieren und teste immer wieder andere Umfelder. Aber sie sollten schon eine Bereicherung sein.

Am liebsten bin ich mit Menschen zusammen, die mir nicht nur guttun, sondern die auch das Beste aus mir herausholen und mich wachsen lassen. In einem solchen Umfeld bin ich sehr großzügig und freigebig. Ich verschenke, was ich kann: Zeit, Aufmerksamkeit, Wissen, Liebe – und zwar bedingungslos, weil unterm Strich wieder ein Ausgleich entsteht: Es geht allen besser. Nicht umsonst heißt es: »Zeig mir deine Freunde und ich zeige dir deine Zukunft!« Wir sind auf Dauer die Summe der Menschen, Gedanken, Lebensweisen und Werte, die tagtäglich in unser Leben diffundieren. Und das bedeutet auch immer wieder, dass wir Menschen oder Umfelder bewusst loslassen müssen, um unseren Weg zu gehen. Erstaunlich oft treten dann genau solche ins Leben, die besser passen. It's magic.

Job: Beruf oder Berufung?

Dass ich ein Berufseuphoriker bin, dürftest du schon mitbekommen haben. Ich liebe, was ich tue. Du auch? Erinnere dich: Es geht um die Schnittmenge aus Wollen, Können und Sollen, die dich nicht nur beruflich, sondern auch seelisch erfüllt. Hast du sie gefunden, folgst du deinem Sinn, gehst deinen Weg und erreichst Ziele oft nebenbei. Sie sind die logische Folge deines Handelns. Du tust, was du liebst, kannst und bringst damit einen Nutzen, wofür man dich bezahlt. Eine Traumkombination!

Wofür brennst du? Welche Leidenschaft erfüllt dein Job? Vorsicht!

Manche verlieben sich eher in die Vorstellung von einem Beruf statt in dessen Realität: Ich wollte Arzt werden, mochte aber die Ausübung des Arztberufes nicht. Ich war Geschäftsführer, fand den Titel cool, aber hasste es, sieben Tage die Woche für organisatorische Fragen zuständig zu sein, weil ich doch eigentlich in Ruhe denken, schreiben, kreieren, sprechen oder coachen will. Alles andere entfernt mich von mir. Kennst du das Problem? Also: Was liebst du wirklich? Welche genaue Tätigkeit deines Jobs? Und wie gut kannst du, was du glaubst, zu können? Schätzt du deine Stärken richtig ein? Solltest du präziser zielen? Und: Bietest du wirklich etwas an, für das man dir gutes Geld bezahlt? Oder redest du dir nur ein, dass du Mehrwert bietest? Hast du schon deine Zielgruppe herausgefunden? Hast du überhaupt eine? Ich könnte dir stundenlang Geschichten von unglücklichen Menschen erzählen, die diese drei Fragen nur schlampig durchdacht haben – sie erleben ihren Job weder als Berufung noch als Erfüllung.

Geld: Notwendiges Übel oder Freiheit?

Wo wir beim Thema Bezahlung sind: Wie sehen deine Finanzen aus? Die meisten machen leider folgenden Fehler: Sie geben alles Geld, das sie verdienen, wieder aus. Es bleibt davon nichts übrig. Oder schlimmer noch: Sie verschulden sich, weil sie darauf spekulieren, in Zukunft mehr Geld zu verdienen. So entstehen finanzielle Verpflichtungen, Engpässe, Sorgen, Nöte und Pleiten. Mit jeder Gehaltserhöhung steigt der Lebensstandard, was Druck und Stress bedeutet. Hallo, Hamsterrad!

Doch Vermögen baut man nicht auf, indem man Geld verdient, sondern indem man es auch behält. Reiche ticken da anders: Sie kaufen sich mit Geld Zeit. Wie lange kannst du von dem leben, was du hast, ohne Einkommen durch einen Beruf? Angenommen, du hast hunderttausend Euro auf der hohen Kante und monatliche Ausgaben von fünftausend Euro. Dann bist du sozusagen zwanzig Monate reich, bis deine Ersparnisse aufgebraucht sind. Viele sind von solchem Luxus weit entfernt: Kommt monatlich nichts Neues aufs Konto, können sie ihre Rechnungen nicht bezahlen. Sie haben sich von ihrem Konsum abhängig gemacht.

Außerdem halten Reiche ihr Vermögen nicht in Geld, sondern in Werten: Aktien, Immobilien, Edelmetallen, Kryptowährungen, Firmenbeteiligungen – es gibt viele Möglichkeiten, sein Geld anzulegen. Idealerweise gewinnen die Investitionen mit der Zeit an Wert: Wer hunderttausend Euro in eine Eigentumswohnung investiert und diese vermietet, schafft sich eine Gelddruckmaschine: Monat für Monat kommt Miete rein. Ist die Wohnung außerdem in einer guten Gegend, gewinnt sie an Wert. Vielleicht lässt sie sich irgendwann für zweihunderttausend Euro verkaufen? Blieben die hunderttausend Euro hingegen im gleichen Zeitraum auf dem Konto, würde ihr Wert weniger: durch Inflation, also die schleichende Geldentwertung, welche unser Finanzsystem begleitet, weil sich Staaten verschulden und ständig neues Geld »nachdrucken«. Ich selbst bin zwar auch Vermieter, investiere aber lieber in Aktien und eigene Unternehmen. Das liegt mir mehr. Aktien sind handelbare Unternehmensanteile, wie du sicherlich (hoffentlich!) weißt. Steigt der Wert des Unternehmens, steig der Wert deiner Aktie. Inflation? Eher egal, du besitzt ja kein willkürlich gedrucktes Geld, sondern einen Anteil von etwas, das einen realen Gegenwert hat. Auch eigene Unternehmen oder (nicht handelbare) Anteile an ihnen zu haben ist sinnvoll: Läuft das Unternehmen gut und bist du darin operativ überflüssig, kannst du dir immer wieder Geld ausschütten, ohne dafür aktiv arbeiten zu müssen, also deine Zeit in Geld zu tauschen. Wieder gilt: jedem das Seine. Und es lässt sich alles lernen, was man fürs Investieren braucht. (Leider geben die meisten ihr Geld lieber für Vergnügen aus statt für Wissen – ein großer strategischer Lebensfehler!)

Also: Welche Möglichkeiten hast du, Geld zu verdienen, das du sparen und investieren kannst? Indem du mehr verdienst, ohne mehr auszugeben. Oder indem du weniger von dem ausgibst, was du verdienst. Es muss etwas übrig bleiben und mit der Zeit mehr werden. Logisch, oder? Wie du klug investierst, lernst du von guten Ratgebern und ihren »Rezepten«. Vorsicht: Menschen können intelligent, professionell und gebildet sein – und trotzdem finanzielle Analphabeten! Achte darauf, von wem du Rat annimmst. Ich persönlich orientiere mich in Finanzfragen an Reichen. Arme und Mittelschicht müssen für ihr Geld arbeiten. Reiche lassen ihr Geld für sich arbeiten: Sie investieren es klug, statt sich dumme Verbindlichkeiten aufzuhalsen. Wertvolle Lebenszeit für Geld opfern? Muss nicht sein.

Körper: krank und schlapp oder gesund und fit?

Weiter geht's mit den wichtigen Lebensbereichen. Als Arzt sollte ich natürlich sagen, jetzt kommen die wichtigsten dran: Gesundheit und Fitness. Es heißt ja, ein gesunder Geist stecke in einem gesunden Körper. Stimmt auch: Unsere Avatare sind physische

Wesen. Allerdings stimmt es auch andersherum: Nicht nur sorgt ein gesunder Körper für einen gesunden Geist, sondern ein gesunder Geist wirkt sich auch positiv auf unseren Körper aus. Wem es psychisch und seelisch gut geht, der wird seltener und weniger schlimm krank beziehungsweise heilt schneller. Unsere Gedanken und Gefühle bestimmen mit, ob wir Krebsgene aktivieren, Kopfschmerzen und Bluthochdruck kriegen oder körperliche Warnsignale wahrnehmen.

Noch mal die knappe Definition: Gesundheit zeigt sich (mindestens) in der Abwesenheit von Krankheit, Fitness ist alles darüber hinaus. Was ist wichtiger: Gesundheit oder Fitness? Gesundheit! Lieber gesund und unfit als fit und krank. Vielen Leistungssportlern macht es keinen Spaß, sich täglich Schmerzmittel einzuwerfen. Zwar schaffen sie so ihre Trainingspläne und performen im Wettkampf (»Ziele, Ziele, Ziele!«), leiden dafür aber im Alltag: Verletzungen heilen nicht aus, Gelenke schmerzen, Nieren geben den Geist auf, mit Mitte dreißig steht eine künstliche Hüfte an. Irgendwie krank, oder? Dabei ist es gar nicht so kompliziert, lange gesund zu bleiben im Leben, falls nicht bereits in jungen Jahren eine chronische Krankheit gesunde Lebensführung umso wichtiger macht.

Es gelten folgende vier Regeln: Rauche nicht! Ernähre dich gesund! Beweg dich! Und trink nicht zu viel Alkohol! Wer das beherzigt, muss bis ins höhere Alter nur selten zum Arzt.

Ein paar gute Nachrichten: Der Anteil an Rauchern in unserer Gesellschaft nimmt stetig ab. Und selbst wer jahrelang viel geraucht hat, kann von einem Tag auf den anderen damit aufhören, wodurch sich sein Körper regeneriert. Auch gesund zu essen ist kein Hexenwerk: Ernähre dich vorwiegend pflanzlich! Mit viel Obst, Gemüse und Salat nimmt man automatisch mehr gesunde Nährstoffe zu sich und proportional weniger »schlechte« wie Zucker. Wobei ich nichts verbieten will: Die Dosis macht das Gift. Also: Iss statt vorwiegend brauner Teller (Fleisch, Soße, Knödel oder Pommes) lieber möglichst bunte! (Aber bitte nicht buntes Obst und Gemüse durch verschiedenfarbige Eiskugeln ersetzen, okay?) Und wer befürchtet, zum Profisportler werden zu müssen, um sich ausreichend zu bewegen, keine Panik: Wer täglich eine halbe Stunde flott spazieren geht, ist bewegungsmäßig oft schon im grünen Bereich. (Idee: einen Hund anschaffen?) Wobei zehntausend Schritte täglich und zwei- bis dreimal Sport pro Woche schon besser wären. Auch beim Alkohol geht es nicht um Abstinenz, sondern um die Menge: Männer dürfen etwa zwei Glas Bier oder ein Glas Wein täglich trinken, ohne gesundheitliche Schäden befürchten zu müssen. Frauen die Hälfte.

Ansonsten gilt: Vermeide Extreme! Vor allem dauerhafte. Gib ruhig Gas, aber mach auch Pausen. Entspann dich und schlaf gut, um zu regenerieren. Spür in dich hinein: Was tut dir gut? Was braucht dein Körper? Wann fühlst du dich wohl, locker und kraftvoll? Und mach Routinen aus diesem Verhalten, so fällt es dir leicht. Auf Basis dieser Prinzipien, kannst du ins Fine-Tuning übergehen: Yoga, Sport, Training, Erholung, Meditation, Ernährung, Cheatdays, Nahrungsergänzungen, Schrittzähler – tu, was immer dir guttut! Nur eben: Nicht gegen die Basisprinzipien verstoßen. Es ist lächerlich, als Raucher Vitamine gegen Krebs zu schlucken oder als Sportler nur Fastfood zu essen. Das ist, als würdest du beim Schwimmen ein T-Shirt tragen, um nicht nass zu werden.

Geist: Opfer oder Checker?

In einer Studentenbuchhandlung in Oxford sah ich einmal eine Postkarte mit folgendem Text: »Je mehr du lernst, desto mehr weißt du. Je mehr du weißt, desto mehr vergisst du. Je mehr du vergisst, desto weniger weißt du. Also warum lernen?« Witzig aus der Perspektive eines ehemaligen Medizinstudenten. Denen sagt man immerhin nach, sie würden sogar Telefonbücher auswendig lernen, wenn sie müssten. (Gar nicht so falsch übrigens.)

Dennoch ist es genau andersherum: Je mehr du lernst, desto mehr erkennst du, was du alles noch nicht weißt. Eben weil es so viel cooles Zeug zu lernen gibt. Und das macht das Leben spannend. Du kannst wirklich jeden einzelnen Tag dazu nutzen, deinen Horizont zu erweitern, ohne dass dieser jemals begrenzt wäre. Das betrifft sowohl theoretisches Wissen als auch praktisches Know-how: Wir können gar nicht an ein Ende kommen, es gibt immer etwas Neues zu lernen.

Super für unser Dopaminsystem: Möglichst oft auf Lerndroge zu sein, macht nicht nur klug, sondern fühlt sich auch gut an. Außerdem knüpfen wir so im Laufe unseres Lebens riesige Wissensnetze, die unseren Avatar von Level zu Level spielen. Hierbei unterscheide ich zwei Arten von Wissen: das von Spezialisten und von Generalisten. Spezialisten tauchen tief in ein Thema ein, werden darin Experten und über Jahre hinweg zu Meistern. Wer seit der Kindheit täglich Klavier spielt, kann Konzertpianist werden. Wer sich als Arzt voll und ganz der Kardiologie widmet, kann super EKGs lesen, Herzkatheter setzen und kennt seine wissenschaftliche Literatur. Pianisten und Kardiologen haben es also drauf. Nur: Sind sie deswegen auch gute Führungskräfte, Gärtner oder Investoren? Nicht notwendigerweise. Ihr Lernen konzentriert sich auf einen bestimmten Bereich.

Anders ist es bei Generalisten: Sie tauchen gerne in verschiedene Bereiche ein, gewinnen einen Überblick und wenden ihr Wissen praktisch an. Auch wer sich nur selten ans Klavier setzt, kann darauf Lieder spielen. Wer Allgemeinmedizin macht, kann trotzdem EKGs lesen, wenngleich nicht alle. Doch darüber hinaus sind auch gute Teamführung, Spaß im Garten und ein fettes Finanzportfolio möglich – dank weniger Fokus und Scheuklappen.

Na, lernst du gerne dazu? Falls nein, mein Beileid: Wahrscheinlich läuft dein Leben zwar halbwegs geregelt, ist aber öde und eintönig. (Hallo, Betriebssystem Verwaltung!) Du bleibst unter deinen Möglichkeiten und verstehst oft nicht, was in der komplexen Welt geschieht. Dein Horizont ist zu klein, dein Leben uninspiriert. Oder bist du Spezialist? Dann gibt dir dein Thema Identität und Sicherheit. In einer komplexen Welt eine gute Sache. Vorsicht aber, wenn es in wichtigen Lebensbereichen wehtut: Lerne zumindest deren Basics! Dann läuft es insgesamt runder, versprochen. Ich bevorzuge die Lebensweise eines Generalisten. Außer für meine Leidenschaft, die Persönlichkeitsentwicklung, interessiere ich mich für alles Mögliche. Ich lese oder höre daher ständig etwas: Sachbücher, Biografien oder Artikel, thematisch kreuz und quer. Oder ich besuche Seminare, Vorträge, schaue lehrreiche Videos und höre Podcasts. Außerdem liebe ich gute Fiction: Filme, Serien, Romane, Graphic Novels – Geschichten zeigen uns persönliche Perspektiven und Realitäten. All das inspiriert mich. Ich betrachte Inspiration als Koffein für die Seele. Einen Fernseher habe ich nicht, weil ich mein Programm sowieso selbst bestimme. Und seichtes Geplätscher aus dem Radio verursacht mir Übelkeit – die reinste Verdummung! Außerdem will ich möglichst viel Gelerntes in der Realität testen und durch neue Erfahrungen praktisch dazulernen.

Warum ist mir das wichtig? Was wir uns in den Kopf tun, lässt sich in drei Kategorien einteilen: Informationen, Wissen und Weisheit. Informationen sind News ohne eigenen Wert: Die Opferzahl eines Flugzeugabsturzes, eine Meinung übers Impfen oder welcher Z-Promi ins Dschungelcamp einzieht. Nett zu wissen, aber meist irrelevant: Flugzeuge sind und bleiben das sicherste Verkehrsmittel, Fakten wichtiger als Meinungen und das Dschungelcamp ist für unser persönliches Leben egal. Informationen sollen in erster Linie unterhalten, sei es in Nachrichten, auf Social Media oder beim Smalltalk. Doch ohne Bezugssystem, also Wissen über ein Thema, sind Informationen nur Rauschen, das uns oft stört und davon abhält, die Welt zu verstehen. Wir können auf sie verzichten. Nicht jedoch auf Wissen: Grundlagen, Hintergründe, Zusammenhänge – wir brauchen sie zur Orientierung. Und Weisheit ist zu gültigen Prinzipien kondensiertes Wissen, das uns in wichtigen Lebensbereichen hilft.

Am wichtigsten finde ich, neben Erfahrungen im echten Leben zu machen, das Lesen von Büchern. Nicht weil uns deren Details bilden, sondern weil Lesen unser Denken formt. Wir verstehen und verknüpfen mehr, lernen leichter, nutzen unsere Intelligenz und sind kreativer. Wir werden sogar immun: gegen Boulevardzeitungen, Verschwörungsvideos und Katzenfotos auf Instagram. Hallo, Welt, du kannst kommen!

Seele: Griesgram oder Glückskeks?

Nächster Bereich: Wie geht es deiner Seele? Oder, wem das zu spirituell formuliert ist: Lebst du dein psychologisches Potenzial, also deine Stärken und Leidenschaften? Bist du zumeist glücklich, voller Energie und dennoch gelassen, flexibel und ausgeglichen? Verwirklichst du dich selbst? Folgst du deiner Berufung? Oder bist du oft deprimiert, leidest und suchst Orientierung?

Klar: Wer seelisch justiert ist, kennt seine Sinn-Kompassnadel und folgt ihrer Richtung. Persönlichkeit und Herz sagen deutlich: »Hier geht's lang!« Trotzdem verleugnen sich viele Menschen selbst. Sie verbiegen sich, um zu funktionieren, verdrängen ihre Träume und nennen das realistisch oder haben Angst, als selbstsüchtig zu gelten. Dabei falten sie sich klein und versagen sich Glück und Erfolg. Aber es ist nicht selbstsüchtig, zu tun, was einem guttut und was man gut kann, es ist persönlich. Dann können wir der Welt das Beste von uns geben. Wer das braucht? Lass dich überraschen! Also was passiert, wenn du deinem Herzen folgst und deine Stärken und Leidenschaften nutzt? Im schlimmsten Fall hast du eine gute Zeit. Im besten Fall hast du eine gute Zeit und verdienst damit viel Geld. Einen Versuch wert, oder?

Lebenslust: keine Zeit oder geile Zeit?

Und schließlich zum letzten Bereich, deiner Lebenslust: Wie sehr genießt du das Spiel deines Avatars? Hast und nimmst du dir Zeit für dich selbst? Tust du, was dich glücklich macht? Führst du ein geiles Leben? Oder erlebst du viel Druck, Stress und lästige Pflichten? Merke: Weise Menschen sind nicht zu beschäftigt. Und wer zu beschäftigt ist, ist nicht weise. Es ist oft schwieriger, bleiben zu lassen, was man nicht will, als zu tun, was man will. Viele denken, sie müssten kämpfen, um ihre Ziele zu erreichen. Oder sie müssten ihr jetziges Leben hassen, um dadurch in Schwung zu kommen. Nicht klug: Sie leiden unterwegs, sind ständig erschöpft und mögen nicht einmal, was sie tun. Dabei dürfen die Dinge einfach und schön sein und sie dürfen Spaß machen!

CHILL MAL ÖFTER UND LASS ES DIR GUT GEHEN

Erinnere dich an deine Bedürfnisse: Was brauchst du? Gönn es dir und nimm es dir! So schaffst du außerdem Raum für deine Träume: Wovon träumst du? Wobei blitzen deine Augen? Du musst nicht gleich die schwierigsten Träume wahr werden lassen, fang doch mit den einfachen an: zum Beispiel mit einem freien Tag, deinem Lieblingsessen oder einem Kuss. Es muss nicht immer das große »Wow!« sein. Auch kleine »Ohs!« und »Ahs!« tun gut. Erlebe und achte schöne Momente. Dein Leben wird es dir danken.

FOLLOW THE FLOW: ANNEHMEN, VERTRAUEN, LOSLASSEN

Von Zeit zu Zeit müssen wir loslassen und weiterziehen, um wir selbst zu bleiben – Umfelder, Projekte, Beziehungen. Wir spüren einfach: Zeit für etwas Neues!

»Stefan, das ist jetzt dein letztes Interview, das weißt du schon?«, sagte Daniel, der mittlerweile Pro7-Chef ist, als er mir im Hof eines Hamburger Wohnkomplexes zum letzten Mal seine Fragen stellte. Oh ja, wusste ich. Und ich freute mich auf das Ende einer Lebensphase, in welcher ich hauptberuflich Fernsehen machte – als Life-Coach in Doku-Soaps für den WDR, für Pro7 und SAT1. Damals drehten wir etliche Sendungen, in denen ich Familien besuchte, ihre Kühlschränke voller schlechtem Essen und vor allem ihr Leben aufräumte. Eine intensive Zeit: Neben oft 16-stündigen Drehtagen hielt ich Seminare, Vorträge, schrieb Bücher und saß ständig in Talkshows. Ich habe mich bei Plasberg und Maischberger gestritten (nicht immer souverän), war bei Johannes B. Kerner zu Gast und eigentlich allen anderen, die man so kennt. Ich zog sogar die Aufmerksamkeit meines damaligen Idols Harald Schmidt auf mich, der in einer Kolumne ätzte, ich ginge ihm auf die Nerven und sähe aus wie eine ausgemergelte Erdnuss. Außerdem lernte ich beim Fernsehen meine spätere Frau kennen. Du ahnst es schon, es wurde mir zu viel, weshalb ich beschloss, einen Cut zu machen: Schluss mit Fernsehen! Eine richtige und wichtige Entscheidung, obwohl ich für die vielen Erlebnisse und Erfahrungen bis heute dankbar bin.

UNSER SCHLAUCHBOOT IM FLUSS

Wohl jeder kennt das Phänomen: Von Zeit zu Zeit müssen wir loslassen und weiterziehen, um wir selbst zu bleiben – Umfelder, Projekte, Beziehungen. Wir spüren einfach: Zeit für etwas Neues! Der Sog des Lebens zieht an uns, wir sollten ihm vertrauen und uns von ihm treiben lassen. Selbst wenn wir nicht wissen, wohin die Reise geht.

Tatsächlich stelle ich mir das Leben wie einen Fluss vor, auf dem wir mit unserem eigenen Schlauchboot unterwegs sind. Mal fließt es gemächlich, wir können uns treiben lassen und die Landschaft bewundern. Hin und wieder aber geht es wild zu: Wir paddeln durch Stromschnellen, müssen Steinen ausweichen, Ästen, die ins Wasser ragen, und Sandbänken. Ab und zu bleiben wir auch stecken oder gehen an Land. Oft steuern wir solche Stellen auch willentlich an, weil sie Phasen oder Meilensteinen entsprechen, die wir erreichen wollen: Ausbildung, Ehe, Kinder, Beruf, Eigenheim. Doch sie alle sind nur Zwischenziele auf unserer Reise, denn der Fluss ruft ständig: »Weiter geht's!«

Steckengeblieben?

Manchmal glauben wir, wir müssten unbedingt bleiben, wo wir sind. Selbst üble Sackgassen können sich mit der Zeit vertraut anfühlen. Unser Boot ist auf Grund gelaufen, der Fluss zerrt an uns, doch anstatt uns das einzugestehen, tun wir so, als wäre alles okay. Doch je länger wir nun bleiben, desto schwächer werden wir: Können wir überhaupt noch Bootfahren? Ist es dafür nicht längst zu spät? Oft haben wir genau analysiert, wie wir stranden konnten: Vergangenheit, Entscheidungen, Folgen – wir sehen klar. Nur leider in die falsche Richtung: Wir blicken zurück statt nach vorne. Und wir übersehen, dass wir jederzeit aus dem Boot aussteigen können, es freiruckeln und dann mühelos weiterfahren.

Manchmal reden wir uns auch ein, wir würden zu sehr vermissen, was wir heute haben, wenn wir loslassen und uns Neuem öffnen. Doch etwas zu vermissen bedeutet nicht, dass wir es brauchen oder später wiederhaben wollen. Ich vermisse zum Beispiel die Sommerferien bei meinen Großeltern, Studentenpartys und den Babygeruch meines Sohnes. Trotzdem möchte ich kein Kind mehr sein, mich nicht mehr mit Studententhemen beschäftigen und gönne meinem Sohn seine eigene Lebensreise. Manches Festhalten ist reine Melancholie. Die kann erbärmlich werden, wenn Menschen nur in der Vergangenheit leben. Manche Dinge enden nun mal.

Also: Klebe niemals an spezifischen Personen, Orten, Firmen, Organisationen oder Projekten, sondern häng dein Herz lieber an wichtige Missionen, an deine Zukunft oder deine inneren Werte! Und kleb vor allem nicht an Dingen, die falsch für dich sind oder nicht (mehr) passen!

Es gilt folgende Regel: Je mehr Gründe du dir vorsagst, warum du etwas erreichen oder behalten musst, desto falscher ist es wahrscheinlich. Manche vermeintlich unvernünftigen Wünsche hingegen fühlen sich richtig an. Sie darfst du verfolgen. Du darfst deiner Sehnsucht vertrauen: Der Fluss muss zum Meer.

Don’t push the river!

Was mir an der Metapher vom Boot im Fluss auch gut gefällt: Manches können wir eben nicht steuern. Die Dinge haben ihr eigenes Tempo, ihren eigenen Rhythmus. Wir dürfen uns dem hingeben, was geschieht. Ich finde das befreiend. Solange wir nicht feststecken und uns weiterbewegen, kann alles gut werden. Es ist immer Leben um uns, selbst wenn wir es nicht bemerken. Und es wartet auf uns, auch wenn wir davon eine Auszeit nehmen, denn wir sind ein Teil davon. Also gib den Zufällen in deinem Leben die Möglichkeit zu entstehen: Beweg dich, mach Erfahrungen und lerne dazu! Aber nicht mit einem starren Plan.

Dafür ist das Leben zu komplex. Es klingt paradox, stimmt aber: Manches erreichen wir erst, wenn wir es loslassen. Die Lösung ist, zu vertrauen.

Manchmal fühlst du sogar körperlich, wenn etwas (noch) nicht sein soll, obwohl der richtige Zeitpunkt gekommen zu sein scheint: Du bist müde, schwach, lustlos und kannst es dir nicht erklären. Also erlaube dir auch, nicht zu tun, was du meinst, tun zu sollen. Achtung, ein spiritueller Gedanke: Vertraue darauf, dass das Universum, der Programmierer unserer Matrix, Gott, das fliegende Spaghetti-Monster oder wen auch immer du für verantwortlich hältst, schon das perfekte Timing findet – irgendwann in der Zukunft! Wahrscheinlich gibt es einen Grund dafür, dass sich dein Körper sträubt. Wahrscheinlich wäre die aufgebrachte Energie zum jetzigen Zeitpunkt falsch investiert. Es soll noch nicht sein.

Vertrauen ist die einzig kluge Reaktion auf die Unfähigkeit zu kontrollieren.

Wie heißt es so schön? Don't push the river. Das »Universum« hat sein eigenes Timing. Und wenn es sich koordiniert entschließt, dir zu helfen, werden die Dinge auf einmal ganz leicht sein, versprochen. Wenn nicht heute, dann ein andermal. Du wirst es spüren. Und wenn es so weit ist, wirst du auch den Grund dafür erkennen, warum es für manches heute noch zu früh ist. Also nimm an, was ist und kommt. Alles ist ein Prozess, dem du vertrauen darfst. Alles ist gut.

Lebensstufen

Hermann Hesse hat es in seinem wunderschönen Gedicht »Stufen« so formuliert: »Es muss das Herz bei jedem Lebensrufe bereit zum Abschied sein und Neubeginne, um sich in Tapferkeit und ohne Trauern in andre, neue Bindungen zu geben. Und jedem Anfang wohnt ein Zauber inne, der uns beschützt und der uns hilft, zu leben.« Ziemlich auf den Punkt, oder?

ACHTSAMKEIT: CHILLEN, REFLEKTIEREN, ENTSCHEIDEN

Für Orientierung brauchen wir klare Sicht, die uns oft fehlt. Stell dir mal vor, du hättest vor deinen Augen ein Wasserglas, auf dessen Grund eine Schlammschicht ist. Läufst du herum, wirbelt der Schlamm auf und trübt das Wasser. Willst du die Welt klar sehen, musst du immer wieder still stehen, damit sich der Schlamm setzen kann.

Ein Gedankenspiel: Angenommen, dein Arzt stellt eine fiese Diagnose und sagt dir, du hättest nur noch sechs Monate zu leben – würdest du dein heutiges Leben verändern? Vermutlich würdest du konsequenter tun, was du wirklich willst, und bleiben lassen, was nicht. Endlich! Nun die Überraschung: Nach sechs Monaten eröffnet dir dein Arzt, er habe sich geirrt. Du bist kerngesund. Würdest du dein neues Leben wieder gegen dein altes eintauschen? Vermutlich nicht. Warum also nicht gleich das Richtige tun? Weil unser wuseliges Leben voller Automatismen ist, die irgendwie funktionieren. Erst wenn es um die Wurst geht, zwingen wir uns, präzise zu zielen und gute Entscheidungen zu treffen: Mit wem verbringen wir Zeit? Was tun wir? Was nicht?

ENTSCHEIDUNGEN TREFFEN

Es heißt ja oft, es sei eine Tugend, schnell klare Entscheidungen zu treffen. Stimmt das? Jein. Meist stehen nämlich nicht gut oder schlecht zur Wahl, sondern gut oder besser und schlecht oder weniger schlecht. Entscheidungen zu treffen ist nicht immer einfach, vor allem je mehr Faktoren zu berücksichtigen und je gewichtiger die Konsequenzen sind. Also dann gar nicht entscheiden? Auch blöd: Wir entscheiden uns selbst dann, wenn wir uns nicht entscheiden – nämlich für den Status quo. Irgendwann entscheiden dann die Umstände oder andere, und wir haben gar nichts mehr zu entscheiden, wir sind fremdbestimmt.

Was tun? Eigentlich gar nicht so schwierig. Es gilt: Triff leichte und unwichtige Entscheidungen stets sofort. So trainierst du deinen Entscheidungsmuskel und hast danach wieder den Kopf frei. Aber triff komplizierte und wichtige Entscheidungen lieber mit Abstand, Übersicht und ganz bewusst – und eben nicht aus dem Moment oder einem Gefühl heraus. So machst du weniger Fehler. Hast du auf diese Weise eine Entscheidung getroffen, grüble nicht herum, ob sie die richtige war – das wird sich zeigen. Wenn du aus den Ergebnissen lernst, triffst du mit der Zeit immer bessere Entscheidungen und fühlst dich mit ihnen immer wohler.

Das verwirbelte Wasserglas

Klingt einfach, oder? Wäre es auch, würden wir uns an unserem Kompass orientieren: »Was ist mir wichtig?« Doch für Orientierung brauchen wir klare Sicht, die uns oft fehlt. Stell dir mal vor, du hättest vor deinen Augen ein Wasserglas, auf dessen Grund eine Schlammschicht ist. Läufst du herum, wirbelt der Schlamm auf und trübt das Wasser. Willst du die Welt klar sehen, musst du immer wieder still stehen, damit sich der Schlamm setzen kann. Um das bewusst zu tun, brauchst du: Achtsamkeit. Du darfst nicht nur reflexhaft funktionieren, sondern musst deine Aufmerksamkeit und Wahrneh-

Die Herausforderung besteht darin, absichtlich und absichtsvoll Sinnvolles zu tun und Sinnloses bleiben zu lassen sowie Sinnvolles zu beachten und Sinnloses zu ignorieren.

mung steuern. So siehst du klarer, triffst bessere Entscheidungen und lebst ein schöneres Leben – ohne dafür eine Diagnose vom Arzt zu brauchen.

Schlechtes Wetter? Ein lauter Nachbar? Chaos im Job? Keine gute Idee, sich davon runterziehen zu lassen, egal welche Rituale du gegen Stress hast. (»Nanu, der Antistress-Ball quiekt so komisch.« – »Lass sofort den Hamster los!«) Klüger ist es, warme Klamotten anzuziehen, zu Hause Musik anzumachen und dich auf deine Aufgaben zu konzentrieren – ohne dich stressen zu lassen. Wenn du die Umstände nicht beeinflussen kannst, sollten sie dir egal sein.

Eine Frage der Bewertung

Das bedeutet aber, dass wir uns von den Bedeutungen entkoppeln müssen, die wir vielen Dingen automatisch geben. Nicht was geschieht, stresst oder beunruhigt uns, sondern das, was wir einordnen. Dann nervt wieder die Lücke zwischen Soll und Ist: Das Wetter soll schön sein, die Nachbarn ruhig und der Job geordnet. Womit wir wieder bei der Kernaussage dieses Buches wären: Der einzige Grund, warum du ein Problem hast, ist, weil du ein Ziel hast. Ohne Ziel ist alles einfach. Doch wenn du den Moment nicht bewertest, kann er auch nichts Schlimmes haben. Du musst nicht ständig nach etwas streben oder eine Meinung haben. Dann leidest du auch nicht unter eingebildeten Problemen. Vor allem Perfektionisten können von dieser Haltung profitieren: Wer immer nur hundert Prozent als Erfolg akzeptiert, empfindet neunzig Prozent als Niederlage – und leidet. Wer sich hingegen mit weniger zufriedengibt, für den sind auch Teilerfolge ein Gesamterfolg. Ein Zitat, das Buddha zugeschrieben wird: »Wenn du ein Problem hast, versuche es zu lösen. Wenn du es nicht lösen kannst, mach kein Problem daraus.« (Und seien wir ehrlich: Von den meisten Problemen ist morgen, in zwei Wochen oder nächstes Jahr ohnehin keines mehr übrig.)

Auf diese Weise macht Achtsamkeit glücklich, erfordert aber auch Disziplin, was nicht immer einfach ist: Du musst dich wieder und wieder bewusst dafür entscheiden, deine Sichtweise zu fokussieren. Das bedeutet nicht, dass du die Augen vor dem Problem verschließt. Es ist immer noch da, was ist. Aber du gewinnst Souveränität und Freiheit. Du kannst bleiben lassen, was du nicht tun willst, und ignorieren, was du nicht magst. Du musst unter nichts leiden. Es entsteht ein innerer Korridor, den du nur entlangzugehen brauchst. Schritt für Schritt. Mühelos und bewusst. Es zählt nur der Moment. Nur die Ausführung dieser einen Sache, die gerade ansteht. Du brauchst dich nicht zu ärgern, dir Sorgen zu machen oder zu grübeln. Nur weiterzugehen. Du wirst sehen: Auf diese Weise kommst du schneller voran, schaffst mehr und bist hinterher nicht erschöpft, sondern fühlst dich erleichtert.

Leerlauf und Mantras

Zugegeben: Für all das braucht man einen guten Draht zu sich selbst und eine gewisse Übung. Vor allem muss man lernen, dass es nicht nur eine Außenwelt gibt, die unseren Geist beschäftigt und in der wir vor uns hin wuseln, sondern auch eine Innenwelt, in der wir selbst unseren Geist steuern und äußerlich eben gar nichts zu tun brauchen. Wir können in den Leerlauf schalten – ein wunderschöner Zustand, den ich selbst mit Ende zwanzig zum ersten Mal erleben durfte. Damals machte ich eine Ausbildung zum Hypnotherapeuten. Unser Seminarleiter, ein sehr sympathischer Psychiatrie-Professor im Ruhestand, leitete uns an, wie wir uns gezielt mit Atemübungen und Autosuggestionen in Trance versetzen konnten: »Ich bin ruhig.« Oder: »Mein Arm ist schwer.« Und: »Jedes Geräusch verstärkt die Ruhe.« Es war faszinierend: Was immer wir uns gedanklich einsagten, wurde für uns wahr. Wir wurden ruhig, lagen bleischwer auf Gymnastikmatten und empfanden Straßenlärm als einschläfernd. Seitdem nutze ich täglich unterstützende Mantras, die mir gewünschte

Zustände suggerieren: »Ich kann das.« Oder: »Es läuft gut.« Und: »Ich habe Zeit.« So traue ich mir schwierige Dinge zu, bleibe locker und nehme Druck raus. Oft hilft es sogar, einen störenden Zustand nur bewusst zu bemerken und ihn zu benennen, um ihn aufzulösen: »Ich bin angespannt.« Aha, ich bin also angespannt. Akzeptiert und erlaubt: Ich darf angespannt sein. Und wie von selbst verschwindet die Anspannung daraufhin. Oder ich checke bei Stress meinen Status: »Atme ich? Bin ich entspannt? Bewege ich mich elegant?« Und schon atme ich tief durch, entspanne mich und meine Bewegungen werden flüssiger.

Die Kraft des Chillens

Manche denken, Achtsamkeit sei nur etwas für übersensible Leistungsverweigerer. Ich glaube, das Gegenteil stimmt. Die größten Erfolge im Leben erreichen Menschen, die achtsam wahrnehmen, entscheiden und handeln. Sie kanalisieren ihre Kräfte und machen weniger Blödsinn. Vor allem steigen sie immer wieder bewusst aus dem täglichen Gewusel aus und kommen runter. Der Schlamm im Wasserglas muss sich setzen können. Womit wir bei einer Herausforderung wären, die nicht nur organisatorischer Natur ist: sich zu erlauben, sich um die eigenen Bedürfnisse zu kümmern – vor allem wenn diese vordergründig nichts mit Produktivität zu tun haben.

Harald Juhnke sagte: »Meine Definition von Glück? Keine Termine und leicht einen sitzen.« Abgesehen davon, dass es auch ohne Alkohol geht, ist das eine ziemlich präzise Beschreibung eines zwecklosen, aber sinnvollen Zustands, in welchem wir uns von unseren Pflichten entfernen, einfach im Moment sind und Abstand gewinnen – und genau dadurch unsere Produktivität steigern: Wir erkennen, was wichtig und was unwichtig ist, was guttut und was nicht, wir kommen auf neue, bessere Ideen – und zielen danach präziser. Eine alte Zen-Weisheit lautet: Im Nichtstun bleibt nichts ungetan. Es gibt eine Zeit des Krafttankens und es gibt eine Zeit des Kraftnutzens. Die Phase dazwischen fühlt sich an wie ein Aufwachen. Und je besser du »geschlafen« hast, desto schöner wird dein Tag.

Also: Chill mal öfter! Vor allem wenn du dich fühlst, als würdest du dich selbst verlieren, solltest du mehr Zeit mit dir verbringen und weniger mit anderen. Nun ist Achtsamkeit, deine eigenen Bedürfnisse zu spüren. Die Zeit hingegen, die du für andere erreichbar bist, ist das Gegenteil von Achtsamkeit. Schaff dir daher bewusst immer wieder geschützte Zeitinseln, in denen du nach Herzenslust tust, was immer du für dich selber brauchst. Und ja, du darfst deine Bedürfnisse über die anderer stellen. Hab kein schlechtes Gewissen dabei! Du bist deswegen nicht egoistisch und wirst auch nicht verurteilt oder abgelehnt werden. (Erinnere dich: Die meisten denken ohnehin viel seltener an dich, als du glaubst oder es gerne hättest.) Daher ist es sogar deine Pflicht, dich zuerst um dich zu kümmern, wenn die Dinge in deinem Leben rundlaufen sollen. Noch mal: Es muss nicht erst eine Diagnose vom Arzt kommen.

DIE TAGEBUCH-TECHNIK

Zum Abschluss des dritten Teils dieses Buches verrate ich dir noch die für mich persönlich wichtigste Achtsamkeitsübung, die ich auch dir unbedingt empfehlen möchte: Ich schreibe Tagebuch. Und zwar seit einer unschönen Krise kurz vor der Jahrtausendwende. Wirklich jeden Tag setze ich mich seitdem an ein (für jedes Jahr neues) Textdokument und zwinge mich zum Reflektieren: Wie geht es mir? Was habe ich erlebt? Was wie bewertet? Welche Entscheidungen getroffen? Wen kennengelernt? Was getan oder nicht getan? Welche Ideen, Pläne, Ziele, Träume sind mir wichtig, welche nicht? Was hat geklappt, was nicht?

Diese Art mentaler Buchhaltung zeigt mir schwarz auf weiß, wer ich bin: die Summe all dessen, was ich fühle, denke und vor allem tue. Besonders wertvoll an Tagebüchern: Sie beschreiben Ereignisse, während sie geschehen, und nicht erst hinterher. Sie sind deshalb ehrliche Dokumente der tatsächlichen Momente und unterstützen uns beim Vorwärtsdenken. Auch helfen sie, Schmerzen oder Traumata einzuordnen, sodass diese nicht zu unbewussten schmerzenden Stacheln werden, welche in Reaktanzen führen. Erinnerungen sind immer verzerrt, gefiltert, geschönt oder dramatisiert. Tagebücher hingegen beschreiben die Dinge zum jeweiligen Zeitpunkt im zugehörigen Kontext. Sie sind die nackte Wahrheit, ein ehrlicher Spiegel. Und sie zeigen ganz klar: Wir sind die Regisseure und Protagonisten unseres Lebens. Mir ist das sehr wichtig: Ich selbst bin Gestalter dessen, was um mich herum entsteht. Ich habe die Macht zu erschaffen und loszulassen, zu beurteilen und zu entscheiden. Selbst wenn die Dinge nicht so laufen, wie ich es gerne hätte, weiß ich dennoch: In diesem inneren Raum sitze ich am Steuer meines Einflussbereichs. Keine Ausreden. Welchen Weg ich gehe, bestimme ich selbst. Ich schreibe meine eigene Lebensgeschichte. Und von Zeit zu Zeit lese ich in ihr, justiere meine Kompassnadeln und freue mich: Wer braucht schon Netflix? Die Realität ist cooler als Fiction.

TEIL 4
ERREICHE DEINE ZIELE

»Wie schaffe ich es, Ziele zu erreichen?« ist zu flach formuliert. Die Frage sollte eher lauten: »Wie erreiche ich Ziele, indem ich erschaffe?« Die dritte Kompassnadel richtet kein Ergebnis aus, sondern ein Prozess: Produktivität.

ZIELE UND PRODUKTIVITÄT: SCHAFFEN UND ERSCHAFFEN

Keine gute Idee, im Computerspiel einfach den Controller loszulassen. Wetten, dass dein Avatar auf die Mütze kriegt? Also Schluss mit der Selbstfindung! Jetzt wird angepackt und umgesetzt.

So, Sinn und Weg sollten klarer geworden sein. Auch das eine oder andere Missverständnis rund um die Themen Glück und Erfolg dürften sich aufgelöst haben. Kommen wir nun also zur dritten Kompassnadel: dem Erreichen deiner Ziele. Wie kriegst du das hin? Vorsicht, falls du mittlerweile der Überzeugung bist, dich nur voller Selbstliebe und Vertrauen allem hingeben zu müssen, was dir geschieht, und alles würde gut. So wohltuend und richtig das zum Teil sein mag, so falsch ist es als einziges Lebensprinzip. Du kannst frei wählen, was du tust oder nicht. Keine gute Idee also, im Computerspiel einfach den Controller loszulassen. Wetten, dass dein Avatar auf die Mütze kriegt? Also Schluss mit der Selbstfindung! Jetzt wird angepackt und umgesetzt.

ZIELE ODER KEINE ZIELE?

Womit wir wieder am Anfang wären und sich ein Kreis schließt: Sind Ziele nun richtig oder falsch? Schauen wir uns noch mal die beiden Algorithmen an, dank derer wir sie erreichen (sollen). Zunächst der Klassiker: Such dir ein großes Ziel, plane deinen Weg, verpflichte dich dem Ziel, fokussiere dich, arbeite hart und halte durch! Nach wie vor gilt: Wer das falsche Ziel anstrebt, kann und wird scheitern. Wer hingegen von innen nach außen zielt, also sich zunächst selbst justiert und gemäß seiner Persönlichkeit, Werte, Stärken und »Seele« handelt, kann daraus Handlungen ableiten, Abenteuer erleben, lernen, wachsen, chillen, loslassen, vertrauen und seinen ganz eigenen glücklichen und erfolgreichen Weg gehen. Der Algorithmus kann passen, vor allem wenn er Ziele als Zwischenergebnisse im viel größeren Kontext eines ganzen Lebens betrachtet.

Nun zum Gegenteil: Setz dir keine Ziele, vertraue dem Weg, lass immer wieder los, habe Mut zur Unschärfe, spiele, statt zu arbeiten und genieße deine Reise! Wieder gilt: Von innen nach außen justiert und im großen Rahmen betrachtet eine gute Strategie, die dich gute Ziele erreichen lässt. Es gibt also nach wie vor keinen Widerspruch, so unterschiedlich die Formulierungen auch sind. Doch dann ist (mal wieder) der Fokus auf Ziele schief. Sie sind nie mehr als Slalomstangen, Flussufer oder Meilensteine, die wir ansteuern und mal erreichen, mal nicht – egal mit welcher Strategie. »Wie schaffe ich es, Ziele zu erreichen?« ist demnach zu flach formuliert. Die Frage sollte eher lauten: »Wie erreiche ich Ziele, indem ich erschaffe?« Die dritte Kompassnadel richtet kein Ergebnis aus, sondern ein Prozess: Produktivität.

Zurück in den Tiefschnee!

Und damit zurück in den Tiefschnee. Erinnere dich: Ein Riese hat die Fressbude von der linken in die rechte Ecke verschoben. Was tun? Den alten Weg gehen? Das ist so, als würdest du die Leiter ans falsche Schlafzimmerfenster stellen. (Kann Spaß machen, muss es aber nicht.) Keine gute Idee, wenn du dich am Imbiss belohnen willst. Du wirst dir einen neuen Weg bahnen müssen. Kein Problem, denn du weißt ja, wie das geht: Sinn fokussieren (»Wo gibt's was zu fressen?«), Entscheidung treffen (»Ich mach das jetzt!«), loslaufen und Schwung aufnehmen

(»Einfach anfangen!«), Erfahrungen machen und lernen (»Reinwurschteln!«) – und so lange dranbleiben, bis du angekommen bist, wo du hinwolltest: »Geschafft!« (Klein Lisa kann mittlerweile übrigens schon tanzen und turnen.) Und bist du auf dem neuen Weg ein paar Mal hin- und hergelaufen, geht das genauso leicht wie auf dem alten.

Gute Sache: Du brauchst dich nicht mehr zu motivieren, dein Administrationssystem schaltet auf Automatik und dein Dopaminsystem ist bereit für neue Herausforderungen. Also was führt dich zum Futter? Der ganze Prozess.

Wo willst du hin? Was tun, erleben, erreichen? Vorsicht: Ziele (»Fressbuden«) sind immer nur Teilaspekte eines Weges. Wichtiger ist, wie du den ganzen Weg gehst: So, dass du easy ankommst und dir deinen Futternachschub sicherst – oder so, dass du immer wieder steckenbleibst, Umwege gehst, leidest und hungerst. Du kannst die Prozesse deines Lebens produktiv gestalten oder unproduktiv. Stimmige Ziele sind oft nur der Anfang solcher Prozesse. Und je nach persönlichem Geschmack kannst du sie formulieren, wie es dir gefällt: als SMART-Formel, vage Vision, großen Traum oder flexibles Zwischenergebnis – egal. Hauptsache, du grübelst am Eingang in den Park nicht lange herum, sondern triffst eine klare Entscheidung: Auf zur Fressbude! Rein in den Tiefschnee! Und zwar mit Schmackes.

Ein makabrer Meterstab

Womit wir beim Thema Motivation wären. Denn gerade um Neues anzufangen brauchen wir sie. Mindestens um in Schwung zu kommen. Wie aber motivieren wir uns? Vor allem für chronische Aufschieber eine Herausforderung: Ihre Komfortzone wird oft von einer ganzen Armee innerer Wächter bewacht, die ihre Gedanken verknoten und sie fesseln. Schöne Visionen helfen nur denen, die gewohnt sind, sie als Antrieb zu nutzen. Doch Menschen, die sich ihre Träume nicht erfüllen, haben oft Angst davor, ins Handeln zu kommen. Denn die Vorstellung, sich eines Tages ihren Traum zu erfüllen, hält sie im tristen Alltag psychologisch am Leben. Sie reden sich ein: »Irgendwann werde ich tun, was ich will! Ich bereite mich noch darauf vor.« Doch was, wenn der Traum erfüllt ist? Dann haben sie keinen Ansporn mehr, ihr jetziges fades Leben zu ertragen. Oder schlimmer noch: Sie müssten sich eingestehen, Jahre oder Jahrzehnte verplempert zu haben. Ihre Lebenslüge wäre geplatzt. Daher träumen Sie lieber weiter. Ziele erreichen? Viel zu realistisch.

BITTE AUFWACHEN!

Wie sooft, muss es manchmal erst wehtun. Dein Leben ist keine Generalprobe, sondern längst die Show! Ich finde folgenden Arschtritt immer wieder wirksam: Nimm dir einen Meterstab und falte ihn auseinander. Dann brich ihn bei 80 Zentimetern ab, was in Jahren ungefähr der statistischen Lebenserwartung in Deutschland entspricht. Anschließend brichst du ihn an der Zahl deines jetzigen Alters ab. Bist du 22, 47 oder 63? Dann schau mal, wie viel Leben du schon hinter dir hast – und wie viel (oder wenig) noch vor dir. Worauf wartest du?

VERANTWORTUNG ÜBERNEHMEN

Falls du nun ein schlechtes Gewissen hast, mein Beileid und Verständnis. Vielen fällt es schwer, ihre Pläne umzusetzen und Träume wahr werden zu lassen. Das hängt mit unserer Erziehung und Kultur zusammen. Wir sind kein Volk der Macher, sondern eher der Verwalter. Von klein auf denken und entscheiden für uns Eltern, Lehrer, Ausbilder und Vorgesetzte, also irgendwelche

Autoritäten. Selbstständigkeit und unternehmerisches Denken sind hierzulande keine Kernkompetenz – oft leider nicht einmal in Teamprojekten. Lieber verlassen wir uns auf »die da oben«. (Immerhin auch praktische Sündenböcke, wenn etwas nicht klappt.) Nur kommen wir so nicht weiter, wenn es um unsere persönliche Produktivität geht. Wenn wir immer erst eine Regel oder Erlaubnis vom Chef brauchen, bevor wir aus dem Quark kommen, können wir lange warten.

Das ist umso herausfordernder, je braver und angepasster wir sind. Statt Regeln zu gehorchen, müssen wir selber denken und machen. Vor allem wenn es keine Regel oder Struktur gibt, ist das manchmal hart. Immerhin kann es schiefgehen – und dann tragen wir die Verantwortung. Wir müssen also lernen, Entscheidungen unter unsicheren Umständen zu treffen. Das ist nichts für Theoretiker, Lehrer, Philosophen, Wissenschaftler oder Angestellte in starren Organisationen. Sorry. Das können Menschen viel besser, die in der realen Welt zurechtkommen müssen: Selbstständige, Unternehmer, Entscheider, Macher – oder eben Performer in flexiblen Organisationen, wo sie Verantwortung übernehmen und kreative Lösungen finden müssen. Sie wissen: Können ist Lernen und Erfahrung. Alles andere ist nur Information. Glück und Erfolg sind oft Überwindungsprämien.

Vorsicht, Pseudolösungen!

Viele Menschen lösen den Konflikt scheinbar, indem sie sich unbewusst Hindernisse schaffen, an denen sie scheitern: zum Beispiel Ausreden, Aufschieberei oder Perfektionismus. Letzterer ist vor allem für »blaue« gewissenhafte Persönlichkeiten eine Herausforderung. Sie haben vor nichts so viel Angst wie vor Fehlern. Anstatt sich mutig einen neuen Weg zu bahnen, messen sie lieber noch einmal den alten aus. Das mag vernünftig gemeint sein, ist aber Selbstsabotage: »Ich will zu hundert Prozent schaffen, was ich mir vornehme. Wenn ich also weiß, wie es geht, werde ich es tun.« Unsinn! Sie hecheln ihren Ansprüchen hinterher, ohne eine Chance, ihnen jemals gerecht zu werden. Es gibt im Leben nun mal immer Überraschungen, Unschärfen, Unfertiges und Unvorhergesehenes, selbst wenn vieles prima läuft. Wozu sich auf Unzufriedenheit und Frust konzentrieren?

Erlaube dir also keine Pseudolösungen! Dreh lieber die Sichtweise um: Besser, du schaffst oder tust etwas nur zu achtzig Prozent »richtig« (was immer das sein mag) – als zu hundert Prozent überhaupt nicht. Könntest du irgendetwas von dem, was du heute kannst, wenn du geglaubt hättest, du kannst es sowieso nicht lernen? Na also. Wer nicht an Wunder glaubt, braucht sich auch nicht zu wundern, wenn ihm keine widerfahren. Du kannst dich immer entscheiden, deine Träume zu verfolgen. Frag dich also nie, ob du gut genug bist, sondern finde es heraus! Was du nicht kannst, kannst du lernen. Und wenn du etwas schon kannst, ist die Aufgabe vielleicht bereits zu klein. Also auf zur nächsten! Du wirst damit zurechtkommen. Und wenn nicht? Egal. Wir können immer scheitern, auch wenn wir uns Mühe geben. Trotzdem ist bereits der Versuch ein Erfolg. Sich Herausforderungen zu stellen, hat einen Wert an sich. Ein Tipp fürs Scheitern: Plane emotionales Spielgeld ein! Du wirst immer mal wieder verlieren, stolpern oder steckenbleiben. Na und?

Beim Monopoly weinst du schließlich auch nicht, wenn du mal auf einem Feld landest, das dich »Geld« kostet. Es gehört zum Spiel dazu. Spiele sozusagen Mensch-ärgere-dich-nicht.

Ganz ehrlich, bitte: Warum zögerst du noch? Ist es Trägheit? Keine Sorge, die verschwindet, sobald du in Schwung bist. Oder erlernte Hilflosigkeit? Die geht auch weg, sobald du Erfahrungen machst. Innerer Widerstand? Zu viel Druck? Falsche Ziele? Dann stimmt die Richtung deiner Kompassnadeln noch nicht. Bitte nachjustieren. Ansonsten mach dich locker und geh deinen Weg: Rein in den Tiefschnee! Du weißt doch, dem Gehenden schiebt sich der Weg unter die Füße. Wird schon klappen.

DIE PRODUKTIVITÄTSGLEICHUNG

Wie findest du deinen persönlichen Zugang zum Thema Produktivität? Indem du an den Stellschrauben drehst, die dir einen besseren Hebel ermöglichen, deine Pläne in die Tat umzusetzen. Jeder hat seine Eigenarten und Macken. Daher schlage ich eine Alternative zu den Ziele-Algorithmen vor. Folgende Faktoren erhöhen Produktivität: Handlung, Richtung, Energie und Zeit. Ablenkung vermindert Produktivität. Bei welchen der Faktoren kannst du dich verbessern?

Ich glaube, man kann Produktivität als Bruch darstellen. Im Zähler steht: Handlung mal Richtung mal Energie mal Zeit. Und im Nenner steht: Ablenkung. Also was tust du? In welche Richtung zielt dein Handeln? Mit welcher Energie handelst du? Und wie nutzt du deine Zeit? Je ausgeprägter oder »höher« die Faktoren, desto besser. Andererseits: Wovon lässt du dich ablenken? Hoffentlich von möglichst wenig. Sobald einer der Faktoren im Zähler null ist, bist du nicht produktiv. Egal wie viel Gas du bei den anderen Faktoren gibst. Angenommen, du strengst dich sehr an (viel Energie) und bist total geschäftig (viel Handlung), wechselst aber ständig die Richtung, kommst du nicht an, wo du hinwillst. Oder falls du deine Richtung und sämtliche Prinzipien guten Zeitmanagements kennst, aber nichts tust (keine Handlung), bist du ebenfalls nicht produktiv. Und selbst wenn alle Faktoren im Zähler positiv sind, du aber zu sehr abgelenkt bist, bleibst du auch unproduktiv: Die Zahl im Nenner ist zu groß. Prinzip klar? Also legen wir los!

ERFOLG HAT DREI BUCHSTABEN: TUN!

»Tu erst das Notwendige, dann das Mögliche.
Und plötzlich schaffst du das Unmögliche.«
FRANZ VON ASSISI

Ich schreibe seit mittlerweile vier Monaten an diesem Buch. Und ganz ehrlich: Das war nicht immer einfach, obwohl ich mir einiges an Zeit dafür freigeräumt hatte. Trotzdem fand parallel Leben statt: Ich hielt Vorträge und Seminare, hatte persönliche Veränderungen zu sortieren und stürzte im Urlaub mit dem Fahrrad. Dabei brach ich mir ein paar Rippen, bekam einen Pneumothorax und musste ins Krankenhaus. Die Wochen danach hatte ich Schmerzen und konnte mich nur schwer konzentrieren. Egal: Bald bin ich fertig. Ich bin froh, dass ich mich ans Manuskript gesetzt habe, wann immer ich konnte.

PROZESS STATT ZIEL

Dan Millman, der Autor des Bestellers »Der friedvolle Krieger«, drückt es so aus: »Zwischen uns und unseren Zielen liegt selten ein roter Teppich. Es ist ein Tümpel.« Die Frage ist also: Wie tun wir trotzdem, was wir tun müssen? Natürlich stelle ich mir immer wieder vor, wie schön es sein wird, das fertige Buch in den Händen zu halten. (Visualisiere deine Ziele!) Aber ganz ehrlich: Heute, jetzt, in diesem Moment ist das noch weit weg. Und es motiviert mich bestimmt nicht, diese Sätze hier zu schreiben. Es könnte sogar entmutigen, weil die Belohnung noch weit in der Zukunft liegt. Wozu mich also anstrengen? Wieder sind Ziele als Motivationshilfe schief. Belohnungen aufschieben zu können, ist eine psychologische Fähigkeit vieler erfolgreicher Menschen. Nur ist nicht jeder erfolgreich. Wieder einmal geht es also nicht ums Ziel, sondern um den Prozess. (Wenn überhaupt, hilft vielleicht die Nah-und-fern-Taktik: Ist ein Ziel noch weit entfernt, tu so, als wäre es ganz nah! So kommst du in Schwung. Und ist es ganz nah, dann tu so, als wäre es noch weit weg! So behältst du den Schwung bis zum Schluss.)

Eigentlich geht es um ausdauerndes Handeln in eine Richtung. Das ist jeden Tag möglich.

Unsere Aufgabe ist somit nicht, auf etwas zu warten, was in der Zukunft liegt, sondern zu erledigen, was direkt vor uns liegt. Gestern ist vergangen, morgen kommt noch. Wir leben heute. Schlecht für die Motivation? Sehe ich anders: Wir können sowieso nur eines nach dem anderen erledigen und müssen nicht alles auf einmal schaffen. Ich finde das tröstlich. Ein ganzes Buch schreiben? Kann ich nicht. Aber einzelne Worte, das geht.

Wer also immer nur aufs ferne Ziel starrt, macht es sich unnötig schwer. Es geht nicht darum, im Park endlich an der Fressbude zu stehen, sondern den Weg dorthin zu gehen. Schritt für Schritt. Dann kommen wir an. Es zählt also nicht das Endergebnis, sondern jedes Resultat zwischendrin, jeder einzelne Fortschritt. Heldentum zeigt sich im Kleinen. Und wenn Dinge keinen Spaß machen, dann oft nur, weil wir sie noch nicht können. Doch was können wir nicht? Was wir nicht geübt haben. Wir sollten uns also nicht gegen das wehren, was zu tun ist, sondern uns darauf konzentrieren, es mit mehr Freude zu tun! Dann üben wir indirekt, was mit der Zeit tatsächlich zu mehr Spaß führt, weil wir es immer besser können. Wie heißt es so schön? Wir können nicht immer tun, was wir lieben. Aber wir können uns dazu entscheiden, zu lieben, was wir tun. Die meisten wissen das. Trotzdem tun sich viele damit schwer, sonst würde jeder sein Ding machen.

Konsequenz statt Motivation

Es ist etwas komplett anderes, etwas nur zu durchdenken, oder es zu tun. Erst im Handeln werden wir frei. Vorher sind wir Gefangene von Wünschen. Doch wie kommen wir ins Handeln? Hierzu gibt es viele Motivationstechniken. Hast du zum Beispiel schon von der 72-Stunden-Regel gehört? Wenn du dir etwas vornimmst, solltest du innerhalb der nächsten drei Tage mit der Umsetzung beginnen, sonst verflüchtigt sich dein Wunsch, heißt es. Manchen hilft das. Kann aber auch nach hinten losgehen, wenn wir uns dadurch von Sinn und Weg abbringen lassen. Ablenkung ist die Achillesferse von Aktionisten.

Eigentlich geht es um etwas anderes: Konsequenz. Bist du ein Mensch, der gelernt hat, wichtige Vorhaben in die Tat umzusetzen? Glückwunsch: Dann kannst du dir selbst vertrauen. Und falls nicht, wirken Motivationstechniken eher beschwichtigend statt aktivierend. (»Du schaffst das schon!«) Sie sind oft nur Alibis. (»Doch nicht? Egal.«) Statt dich mit psychologischen Strohfeuern zu pushen, solltest du lernen, dich zu organisieren. Das geht mit Plänen, Terminen, To-do-Listen, Deadlines oder Challenges. (Schaffst du es, zwei Wochen lang täglich drei Stunden zu schreiben?) Du brauchst ein System, das dich zum Handeln verpflichtet.

Effektive Selbstorganisation

Ich bin nicht sehr streng mit mir, weil ich sowieso weiß, dass ich mich auf mich verlassen kann – auch ohne starre Regeln. Schließlich will ich in den Spiegel schauen können. Ich könnte es nicht ertragen, mich nur als Träumer oder Schwätzer wahrzunehmen, ich will mich auf mich verlassen können. Trotzdem habe auch ich ein System, mich zu organisieren. Zum Beispiel schreibe ich wichtige Aufgaben, Ideen, Wünsche und Pläne immer unterhalb des Textes in mein Tagebuch. Auf diese Weise erinnere ich mich täglich an sie, selbst wenn ich noch nicht dazu komme, sie zu erledigen. Auch in meinem Handy habe ich Ordner für To-dos und allerlei Gedanken, in die ich diszipliniert notiere, was mir Wichtiges einfällt. (Übrigens habe ich die Inhalte dieses Buches über Jahre hinweg zunächst in digitalen Notizen gesammelt.) Und in meinem Büro steht ein Flipchart, auf dem ich meine anstehenden Meilensteine aufschreibe und Erledigtes abhake. So habe ich stets vor Augen, was ich tun will und werde.

Von starren Plänen, Terminen oder Fristen fühle ich mich eingeengt, sie sind überhaupt nicht mein Ding. Ich tue gerne, worauf ich Lust habe, und zwar möglichst unabhängig. Außerdem stören sie mich in meinem Flow. (Dazu gleich mehr.) Und würde ich To-do-Listen erlauben, mein Leben zu steuern, käme ich mir vor wie ein Sklave. Ich würde etliche schöne Momente verpassen, die mir wichtiger sind als Pflichten, welche ich ohnehin erledige – wenn sie zeitlich passen. Auch fordere ich mich ständig selbst heraus. Ich brauche daher keine äußeren Taktgeber oder Challenges, um mich zu motivieren. Ich bin mein eigener Chef.

Produktivität statt Verwaltung

Anderen hingegen helfen Pläne, Termine und To-do-Listen, sich zu strukturieren. Völlig in Ordnung. Wieder gilt: jedem das Seine. Aber Vorsicht, wenn statt Produktivität nur deren Verwaltung in den Mittelpunkt rückt: Disziplin ist eine Tugend, außer du verfolgst die falschen Ziele. To-do-Listen und Termine abzuarbeiten, um Pflichten nachzukommen, mag fleißig erscheinen, ist aber oft eher Geschäftigkeit als Wirksamkeit. Dann tun wir so, als wären wir produktiv, achten aber nicht auf den Hebel unserer Handlungen. Wie bereits

Sortiere dich immer wieder neu: Welche Aufgabe steht für dich gerade wirklich an? Welche besser nicht? Du wirst ums Mitdenken nicht herumkommen.

erläutert, brauchen wir auch Pausen, müssen chillen und Abstand gewinnen, um Kraft zu tanken und die Dinge klar zu sehen. Der Schlamm im Wasserglas muss sich immer wieder setzen. Auch neue Ideen entstehen nicht innerhalb enger Kästchen, sondern außerhalb.

Ein weiteres Problem zu starrer Planung ist nachlassende Leistung: Angenommen, du setzt dir eine Frist, die du nicht schaffst, ist das beschämend. Also fällt die nächste Frist lascher aus. Und am Ende leistest du weniger als ohne Frist. Mir persönlich ist daher folgendes Prinzip wichtig: erst erschaffen, dann verwalten. Im Mittelpunkt meiner Handlungen steht das Produzieren guter Ergebnisse. Sie zu sortieren, ist eine Aufgabe für danach. Daher produziere ich jeden Tag erst etwas Wichtiges (zum Beispiel Text), bevor ich mich den Niederungen schnöder Organisation widme. Terminplaner, du kannst mich mal!

FINDE DEINEN FLOW!

Der angenehmste und zugleich produktivste Zustand, um zu handeln, ist Flow. Er entsteht, wie du bereits weißt, an der Grenze zwischen Überforderung und Unterforderung, wenn wir so in einer Aufgabe aufgehen, dass wir uns selbst vergessen, unser Zeitempfinden verschwindet und wir scheinbar mühelos Ergebnisse produzieren. Wohl jeder kennt kleinere Flowerlebnisse: Nur mal kurz eine E-Mail schreiben – und plötzlich ist eine Stunde vergangen und ein langer Text entstanden. Mal eben mit einer Freundin telefonieren – und ein spannendes Gespräch entsteht, in dem du dich lebendig fühlst und deinen Akku auflädst. Während eines Flow-Erlebens sind wir wie Kinder, die spielen, statt zu arbeiten: Wir tun etwas, was uns herausfordert, aber dem wir uns gewachsen fühlen. Wir konzentrieren uns auf eine klare Aufgabe direkt vor uns. Wir erleben unmittelbare Erfolge oder Misserfolge. Die Außenwelt verschwindet, unser Handeln und Bewusstsein verschmelzen miteinander. Wir sind ganz im Hier und Jetzt. Und die Tätigkeit selbst ist eine Belohnung. Wir sind in einem wunderschönen Zustand aus Selbstvergessenheit und gleichzeitigem Bei-sich-Sein.

Flow ist also eine Art positive Sucht, in der wir Großartiges leisten können. Wie rufen wir diesen Zustand gezielt hervor? Indem wir konzentriert ein Ziel verfolgen. Das Ziel ist dabei aber nicht ein großes entferntes, sondern entspricht der Aufgabe direkt vor uns: aus Gedanken einen Text machen, aus Brettern eine Schrankwand oder auf Skiern die nächsten Schwünge. Außerdem dürfen wir dabei nicht unterbrochen werden, etwa durch eingehende Messages, redselige Kollegen oder Kamikazefahrer auf übervollen Pisten. Wir müssen uns bestmöglich der Aufgabe widmen können. Laut Steven Kotler, einem US-amerikanischen Experten für menschliche Spitzenleistungen, gibt es weitere Trigger, die wir gezielt setzen können, um uns in einen Flow-Zustand zu bringen: Wir sollten einen Sinn sehen und Leidenschaft empfinden. Wir sollten etwas Neues, Komplexes und Unvorhersehbares tun, das ein gewisses Risiko beinhaltet. Wir sollten mit ganzem Körpereinsatz bei der Sache sein. Und wir sollten unsere Kreativität fordern.

Für mich ist Flow einer der schönsten Zustände überhaupt. Und er hat unmittelbar damit zu tun, eben nicht zu planen oder zu durchdenken, sondern zu handeln.

Im Flow schreibe ich mühelos stundenlang, halte Seminare und Vorträge, mache Live-Sendungen, führe intensive Gespräche, denke nach oder fahre hunderte Kilometer mit dem Auto, während ich gleichzeitig ein Hörbuch höre. Ich! Liebe! Es! Natürlich hilft mir hierbei meine Lebensweise als selbstständiger Individualist. Die habe ich mir nicht umsonst ausgesucht. Und tatsächlich ist sie der Hauptgrund dafür, dass ich mit dem Management meiner eigenen Unternehmen nichts zu tun haben will. Zu viele Unterbrechungen. Ich hasse es, erst nach der Arbeit mit meiner Arbeit anfangen zu können.

WIE KOMMST DU IN DEN FLOW?

Je unabhängiger du lebst und arbeitest, desto leichter kann dir das gelingen. Wie schaffst du es, dein Leben und deine Aufgaben optimal zu verschmelzen? (Auf Neudeutsch nennt man das Work-Life-Blending. Ich mag weder Wort noch Bedeutung, denn wir leben schließlich, während wir arbeiten.) Doch auch in Teams und Organisationen ist Flow-Erleben möglich, etwa bei spannenden Projekten, in kreativen Prozessen oder einer gemeinsamen Party. Auch hierfür gibt es Trigger: volle Konzentration, gemeinsame Ziele, geteilte Risiken, Offenheit für Ideen, gutes Zuhören, Autonomie, Kontrolle über deine Aufgaben, verschmelzende Egos, eine familiäre Atmosphäre, Möglichkeiten zum Mitmachen und offene Kommunikation. Vielleicht schlägst du das mal den lieben Kollegen vor?

Also: Der erste Faktor für Produktivität ist Handlung. Oder, um es mit Jedi-Meister Yoda zu sagen: »Do or do not. There is no try.«

DIE RICHTIGE RICHTUNG

Der größere Sinn des Handelns, also anzukommen, wo man hinwill, sollte die Richtung der kleineren Schritte unterwegs bestimmen.

Kommen wir zum zweiten Faktor für Produktivität: der richtigen Richtung. Oder, um im Bild mit dem Park voller Tiefschnee zu bleiben: Wir sollten uns möglichst direkt zur neuen Fressbude bewegen und nicht kreuz und quer im Park herumspazieren. Vor allem für »gelbe« Persönlichkeiten, also die begeisterungsfähigen Initiativen, ist das eine Herausforderung. Ihnen ist scheinbar egal, ob ihr Handeln zu einem größeren Erfolg führt, sie haben Spaß am Tiefschnee. Also folgen sie lieber spontanen Impulsen, statt konsistent in Richtung Imbiss zu stapfen: Sie laufen zickzack, machen Erkundungstouren in unwichtigen Parkregionen, rennen im Kreis herum oder machen Schneeengel. Dass solche Ablenkungen kontraproduktiv sind, dürfte offensichtlich sein: Wer zehn Schritte in die gleiche Richtung macht, kommt schneller voran als ein Aktionist, der zeitgleich zwanzig Schritte geht – mal nach vorne, mal nach hinten, nach rechts oder links. Gut vielleicht für die Ortskenntnis im Park. Aber man kann unterwegs verhungern.

PRINZIP AKTIONISMUS?

Ist Aktionismus also immer falsch? Nein, um sich zu orientieren, ist er ein Erfolgsprinzip: Einfach mal machen! Viele kommen leider nicht aus dem Quark oder halten stur an Bestehendem fest, selbst wenn das zu nichts führt. Ein Problem vieler »grüner« stetiger Persönlichkeiten. Sie täten gut daran, sich öfter

Impulsen hinzugeben, neue Erfahrungen zuzulassen, zu Chancen Ja zu sagen, Optionen zu testen. Je eindeutiger aber ist, in welche Richtung es geht, desto mehr sabotiert Aktionismus. Man kann folgendes Prinzip herleiten: Du bist noch nicht erfolgreich und willst es werden? Sag öfter: »Ja, das mache ich!« Du bist erfolgreich und willst es bleiben? Sag öfter: »Nein, das mache ich nicht!« Auch ich musste das lernen. Für handlungsorientierte Typen eine Herausforderung: Viele Optionen machen Spaß, führen aber zu Verzettelung. Man fährt kleine Kurven im ersten Gang, statt geradeaus in höhere Gänge zu schalten.

Sobald also eine »Fressbude« erreicht werden soll, erhöht Zielstrebigkeit die Produktivität des Prozesses, weil sie dem Zweck des Handelns dient: den richtigen Weg zu bahnen und schnell anzukommen. Der größere Sinn des Handelns, also anzukommen, wo man hinwill, sollte die Richtung der kleineren Schritte unterwegs bestimmen. Hier hilft es nun auch, große und spezifische Fragen zu stellen statt kleine und unspezifische. Also sich nicht zu fragen: »Was kann ich tun, um die Verkaufszahlen zu verbessern?« Oder: »Wie nehme ich fünf Kilo ab?« Sondern: »Was kann ich tun, um die Verkaufszahlen in sechs Monaten zu verdoppeln?« Oder: »Wie ernähre ich mich so, dass die Waage dauerhaft unten bleibt?« (Setz dir ein großes Ziel, plane deinen Weg und so weiter – hier stimmt es.) Das eröffnet neue Sichtweisen und führt zu kreativeren Lösungen und besseren Hebeln: Vielleicht legst du Schienen zum Ziel? Oder du läufst außen um den Park herum und baust einen Eingang direkt neben dem Imbiss? Je größer die Frage, desto effektiver die Lösung – und Handlungsrichtung.

PROZESSE UND ORGANISATION

Damit wären wir bei klugen Prozessen und ihrer Organisation, während einzelne Handlungen in den Hintergrund rücken. Wie organisierst du gute Vertriebsstrategien, Ernährungsgewohnheiten oder Büroabläufe? Je mehr Faktoren beteiligt sind, desto wichtiger wird es, eine klare Richtung zu verfolgen und alles aufeinander abzustimmen: Wer ruft wen wann an? Woher kommt dein Essen? Wie arbeitest du Aufgaben ab? Je besser durchdacht, desto größer der Hebel und umso schneller gibt es einen Imbiss. Richtungen sind etwas Tolles. Auch agiles Arbeiten in Teamprojekten ist so möglich. Vorausgesetzt, die Teammitglieder stimmen sich häufig ab, überprüfen und korrigieren die Richtung immer wieder und einigen sich transparent auf Handlungsprioritäten. Wer in diese Themen tiefer eintauchen will, sollte sich mit Scrum beschäftigen, einer schlanken Vorgehensweise des Projektmanagements. Hier sprengt das den Rahmen.

DIE FÜNF SCHRITTE DER SELBSTORGANISATION

Widmen wir uns also deiner Selbstorganisation. Wie kriegst du deine Aufgaben geregelt? David Allen, ein berühmter Produktivitätsguru, hat hierfür fünf Schritte entwickelt, die dir ein entspanntes und erfolgreiches Arbeiten ermöglichen.

- Im **ersten Schritt** geht es ums Sammeln all deiner Aufgaben, Pläne, Wünsche, Träume und meinetwegen Ziele. Was hast du vor? Was ist unerledigt? Checke Posteingang, Notizen, E-Mails oder digitale Tools! Einmal alles erfassen, so kriegst du es aus dem Kopf und bist gedanklich nicht mit offenen Schleifen beschäftigt. (»Ich müsste noch etwas tun.«) Reduziere außerdem deine Eingänge und leere sie regelmäßig.
- Der **zweite Schritt** ist die Klärung: Was ist mit den Aufgaben zu tun? Frag dich bei jeder: »Was ist der nächste Schritt?« Falls du etwas in weniger als zwei

Minuten erledigen kannst, dann tu das. Ansonsten delegierst du sie oder verschiebst sie in To-do-Listen für jedes einzelne Projekt, die du möglichst bald in Angriff nimmst.

- Im **dritten Schritt** organisierst du deine Aufgaben: Definiere deine wichtigsten Projekte und gib ihnen Termine im Kalender. Alle anderen Aufgaben landen auf einer Liste für nächste Aktionen. Auch sie kannst du in einen Kalender schreiben. Und falls eine Aufgabe derzeit nicht umsetzbar ist, löschst du sie entweder, verschiebst sie in einen Vielleicht-Ordner oder du legst sie irgendwo ab, wo du mögliche Ideen für die Zukunft sammelst.
- Der **vierte Schritt** ist das regelmäßige Durchsehen all deiner Projekte und delegierten Aufgaben. Die aktuellen täglich, die Vielleicht-Aufgaben wöchentlich.
- Und im **fünften Schritt** lernst du, deinen Entscheidungen zu vertrauen und innerlich loszulassen: Du entwickelst ein besseres Gespür dafür, was du wann wie tust. Betrachte immer wieder den aktuellen Kontext, deine Zeit, Energie sowie die Wichtigkeit und Dringlichkeit deiner Projekte. Und entspann dich: Was immer du noch nicht getan hast, wird dir beim regelmäßigen Durchsehen auffallen. Oder um David Allen zu zitieren: »Jede Entscheidung zu handeln, ist eine intuitive. Die Herausforderung ist, nicht nur zu hoffen, dass es die richtige ist, sondern darauf zu vertrauen.« Auch Vertrauen scheint also erlernbaren Algorithmen zu folgen.

ENERGIE: WIE DU RICHTIG GAS GIBST

Doof wäre es, mit dem Rücken voraus durch den Tiefschnee zu laufen und sehnsüchtig zum alten Weg zu schauen: »Hach, früher war es leichter!« Schau lieber nach vorne: »Wo geht es hin?«

Mein Vortrag ist zu Ende, 300 Menschen applaudieren begeistert. Ich freue mich, alles hat geklappt. Einladungen zu vertiefenden Gesprächen beim Abendessen lehne ich höflich ab, sie bringen meine Pläne durcheinander. Dann setze ich mich in mein Wohnmobil. Der nächste Vortrag ist morgen gegen Mittag und ich muss noch 450 Kilometer fahren. Ich telefoniere, höre ein Hörbuch oder denke nach. Bald sinkt mein Adrenalinpegel, die Müdigkeit setzt ein. Ich fahre von der Autobahn ab und suche mir einen Parkplatz. Zeit zu schlafen! Am nächsten Morgen wache ich erfrischt auf und nutze die verbleibenden 150 Kilometer, um mich gedanklich auf meinen nächsten Kunden vorzubereiten: Wer sitzt da vor mir? Welche Herausforderungen gibt es? Was baue ich in meinen Motivationsvortrag ein?

Jährlich fahre ich viele Wochen so durch Deutschland, Österreich und die Schweiz und halte Vorträge. Und ich liebe es! Ich lasse mich gerne von Unternehmen und Organisationen buchen, denn ich mag es, mich immer wieder in neue Menschen, Branchen, Umgebungen und Probleme hineinzudenken. Mich inspiriert und bildet das. Allerdings ist es ein Spiel mit der eigenen Energie: Ich muss mich so organisieren, dass ich auf der Bühne hellwach bin und mein Bestes geben kann. Um diese Energiespitzen herum gestalte ich meine Tagesabläufe.

TRÄGHEIT ÜBERWINDEN

Nach Handlung und Richtung kommen wir nun zur Energie. Wer nur schwächlich herumkriecht, statt geradeaus zu laufen, kommt ebenfalls nicht zur »Fressbude«. Wie statten wir unseren Avatar mit Superkräften aus? Leider sind wir nicht immer im Flow. Und auch dann müssen wir uns bewegen.

Also durch Motivation und positive Autosuggestionen? (Motto: Man ist erst dann ein Superheld, wenn man sich selbst für super hält.) Schauen wir genauer hin. Der schwierigste Moment eines Prozesses ist sein Beginn: Trägheit zu beenden braucht Energie. Ist man in Schwung gekommen, geht es einfacher. Keine Lust auf Joggen? Lauf ein paar Schritte und du kommst rein. Keine Lust auf Hausaufgaben, Kelleraufräumen oder deine To-do-Liste? Diskutiere nicht mit dir selbst, fang einfach an. Starte mit kleinen Schritten, dann geht es leichter. Oder stell dir eine schöne Belohnung vor. Gerne auch ein großes Ziel, wenn du magst. Oder denk einfach nicht nach, sondern nimm die Dinge immer gleich in Angriff, sobald sie auftauchen. (Praktisch: Du lässt nicht erst einen Müllhaufen aus Unerledigtem entstehen. Den musst du früher oder später sowieso entsorgen. Unpraktisch: Du tust auch Dinge, die du gar nicht tun müsstest.)

Manchmal steckt hinter Trägheit auch die Angst, etwas könnte schiefgehen, anstrengend werden oder irgendwem nicht gefallen. Dann frag dich nicht: Was kostet das Risiko? Sondern: Was kostet dich Trägheit? Zu viel. Du kennst ja schon eines meiner Lieblingsmantras: »Ich mach das jetzt!« Und dann tu die Dinge, als seien sie es wert, getan zu werden.

Mimimi? Nein, danke!

Für viele geht es nicht nur darum, eine Herausforderung anzunehmen, sondern auch darum, mit Schwierigkeiten unterwegs klarzukommen. Tiefschnee ist nun mal Tiefschnee. Und was du noch nicht kannst, musst du erst lernen. Doof wäre es, mit dem Rücken voraus durch den Tiefschnee zu laufen und sehnsüchtig zum alten Weg zu schauen: »Hach, früher war es leichter!« Schau lieber nach vorne: »Wo geht es hin?« Sieh Herausforderungen nicht als Hindernisse, sondern als Training.

Zu jammern ist eine schlechte Strategie: Nicht nur leidest du unnötig und verzögerst das Lernen, sondern du beraubst dich auch deiner Energie. Nicht das Problem ist das Problem, sondern wie du über das Problem denkst. Frustration ist kein Feedback des Lebens, sie ist ein Feedback unserer Gedanken über unser Leben. Indem du also deine Gedanken änderst, reparierst du auch das Problem: Sei radikal konstruktiv und fokussiere dich auf Lösungen! Wo ein Wille ist, ist ein Weg. Es geht auch anders herum: Wo ein Weg ist, entsteht ein Wille. Also komm in Schwung, erarbeite dir Erfolge und bahne dir deinen Weg! Wo soll es hingehen? Was willst du erreichen? So werden Probleme zu spannenden Erfahrungen. Und falls du dich mal hilflos und kraftlos fühlst, mach zwei Listen: Auf die eine schreibst du, was du alles kontrollieren kannst. Auf die andere, was nicht. Gerade wenn du dich kraftlos fühlst, fokussierst du dich meist zu sehr auf Dinge, die nicht in deiner Macht stehen, statt auf solche, die realisierbar sind: Worauf hast du Einfluss? Wer kann dir helfen? Was hast du schon alles geschafft? Na also.

Training und Glückskreisel

Ein häufiges Missverständnis ist die Haltung, das Leben solle jederzeit ausbalanciert sein. So wichtig es ist, alle großen Lebensbereiche auszutarieren, so problematisch ist es, das immer tun zu wollen. Es gibt Phasen, in denen wir Sprints hinlegen müssen, obwohl das Leben insgesamt ein Marathon ist. Während solcher Phasen nach Balance zu streben,

Häufig wächst die Kraft eines Menschen mit den Belastungen: Je höher die Anforderungen, desto stärker ist er.

führt zu Mittelmaß: Größere Erfolge entstehen nicht in deiner kuscheligen Mitte, sondern wenn du diese von Zeit zu Zeit verlässt und dich mit vollem Einsatz einem Projekt hingibst.

Wer Anstrengungen und Risiken immer aus dem Weg geht, bleibt schwach. Beim Sport ist klar: Nur wer an seine Grenzen geht und diese hin und wieder überwindet, wird besser. Das nennt man Training. Der Sollwert für die eigene Leistung verschiebt sich nach oben. Wer sich hingegen nicht herausfordert, wird mit der Zeit schwächer. Das Training unseres Lebens sind Herausforderungen und Veränderungen. Wir sollten mit ihnen klarkommen wollen, statt sie zu vermeiden oder unter ihnen zu leiden. Oft ist es sogar klüger, Probleme aktiv zu suchen, um die Fähigkeiten zu erlernen, die sie uns lehren. Dann gilt: Je größer dein Erfolg sein soll, desto größere Probleme brauchst du! Unterwegs mal zu stolpern, gehört dazu. Wer Niederlagen nicht gewohnt ist, muss eine Hornhaut ausbilden. So wie du? Dann sieh nach vorne: Schmerz vergeht, Stolz bleibt.

Also: Bist du bereit zu trainieren? Vergleiche dich nicht mit äußeren Normen oder mit anderen. Vergleiche dich mit dem, was du zuvor gewesen bist. Wirst du stetig besser? Definiere dich auch nicht durch Reichtum, Titel oder Dinge. Dich auf Unterschiede zu anderen Menschen zu konzentrieren, macht es schwerer. Schau nur nach innen, dann wirst du stark und frei. Frag dich auch: Wie gut trainierst du, wenn keiner hinschaut? Wahre Meister tun genau das: Sie lieben es, sich selbst herauszufordern: »Was geht?« Tanke dabei ruhig externe Motivation und Energie: Besuch Seminare, lies Bücher, umgib dich mit Besseren! Mit dem Auto fahren wir auch nicht tausende Kilometer, ohne es zwischendurch aufzutanken oder an die Steckdose zu stecken.

Aber Achtung: Zum Training gehören Pausen. Nur Gas zu geben macht müde. Nach einer Leistungsspitze braucht unser System Zeit, um sich an die erhöhten Anforderungen anzupassen. Erst dann stimmt die Energie. Gib dich also immer wieder einer Aufgabe hin, bei der du ein konkretes Ziel verfolgst und in den Flow-Status kommst. Dabei schüttest du Dopamin aus, die Abenteuer- und Lerndroge im Kopf. So erarbeitest du dir Erfolge, schüttest Endorphine aus, belohnst dich also mit deiner eigenen Drogenparty im Kopf. Und mach danach eine Pause, sodass sich dein System regeneriert. Währenddessen schüttest du Serotonin aus, die Wohlfühldroge fürs gepflegte Chillen. Und dann such dir das nächste Projekt!

Der Kreislauf aus Leisten, Feiern und Entspannen ist selbst gemachtes Glück ohne Saufen – und ein energetisch stabiles System.

Deine innere Kraftquelle versiegt nicht, es sei denn, du übertreibst es mit der Leistung: Wer nur von Projekt zu Projekt eilt, braucht bald mehr als nur ein paar Kaffee, um nicht innerlich auszubrennen: eine lange, lange Pause. Und wer, statt zu leisten, dauerhaft im Chillmodus verbleibt, wird ebenfalls schlapp und schwach – schließlich gibt es nichts mehr, was Dopamin und Flow anschaltet. Energie ist also auch eine Folge von Leistung und Rhythmus. Wir müssen uns immer wieder sowohl anstrengen als auch entspannen.

Willenskraft – ein ermüdender Muskel

Manche behaupten, wir könnten unsere Energie durch Willenskraft erhöhen: »Los, gib Vollgas!« Stimmt das? Der Psychologe Roy Baumeister hat dazu ein aufschlussreiches Experiment gemacht: Er bat zwei Gruppen von Studenten hungrig zu einem Mathetest. Auf dem Tisch standen eine Schale mit Keksen und eine andere mit Radieschen. Der ersten Gruppe Studenten wurde verboten, die Kekse zu essen, sie mussten mit den Radieschen vorliebnehmen. Gruppe zwei wurde aufgefordert, sich bei den Keksen zu bedienen. Nun wurde die Zeit gemessen, bis die Gruppen beim Test aufgaben, denn dieser war nicht lösbar. Überraschung: Während die Radieschen-Esser bereits nach acht Minuten das Handtuch warfen, versuchten es die Kekse-Esser ganze zwanzig Minuten lang! Warum? Weil Willenskraft mit dem Blutzucker zusammenhängt. Wer naschen durfte, hielt länger durch. Die Radieschen-Gruppe hingegen musste bereits vor dem eigentlichen Versuch Willenskraft aufbringen, indem sie den Impuls unterdrückte, zu den Keksen zu greifen.

Wir können uns Willenskraft wie einen Muskel vorstellen: Sie verbraucht Energie und ermüdet rasch.

Motivationsparolen helfen höchstens kurzfristig. Besser ist es, seine Energie klug einzuteilen und zu kanalisieren, um keine Willenskraft zu verschwenden. Wer sich den ganzen Tag über anstrengt, womöglich in einem ungeliebten Job, schafft es abends höchstens noch mit einer Tüte Chips auf die Couch statt ins Fitnessstudio. Der Willensmuskel ist längst müde. Wir sollten Willenskraft also als wertvolle Ressource betrachten, die sich bei Benutzung verringert. Wir sollten sie gezielt für Wichtiges verwenden – und bei unwichtigen Dingen eben keine Willenskraft aufbringen.

Tagesrhythmik und Wuwei

Oft ist also Nichtstun die stärkste Kraftquelle, weil sie Energien schont, die wir brauchen, wenn es darauf ankommt. So führt manches Nichthandeln auf fast magische Weise zu besseren Ergebnissen. Auch weil es uns präziser zielen und handeln lässt. Frag dich immer wieder: »Muss ich das jetzt tun?« Variiere dabei die Betonung der Worte: »MUSS ich das jetzt tun?« Oft nein. »Muss ICH das jetzt tun?« Es darf auch ein anderer machen. »Muss ich DAS jetzt tun?« Oder vielleicht etwas anderes? »Muss ich das JETZT tun?« Ein andermal könnte klüger sein. »Muss ich das jetzt TUN?« Oder kann ich es auch einfach bleiben lassen, ohne dass etwas Schlimmes passiert? Probier es mal aus: Du wirst erstaunt sein, wie viele deiner anstrengenden Aufgaben unnötig sind und dich Kraft kosten. Spar sie dir für Wichtiges auf! Du hast deinen eigenen Rhythmus und deine eigene innere Zeit. (Merke: Ob eine Minute lang ist oder kurz, hängt davon ab, ob du vor einer Toilettentüre wartest oder schon drin bist.)

In der chinesischen Philosophie des Daoismus gibt es für sinnvolles Nichthandeln sogar einen Begriff: Wuwei. Er versteht sich als Enthaltung eines gegen die Natur gerichteten Handelns. Viele Dinge regeln sich von selbst – ohne unser aktives Zutun. Wir müssen uns also nicht immer selber pushen, wir dürfen die Dinge geschehen lassen – und dann voller Energie tun, worauf wir Lust haben. Wichtiger Tipp also bei Stress: Tausche einfach die To-do-Liste mit einer Wunschliste! Lass dich nicht von Kleinkram wuschig machen. Wie heißt es so schön? In der Unruhe lügt die Kraft. Womit wir wieder bei der inneren Ausrichtung wären: Stimmen Sinn, Weg und Ziel überein? Finde heraus, wie sich dein inneres Ja und Nein anfühlen – und dann schalte auf Autopilot! Deine Energie wird es dir danken.

Ich persönlich baue meinen Tagesablauf gerne um meine Willenskraft herum auf, so muss ich mich weniger anstrengen und es geht weniger Energie verloren. Ist sie vorhanden, nutze ich sie. Fehlt sie, zwinge ich mich nicht unnötig. Außerdem achte ich auf Pausen, Bewegung, Ernährung und Schlaf – lauter Energietankstellen. Auch bemühe ich mich, möglichst antizyklisch zu leben: Autofahrten, Einkäufe, Urlaube – am schönsten ist es, die Dinge dann zu tun, wenn sie gerade nicht auch jeder andere tut. Besonders freue ich mich über meine Drei-Tage-Woche: Für mich gibt es Performance-Tage, Kram-Tage und Sonntage. An Performance-Tagen gebe ich Vollgas: bei Vorträgen, Seminaren oder Drehs im Studio. An Kram-Tagen erledige ich, nun ja, Kram: E-Mails, Abstimmungen, Gedöns. Und an Sonntagen habe ich frei. Wobei die auch mal auf einen Dienstag, Mittwoch oder Freitag fallen, je nachdem wie es mir passt. Übers Jahr hinweg drittelt sich die Häufigkeit der Tagestypen ungefähr: Gas geben, organisieren, chillen. Mein Energiesystem läuft stabil und ausgeglichen. Kannst du dir davon etwas abschauen?

NUTZE DEINE ZEIT – ODER AUCH NICHT

Gras wächst nicht schneller, wenn man daran zieht.
Kram dauert, solange er dauert. Geduld ist eine Tugend.
Und kein Weg wird kürzer, wenn man ihn rennt.

Lange galt Zeitmanagement als Königsdisziplin der Produktivität. Je effizienter, desto besser, hieß es. Mittlerweile scheint die Erkenntnis zu dämmern, dass die Angleichung menschlicher Arbeitsweisen an die von Maschinen eine unerwünschte Nebenwirkung hat: den Verlust des Menschseins. Wer immer nur seinen To-dos, Fristen und Terminen hinterherhechelt, mag innerhalb seiner Aufgaben einen beträchtlichen Workflow hinkriegen, wird aber selbst immer mehr zur Maschine, die nur noch abarbeitet. Hirnlos und ohne Herz wird erledigt, was ansteht. Wer seine Produktivität steigern möchte, legt eine Schippe drauf: »Mehr reinquetschen geht immer!« Doch statt zu guten Ergebnissen führt diese Taktik nur zu schnelleren und oft schlechteren. Sie ist nichts als organisierter Aktionismus.

EFFIZIENZ UND EFFEKTIVITÄT

Klüger ist es, seinen inneren Kompass zu befragen: Wohin soll es eigentlich gehen? Und der weist oft in eine andere Richtung als Termine im Kalender oder Aufgaben in der Produktivitäts-App. Wie bereits besprochen, besteht ein fundamentaler Unterschied zwischen eng getaktetem Management und tiefem Durchdringen der Dinge. Letzteres braucht mehr Zeit, zielt aber besser. Es geht letztlich um den Unterschied zwischen Effizienz und Effektivität. Der Management-Vordenker Peter Drucker (1909–2005) formulierte ihn so: »Effizienz ist, die Dinge richtig zu machen, Effektivität die richtigen Dinge.« Was aber sind die richtigen Dinge?

Zeit ist natürlich ein wichtiger Faktor für Produktivität. Doch entgegen der Bedeutung des Wortes Zeitmanagement können wir Zeit nicht managen.

Wir können nur managen, was wir tun, während die Zeit vergeht – sie muss vergehen, damit wir Ziele erreichen. Das dauert oft länger, als wir gerne hätten. Gras wächst nicht schneller, wenn man daran zieht. Und kein Weg wird kürzer, wenn man ihn rennt. Nur verbraucht Rennen Energie und überfordert. Statt Flow entstehen Stress und Hektik. Kein kluger Umgang mit wertvollen Ressourcen.

DIE EISENHOWER-MATRIX: A, B, C ODER D?

Nähern wir uns dem Thema Zeitmanagement über einen Klassiker der Selbstorganisation: die Eisenhower-Matrix. Dwight David Eisenhower (1890–1969), ehemaliger US-amerikanischer Präsident und Oberbefehlshaber der Alliierten während des Zweiten Weltkriegs, formulierte 1954 während einer Rede: »Ich habe zwei Arten von Problemen: die dringenden und die wichtigen. Die dringenden sind nicht wichtig und die wichtigen niemals dringend.« Daraus leiteten Consultants folgende Einteilung in vier Kategorien ab: A-Aufgaben seien wichtig und dringend, man solle sie sofort und selbst erledigen. B-Aufgaben seien zwar nicht dringend, aber wichtig. Man solle sie terminieren und ebenfalls selbst erledigen. C-Aufgaben seien zwar dringend, aber nicht wichtig. Man könne sie an kompetente Mitarbeiter delegieren. Und D-Aufgaben seien weder dringend noch wichtig, man solle sie ignorieren.

Keine Frage: Die klassische Eisenhower-Matrix ist logisch und alltagstauglich. Wer Wichtigkeit und Dringlichkeit gleich behandelt, mag fleißig erscheinen, ist dabei aber vor allem: beschäftigt. Doch womit? In der Regel mit den lautesten Aufgaben, also den dringendsten: hier eine Message, dort ein Meeting, dann in die Kantine, weil die gerade offen hat, anstatt sich ungestört und in längeren Zeitblöcken wichtigen Dingen zu widmen. Die bleiben dann so lange liegen, bis sie dringend werden und wir uns um sie kümmern müssen – beruflich wie privat: Erst wenn Kunden kündigen, verbessern wir den Service. Erst mit Altersdiabetes überdenken wir unsere Lebensweise. Und dann ärgern wir uns: »Hätten wir auch früher draufkommen können!« Sind wir aber nicht. Denn wir waren zu faul, unsere Prozesse zu durchdenken. Oder besser gesagt: zu beschäftigt. Wobei das kein Widerspruch ist: Geschäftigkeit ist eine Form von Faulheit – Faulheit des Denkens.

Zeitmanagement, oder besser gesagt Handlungsmanagement, ist eher eine Frage von Richtung statt von Taktung.

Der Kompass ist wichtiger als die Uhr. Und Ablenkungen lenken sowieso nur ab. Wir sollten uns immer wieder Sinn, Weg und Ziel unseres Handelns klarmachen. Ich persönlich interpretiere die Eisenhower-Matrix übrigens noch strenger: Auch C-Aufgaben gehören in den Papierkorb! Wozu etwas Unwichtiges tun? Und A-Aufgaben sind streng genommen Krisen: Etwas Wichtiges so lange zu ignorieren, dass es dringend werden konnte, ist idiotisch! Eigentlich darf das nicht passieren und möge aus pädagogischen Gründen wehtun. Im Ernst: Wer ständig in Liquiditätsprobleme schlittert, erst kurz vor dem Scheidungsanwalt über seine Ehe nachdenkt oder sich nur dank Depressionen Grundsatzfragen stellt, bezahlt einen hohen Preis: ein Leben voller Stress und Stolpern. Er reagiert, statt zu antizipieren. Blinder geht es kaum. Merke: Man soll den Brunnen graben, bevor man Durst hat. Oder anders ausgedrückt: Man sollte nur wichtige Dinge tun.

DAS EIMERPROBLEM

Ich mag folgendes Gedankenspiel: Stell dir einen Eimer vor, neben dem einige Pflastersteine liegen sowie je ein Haufen Kieselsteine und Sand. Diese passen alle in den Eimer hinein – aber wie? Es kommt auf die richtige Reihenfolge an: Schüttet man zuerst den Sand in den Eimer und danach die Kieselsteine, passen kaum noch Pflastersteine hinein, weil der Eimer bereits voll ist. Dreht man aber die Reihenfolge um, klappt es: Zuerst füllen die Pflastersteine den Eimer grob aus, danach kullern die Kieselsteine in die Freiräume dazwischen und schließlich rieselt der Sand in die Ritzen zwischen den Kieselsteinen. Ist der Eimer nun voll? Nein, es passt sogar noch sehr viel Wasser hinein, denn selbst der feine Sand lässt noch Räume frei.

Stell dir die Pflastersteine als deine wichtigsten Lebensbereiche vor. Du musst sie vor all dem unwichtigen Kies und Sand in deinen Zeiteimer füllen, sonst läuft das Lebensrad unrund. Es heißt, alle hätten Uhren, aber niemand habe Zeit. Kein Wunder: Zeitmangel ist Prioritätenmangel. Die wichtigste Wahl, die du täglich triffst, ist also, was du für dich wichtig machen willst: Was tust du? Was nicht? Und natürlich darfst du deine vielen Projekte terminieren, Selbstorganisation ist notwendig und braucht auch Termine im Kalender. Aber: Bestimme möglichst selbst, welche Termine es in deinen Kalender schaffen!

Der US-amerikanische Management-Guru Stephen R. Covey (1932–2012) formulierte es so: »Setz keine Prioritäten für deine Termine, sondern Termine für deine Prioritäten!«

KEIN GEDÖNS!

Egal wie energisch, zielstrebig und effektiv du handelst –
je mehr du dich von Unwichtigem ablenken lässt,
desto unproduktiver wirst du.

Während ich diese Zeilen schreibe, hat die Vorweihnachtszeit begonnen. Gestern war Nikolaus, wie immer ein Termin, den ich versäumt habe. Natürlich hätte ich einen Post auf Social Media machen können oder meinen Nachbarn einen Schokoladennikolaus vor die Türe stellen. Ich bin mir sicher: Die meisten haben trotzdem bemerkt, dass der 6. Dezember war. Bei WhatsApp lasse ich gerade einige auf Antwort warten und mein Poststapel wächst. Physische Post öffne ich höchstens alle paar Tage, wichtige Anfragen kommen ohnehin per Mail – und die beantwortet zuverlässig und zeitnah mein hochgeschätzter Mitarbeiter Aki. Nur die vielen Pakete nerven, weil mir nette Menschen Adentskalender schicken oder tatsächlich Geschenke, um die ich nicht gebeten habe. Irgendwann werde ich sie öffnen und wieder das meiste davon wegwerfen. (Falls du mir irgendwann etwas schicken willst: Bitte tu es nicht!) Meinen Geburtstag poste ich nicht, um Glückwünschen zu entgehen, zumal ich die Bedeutung von Geburtstagen für überbewertet halte und auch meinen eigenen nur selten feiere. Wahrscheinlich werde ich auch den nächsten Besprechungen wieder fernbleiben, auf die ich eingeladen wurde, obwohl mein Erscheinen höflich wäre. Ich will aber nicht höflich sein, sondern in Ruhe schreiben. Außerdem habe ich heute noch ein Date mit meinem Laufband, einem spannenden Hörbuch und einem Lieblingsmenschen. Das Gedöns kann mir gestohlen bleiben.

DIE KUNST DES NEINSAGENS

Nachdem wir uns Handlung, Richtung, Energie und Zeit gewidmet haben, kommen wir nun zum größten Produktivitätskiller: sinnloser Ablenkung. Oder wie ich es gerne ausdrücke: Gedöns. Zur Erinnerung: Egal wie energisch, zielstrebig und effektiv du handelst – je mehr du dich ablenken lässt, desto unproduktiver wirst du. Während es bislang vor allem um die Frage ging, was du tun solltest, geht es nun ums Gegenteil: Was solltest du bleiben lassen? Wozu sagst du besser Nein?

Vorsicht, selbst scheinbare Produktivität kann unproduktiv sein! Wieder ein Gedankenspiel: Ein Handwerksbetrieb mit drei Handwerkern bekommt zeitgleich drei Aufträge für drei Wohnungen, die jeweils drei Mann-Tage Arbeit beanspruchen. Kein Problem: Jeder der drei Handwerker geht in eine der drei Wohnungen und arbeitet je drei Tage lang. Alle drei Kunden werden gleichzeitig bedient und sind zufrieden. Die Auslastung des Betriebs liegt bei hundert Prozent, die Produktivität stimmt. Richtig? Falsch! Widmen sich zunächst drei Handwerker nur einer Wohnung, ist sie nach einem Tag fertig, was zwei Tage Arbeit weniger bedeutet. Gehen sie danach alle in Wohnung zwei, spart das einen weiteren Tag Arbeit ein. Und selbst wenn man in der dritten Wohnung zwei Tage auf die Handwerker wartet, dauert die Arbeit dort nur einen Tag. Zwei Wohnungen mussten also in die Warteschlange, zwei Wohnungen wurden früher fertig. Immer noch beträgt die Auslastung pro Arbeitstag hundert Prozent – allerdings sind drei freie Tage entstanden.

Entparallelisieren

Das Beispiel mit den Handwerkern lässt sich auf etliche Lebensbereiche übertragen. Ständig haben wir parallele Prozesse offen: Projekte im Job, zwischen denen wir hin- und herspringen, Aufgaben zu Hause, die scheinbar nie fertig werden. Und hätten wir mal Zeit, müssen wir den Keller aufräumen. Ständig quillen Pflichten nach, es ist wie verhext. Kennst du das? Dann überdenke deine Strategie: Anstatt die Dinge parallel zu tun, erledige sie besser hintereinander! In großen Zeitblöcken sind wir produktiver als in kleinen, weil wir nicht ständig unterbrochen werden oder uns auf Neues einstellen müssen. Das Hin und Her benötigt mehr Zeit, verbraucht Energie und macht Stress, weil wir uns dauernd in Deadlines und Terminen verheddern.

Absurderweise versuchen wir, umso genauer zu planen, je mehr wir gleichzeitig tun: Wir stimmen Projekte aufeinander ab, kalkulieren Zeitpuffer ein und geben uns besonders viel Mühe beim Priorisieren, wodurch die Dinge oft mühsam werden, weil sie keinen Spaß mehr machen. Trotzdem sind wir unproduktiv: Wir verschwenden Zeit mit Management und brauchen trotzdem länger! Die Lösung wäre: erst das eine fertig machen, dann das andere. Ohne Zeitpuffer und Überplanung. Denn wenn alle Aufgaben gleich wichtig sind, verlieren Prioritäten ihre Bedeutung. Statt ihrer rückt der Prozess in den Mittelpunkt von Produktivität: Wir sollten tun, was zu tun ist. Ganz cool, der Reihe nach. Und bloß nicht parallel. Selbst Puffer erübrigen sich auf diese Weise, weil es sowieso nicht schneller geht. Die Dinge brauchen so lange, wie sie nun mal brauchen – ohne Stress. Wir sollten zu Neuem also Nein sagen, um zunächst Altes zu beenden. Wie auf dem Amt: Man zieht eine Nummer und kommt erst dran, wenn man an der Reihe ist – sogar wenn man sich für wichtiger hält als andere. Vordrängeln gilt nicht. (Bürokratie kann produktiv sein.)

Addition durch Subtraktion

Wieder gilt: Um wirklich produktiv zu sein, müssen wir bewusst entscheiden, was wir tun und was nicht. Vor allem was nicht. Wir brauchen eine Art inneren Türsteher, um nicht jedem Impuls nachzugeben, selbst wenn er wichtig erscheint. Hat ein Prozess begonnen, sollte er bis zum Ende durchlaufen und nicht von einem anderen überholt werden. So entstehen funktionierende Routinen, die weniger anstrengen. Wichtiger als neue Projekte zu starten, ist es also, begonnene zu beenden.

Wer eine Pizza backt, ist erst damit fertig, wenn sie aus dem Ofen kommt. Zeitgleich mit dem Kuchenbacken zu beginnen, ist unsinnig. Spätestens im Ofen wird es eng.

Auch in Teamprojekten ist diese Vorgehensweise sinnvoll: nicht zu vieles gleichzeitig jonglieren. Statt Prioritäten eine Reihenfolge festlegen und sie abarbeiten – vernetzt und transparent: Jeder soll wissen, was gerade ansteht. So kann man sich aufeinander abstimmen. Und wer drängelt oder ständig Neues beginnt, gehört ausgebremst. Im Kaizen, einer aus Japan stammenden Management-Methode, deren Ziel es ist, Produktionsprozesse kontinuierlich zu verbessern, gilt es als großer Fehler, Ressourcen zu verschwenden, Mitarbeiter oder Maschinen zu überlasten und Prozessabläufe durcheinanderzubringen. Halten wir uns an diese Prinzipien, machen wir weniger und schaffen mehr. Das ist Addition durch Subtraktion. Gedöns? Nein, danke!

Viele Organisationen, Unternehmen und auch Selbstständige wollen diese Prinzipien nicht sehen, wahrhaben oder sie verdrängen sie. Ständig wird eine neue Sau durchs Dorf getrieben, ohne dass die Ergebnisse besser würden. Doch statt verlässliche Strukturen zu schaffen und funktionierende Routinen aufzubauen, werden Mitarbeitern willkürliche Ziele vorgesetzt und Kritikern wirft man mangelnde Motivation vor. Klüger wäre es, unsinnige Aufgaben zu eliminieren, bevor sie zu unsinnigen Prozessen werden. Und bevor Prozesse automatisiert werden, sollten sie erst mal funktionieren. Das hinzukriegen ist die Aufgabe derer, die in der Verantwortung stehen. Denn wird ein schlechter Prozess automatisiert oder delegiert, vervielfachen sich Probleme nur. Erst wenn diese Bedingungen stimmen, gilt das berühmte Parkinsonsche Gesetz: Eine Aufgabe braucht so lange, wie Zeit für sie ist. Denn nun orientiert sich Zeitplanung an Erfahrungen.

Schleifen schließen

Privat gilt das Gleiche: Wer sich zu viel auf einmal vornimmt, verheddert sich. Für zwei Kleinkinder da sein, die Wohnung grundreinigen, einkaufen, Wäsche bügeln und lecker kochen? Ziemlich viele Ziele für einen Tag. Hallo, Stress! Weniger wäre mehr. Und die Ergebnisse würden besser. Perfektionismus verschlimmert das Problem: Gut ist niemals gut genug. Hallo, Unzufriedenheit! Die Lösung ist ebenfalls, parallele oder zu eng getaktete Aufgaben zu vermeiden und die Dinge stattdessen in Ruhe und größeren Zeitblöcken hintereinander zu tun: am einen Tag die Wohnung putzen, am nächsten den Großeinkauf machen.

Besonders nervig sind offene Schleifen: Wir haben begonnen, eine Serie zu gucken, das Gartenhaus aufzubauen, und uns für einen Onlinekurs angemeldet. Nun rufen überall Pflichten: Was passiert in der nächsten Folge? Ab wann verwittert das herumliegende Holz? Und können wir den Kurs stornieren, wenn wir ihn zeitlich nicht schaffen?

Hinzu kommt der Zeigarnik-Effekt, benannt nach einer Psychologin mit dem wunderschönen Namen Bljuma Wulfowna Zeigarnik (1901–1988), die feststellte, dass wir uns an unterbrochene und unerledigte Aufgaben besser erinnern als an erledigte. Im Klartext: Je mehr wir uns aufbürden, desto wuschiger werden wir nur.

Ich bin daher ein großer Freund davon, offene Schleifen zu schließen, bevor wir neue öffnen: Schau erst die Serie durch, mach danach den Onlinekurs und bau dann das Gartenhaus auf. Noch besser: Nimm dir eine Zeit vor, in der du alle offenen Schleifen deines Lebens schließt, also alle wichtigen Gespräche führst, alle Reparaturen erledigst, aufräumst, was aufzuräumen ist, und wegwirfst, was in den Müll gehört. Wohl jeder kennt solche Aufgaben, die uns wie ständige leise Stimmen daran erinnern, was wir »eigentlich« noch tun müssten, wenn wir endlich dazu kämen.

SELEKTIVE IGNORANZ

Und damit zurück zum etwas ruppigen Beginn dieses Kapitels. Wie du dir wahrscheinlich schon gedacht hast, räume auch ich immer wieder meinen Kram auf. Und weil ich außerdem gerne neue Erfahrungen mache, achte ich umso strenger darauf, mich nicht mit Gedöns zu belasten – ich bekäme sonst nicht auf die Reihe, was ich machen will und was mich interessiert. Dabei tue ich so manches, was andere für falsch halten: Ich verzichte lieber auf die Geschäftsführung meiner Unternehmen als auf meine Freiheit. Ich stelle Pfandflaschen neben Mülleimern auf die Straße, weil sich Flaschensammler über Pfand mehr freuen als ich. Und ich vermeide viele soziale Aktivitäten, weil sie mir nicht so interessant erscheinen wie ein gutes Buch, also sehr viele. Mitunter wirke ich etwas rigoros und einzelgängerisch. Trotzdem mag ich Menschen sehr gerne und bin, wenn ich aus meiner Höhle auftauche, nett und umgänglich. (Selbst wenn ich immer noch keine Lust habe, die ganzen Pakete auszupacken.) Und für meine Lieblingsmenschen bin ich sowieso immer da.

Tatsächlich habe ich große Teile meines Lebens um das Prinzip dieses Kapitels herum aufgebaut: Kein Gedöns! Ich finde es unfassbar, mit wie vielen eingebildeten Pflichten es sich viele oft schwer machen: Sie nehmen Arbeit an, die sie nicht annehmen müssten. Sie befolgen Regeln, die sie anstrengen. Sie verbringen Zeit mit Menschen, die sie kaum mögen. Sie führen ein Leben voller Fesseln. Und dann wundern sie sich, dass sie nur wenig auf die Kette kriegen und sich schwach fühlen. Tragisch: Anstatt Nein zu sagen, übernimmt das irgendwann Körper oder Seele: Burn-out, Krankheit, Krise. Muss es so weit kommen? Natürlich nicht! Lerne, möglichst oft Nein zu sagen. Kein Gedöns. Das mag am Anfang ungewohnt sein, aber bald fühlst du dich damit wohl. Du wirst überrascht sein, wie wohl.

Also kultiviere deine selektive Ignoranz: Welche Informationen sind dir nicht wichtig? Welche Verpflichtungen nerven dich nur? Was willst du künftig nicht mehr beachten? Denk dran: Jedem Menschen stehen täglich nur 24 Stunden zur Verfügung.

Auch du kannst Aufgaben eliminieren, delegieren und automatisieren – und ein schönes Leben ohne Gedöns führen.

Produktive Menschen packen nicht einfach mehr Output hinein, sondern fragen sich vor allem, welchen Output. So sind sie produktiver und entspannter. Auch du bist selbst dafür verantwortlich, was du mit deiner Zeit anstellst, für deine Ziele, Pläne, Handlungen, Energie, deinen Fokus und wie du dein eigenes Gehirn steuerst. Du wirst sehen, wie schnell aus präsenzorientierter Arbeit leistungsorientierte Freiheit wird.

ES LEBE DER MÜLLEIMER!

Bevor es zum Finale geht, noch ein letzter Gedanke: Vermutlich sind dir während der letzten Seiten einige Ideen gekommen, was für dich Gedöns bedeutet. Jeder schleppt seine ganz persönlichen Gewichte mit sich herum. Die gute Nachricht: Viele dieser vermeintlichen Pflichten musst du überhaupt nicht erledigen, du kannst sie getrost bleiben lassen. Anstatt dir also deine To-do-Liste vollzupacken, mach es doch erst mal andersherum: mit der Not-to-do-Liste! Nimm dir etwas Zeit und schreib all den lästigen Kram auf, der dir zukünftig gestohlen bleiben kann. Was wirst du ganz bewusst nicht tun? Was aus voller Absicht bleiben lassen? Welche Gewichte abwerfen?

Auch das ist ein Ritual, welches ich von Zeit zu Zeit genussvoll zelebriere: Ich fülle einen mentalen Mülleimer mit lauter Gedöns. »Projekt A? Einstampfen! Kunde B? War anstrengend, nie wieder! Mensch C? Zu unterschiedliche Interessen! Plan D? Bringt eh nix, bleiben lassen!« Und so weiter. Glaub mir: Eine solche Liste zu erstellen, fühlt sich besser an als ein Frühjahrsputz.

DAS LEBEN WACHSEN LASSEN

Die meisten machen leider den Fehler,
sich am Normalen zu orientieren.
Sie fragen sich »Was ist üblich?« statt »Was ist möglich?«.

Willkommen im letzten Kapitel dieses Buches! Na, war das eine wilde Reise? Hoffentlich habe ich den einen oder anderen Pikser gesetzt, Knoten gelöst und gedanklichen Prozess getriggert. Vielleicht rattert es in deinem Kopf. Würde mich freuen. Hoffentlich hast du das Buch tatsächlich von vorne bis hinten durchgelesen und alle Puzzlestücke passen mittlerweile zusammen, wofür der gesamte Leseprozess notwendig war. Schließlich macht es keinen Spaß, zum Ende eines Buches vorzublättern. Es geht doch um die ganze Story!

DEINE UNWAHRSCHEINLICHE LEBENSGESCHICHTE

Womit wir beim letzten Thema wären, das mir hier wichtig ist: Ich bin wirklich überzeugt davon, dass du deine eigene Lebensgeschichte schreibst. Und dass diese großartig sein kann. Die meisten machen leider den Fehler, sich am Normalen zu orientieren. Sie fragen sich »Was ist üblich?« statt »Was ist möglich?«. Und so verstricken sie sich in den Fallen konventioneller Regeln und Zielplanungen, wie wir sie bereits zur Genüge widerlegt haben. Doch wer die Welt verstehen will, indem er sich am

Normalen orientiert, versteht sie eben nicht. Zwar hilft uns das Normale, Wahrscheinlichkeiten zu schätzen, aber wir übersehen, dass auch Unwahrscheinliches geschieht: technische Innovationen, weltweite Krisen, ein Deutscher Meister, der mal nicht FC Bayern heißt – es ist vieles möglich. Und je älter du bist, desto mehr solcher Überraschungen hast du bereits erlebt.

Unsere Welt wird also nicht durch wahrscheinliche Ereignisse geformt, sondern durch unwahrscheinliche Extreme, die sich zu großen Veränderungen aufschaukeln. Hättest du noch vor ein paar Jahren erwartet, dich live und kostenlos mit fast jedem Menschen auf der Welt unterhalten zu können, inklusive Videoübertragung? Oder dass dir Supermärkte Lebensmittel nach Hause liefern? Dass Autos elektrisch fahren, ohne Fahrer? Sei dir sicher: Es wird so weitergehen! Das Tempo der krassen Veränderungen wird nie wieder so langsam sein wie heute. Wir werden Fleisch aus dem Drucker essen, mit Gen-Therapien Krebs besiegen und mit Flugtaxis zum Meeting düsen. Leider werden wir auch immer wieder persönliche Krisen erleben und die Menschen Kriege, Seuchen, ökologische Katastrophen sowie die Auswirkungen der Klimakrise. Es wird übel, aber auch immer wieder schön: Auf dich warten unverhofftes Glück, verrückte Chancen und viele tolle neue Menschen.

Rechne mit Zufällen – auch solchen zu deinen Gunsten!

LASS DEIN LEBEN WACHSEN!

Es heißt ja, man solle jeden Tag so leben, als wäre es der letzte. Ich finde diese Formulierung unglücklich, denn sie unterschlägt die Möglichkeit, dass du noch sehr lange lebst. Mir gefällt folgende Formulierung besser: Lebe jeden Tag, als wäre es dein erster! Oder: Lebe, als wärst du gestorben und zurückgekommen – jede Minute ist Bonuszeit! Routinen? Gibt es nicht. Wirklich jeden einzelnen Tag geschieht Neues. Also mach die Augen auf und staune! Und folge deinem Sinn: Du schreibst an dem mit, was in der Welt geschieht. Wir alle sind miteinander verbunden und beeinflussen uns gegenseitig, selbst wenn das nicht immer offensichtlich ist. Es kommt auch auf dich an: Was machst du aus deinem Leben? Wozu gibt es dich? Was ist die Aufgabe deines Avatars in unser aller Matrix?

Frag dich deshalb nicht: »Was bekomme ich vom Leben?«, sondern: »Was lasse ich geschehen?« Betrachte dein Leben wie einen Baum, den du wachsen lässt. Vielleicht ist der heute noch ein Setzling mit Selbstzweifeln: »Werde ich jemals groß?« Ja, wird er. Wenn aus ihm entstehen kann, was bereits in ihm angelegt ist. Du bist wie dieser Baum.

Bleib nicht in zu kleinen Töpfen drin, sondern werde, wofür du gemeint bist!

Also wachse und erblühe! Richte dich zu deiner vollen Größe auf! Du wirst immer wieder Frühling, Sommer, Herbst und Winter erleben, Stürme, Nässe, Kälte, Trockenheit und wohlige Sonne. Und während du so lebst, wirst du Zweige wachsen lassen, aus denen Äste werden, und aus deinen Samen werden neue Bäume. Es entsteht ein Kreislauf, der dich braucht. Also lebe sinnvoll und wirksam! Nimm Erfolge ohne Arroganz an und Misserfolge mit Gleichmut! Beide gehören dazu.

DIE LEBENSLINIE

Nun noch ein allerletzer Gedanke, mit dem ich seit Jahren viele Vorträge und Seminare beende: Vielleicht ist dir auch schon aufgefallen, dass die Zeit im Leben immer schneller zu vergehen scheint, je älter wir werden. Womit hängt das zusammen? Zum einen ist das ein relativer Effekt: Mit zwanzig hat man mehr Leben vor sich als mit Mitte fünfzig. Zum anderen aber mit unserer Lebensweise: Je älter wir werden, desto mehr Routinen rufen wir ab, weshalb wir nicht immer ganz bei der Sache sind und das Leben eher dahinplätschert. Unser Zeitempfinden hängt aber davon ab, wie viele relevante Ereignisse wir pro Zeiteinheit erleben. Je mehr, desto besser. Hast du schon mal eine Wochenendreise gemacht, vielleicht nach Berlin, London oder Rom? Ziemlich viele Eindrücke: Anreise, Hotel, Sehenswürdigkeiten, Action, Heimreise. Und am Montag denken wir: »Diese zwei Tage – gefühlt eine Woche!« Verbringen wir hingegen das Wochenende zu Hause, mähen den Rasen, schauen die »Sportschau« und am Sonntag den »Tatort«, vergeht objektiv die gleiche Zeit. Trotzdem wundern wir uns am Montag: »Wo ist das Wochenende hin?«

Übertragen wir das mal auf unser ganzes Leben und stellen es uns als eine Linie vor, die mit der Geburt beginnt und mit dem Tod endet. (Was vorher oder nachher ist, überlasse ich gerne deiner Interpretation.) Entlang dieser Lebenslinie machen wir Erfahrungen, relevante und irrelevante, besonders während Kindheit und Jugend: Wir kommen auf die Welt, lernen unsere Eltern kennen, lernen krabbeln, laufen, kommen in den Kindergarten, die Schule, lernen lesen, schreiben, rechnen, ärgern Lehrer, machen Tanzkurse. Jeden Tag, jede Stunde etwas Neues: Mathe, Bio, Sport und Englisch, Hausaufgaben, Spielen, Streiten, Verliebtsein. Kinder und Jugendliche leben daher meist im Moment und sind oft im Flow. Für sie sind zwei Wochen ein unüberschaubar langer Zeitraum, ihr Leben gleicht täglich einem Abenteuer. Pures Dopamin.

Für viele Menschen jedoch fängt direkt danach das Ende an: Wir machen eine Ausbildung, lernen unseren Partner kennen, lernen den richtigen Partner kennen, Kind kommt auf die Welt (oder andersherum), wir werden befördert oder machen uns selbstständig, gehen in Rente – und schon kommen die Sternsinger ins Altersheim. Das bedeutet nicht, dass wir nicht viel erleben. Im Gegenteil: Wir jonglieren ziemlich viele Bälle wie etwa unsere ganzen Alltagspflichten. Doch seien wir ehrlich: Richtig Neues ist meist nicht mehr dabei. Wir kennen unsere

Stadt, unsere Freunde und Familie, unseren Job, unsere Kunden. Und in unserer Pizzeria essen wir wie immer unsere Pizza Nummer dreizehn. Es vergeht objektiv die gleiche Zeit wie bei Kindern – nur eben mit mehr Routinen und weniger Dopamin. Und dann heißt es: »An den Kindern sieht man, wie die Zeit vergeht!« Oder: »Ist schon wieder Weihnachten?«

Daher nun also der letzte Tipp dieses Buches: Wenn du ein gefühlt langes Leben haben willst, ein buntes Leben, das rockt, dann mach ganz bewusst immer wieder neue Erfahrungen! Nimm einen anderen Weg in die Arbeit, lerne neue Menschen kennen, geh an Orte, die du noch nicht kennst, und arbeite dich in Themen ein, von denen du keine Ahnung hast! Auf diese Weise erlebst du immer wieder Flow, Dopamin und Relevanz – dein Leben ist ein Abenteuer. (Natürlich solltest du auch immer wieder Phasen der Reflexion einbauen, in denen du deine Eindrücke sacken lässt, damit dein Wasserglas wieder klar wird. Dabei blickst du zurück und freust dich über deine Erlebnisse, während die alten Klassenkameraden nur melancholisch in der Vergangenheit schwelgen.) Mach auch unbedingt verrückte Dinge: Also bestell in der Pizzeria auch mal die Nummer zehn und probiere Kellnerin oder Kellner aus. Mein erklärtes Lebensziel: Ich möchte im Alter von 104 Jahren kerngesund beim Joggen vom Auto überfahren werden. (Hoffentlich klappt das dann noch trotz autonomem Fahren.) Und falls es mich vorher erwischt, egal: Bis dahin führe ich ein geiles Leben!

Heinz Erhardt hat gesagt: »Kaum dass auf diese Welt du kamst, zur Schule gingst, die Gattin nahmst, dir Kinder, Geld und Gut erwarbst, schon liegst du unten, weil du starbst.« Nehmen wir uns daher Paulo Coelho zu Herzen: »Ein Schiff ist sicherer, wenn es im Hafen liegt. Doch dafür werden Schiffe nicht gebaut.« Wem das zu unsicher erscheint, dem empfehle ich die ersten drei Paragrafen des Kölschen Grundgesetzes: »Es ist, wie es ist. Es kommt, wie es kommt. Es ist noch immer gut gegangen.« Oh, diese Sprüche immer.

LITERATUR- UND VIDEOHINWEISE SOWIE QUELLEN ZUM KAPITEL »ERWEITERE DEIN BEWUSSTSEIN« (AB SEITE 144)

1: Pollan, Michael: How To Change Your Mind. Penguin Press, New York, 2018 (deutsch: Verändere dein Bewusstsein. Verlag Antje Kunstmann, 2019)

2: Griffiths, R. R. et al. (2006): Psilocybin Can Occasion Mystical-Type Experiences Having Substantial and Sustained Personal Meaning and Spiritual Significance. Psychopharmacology 187 (3), 268–283

3: Carbonaro, T. M. et. al (2016): Survey study of challenging experiences after ingesting psilocybin mushrooms: Acute and enduring positive and negative consequences. Journal of Psychopharmacology, 30(12), 1268–1278

4: Nutt, David: Drugs Without The Hot Air. Minimising the Harms of Legal and Illegal Drugs. UIT, Cambridge 2012

5: Carhart-Harris, R. L. et al (2016): Psilocybin with psychological support for treatment-resistant depression: an open-label feasibility study. The Lancet Psychiatry, 3(7), 619–627

6: Sewell, R. A., et al (2006): Response of cluster headache to psilocybin and LSD. Neurology, 66, 1920–1922

7: Moreno, F. A. (2006). Safety, tolerability, and efficacy of psilocybin in 9 patients with obsessive-compulsive disorder. The Journal of Clinical Psychiatry, 67(11), 1735–1740

8: Bogenschutz, M. P. & Johnson, M. W. (2016): Classic hallucinogens in the treatment of addictions. Progress in Neuro-Psychopharmacology and Biological Psychiatry, 64, 250–258

9: Bogenschutz, M. P. et al (2015): Psilocybin-assisted treatment for alcohol dependence: A proof-of-concept-study. Journal of Psychopharmacology, 29(3), 289–299

10: Thierney, John: Hallucinogens Have Doctors Tuning In Again. New York Times, 12. April 2010 (https://www.nytimes.com/2010/04/12/science/12psychedelics.html)

11: Adler, Sophie-Charlotte Alice: Veränderte Bewusstseinszustände – Wege einer neuen Psychotherapie? Das Potenzial der psychoaktiven Substanz Psilocybin. Systemische Forschung im Carl-Auer-Verlag, 2020

12: Sessa, Ben: Is MDMA psychiatry's antibiotic? TEDx University of Bristol, 2016, YouTube

13: Goldstein, Bonni: Cannabis is Medicine. Headline Publishing Group, 2020

ÜBER DEN AUTOR

Dr. med. Stefan Frädrich ist preisgekrönter Coach, Autor, Unternehmer und Sprecher. Er gründete die beliebte Plattform GEDANKENtanken (heute: Greator), die den größten deutschsprachigen Speakingkanal bei YouTube betreibt, Events und Seminare veranstaltet sowie mit zahlreichen Experten Programme für Persönlichkeitsentwicklung, Leadership und Business entwickelt – online und offline. Seit 2003 ist Stefan Frädrich als Trainer, Redner, Coach und Consultant tätig und schrieb mehrere Bestseller, die sich über eine Million Mal verkauft haben. Seine Leidenschaft ist es, komplexe Zusammenhänge logisch, verständlich und unterhaltsam zu präsentieren – und dadurch zu inspirieren und zu motivieren. www.stefan-fraedrich.de

GRATIS ONLINE-KURS

»Warum Ziele Quatsch sind – und wie wir sie trotzdem erreichen. Die Kraft der inneren Ausrichtung: Finde dich selbst, geh deinen Weg und erreiche deine Ziele!«

www.warum-ziele-quatsch-sind.de

IMPRESSUM

GRÄFE
UND
UNZER

Gräfe und Unzer ist eine eingetragene Marke der GRÄFE UND UNZER VERLAG GmbH, www.gu.de

ISBN 978-3-8338-8323-1
2. Auflage 2022

Projektleitung: Reinhard Brendli
Lektorat: Daniela Weise
Umschlaggestaltung: Sandhya Lenk, Köln
Layout: ki36 / Daniela Hofner, München
Herstellung: Markus Plötz
Satz: Uhl + Massopust, Aalen
Repro: LUDWIG:media, Zell am See
Druck und Bindung: Livonia, Riga

Syndication: www.seasons.agency

GRÄFE
UND
UNZER

Ein Unternehmen der
GANSKE VERLAGSGRUPPE